# 1953

## 伊朗關鍵之年，一場被掩蓋的政變

埃凡德・亞伯拉罕米安——著
何修瑜——譯

# THE COUP

## 1953, THE CIA, AND THE ROOTS OF MODERN U.S.-IRANIAN RELATIONS

ERVAND ABRAHAMIAN

獻給愛瑪（Emma）和拉菲（Rafi）

# 目錄

導讀

# 改變伊朗與英美關係的一九五三年

輔仁大學歷史系副教授　陳立樵

《一九五三：伊朗關鍵之年，一場被掩蓋的政變》（*The Coup: 1953, The CIA, and the Roots of Modern U.S.-Iranian Relations*）（以下簡稱《一九五三》）為美國的伊朗籍學者埃凡德．亞伯拉罕米安（Ervand Abrahamian）在二〇一三年出版的著作，談論一九五三年英美兩國顛覆伊朗政府的活動，今日出版中譯本，有助於讀者在伊朗通史的基礎上，多了對於特定議題之認識。感謝臺灣商務印書館引介這本書、邀請我撰寫這篇導讀，也感謝譯者何修瑜認真又有效率的翻譯。

二十多年前，筆者因撰寫一九七九年伊朗革命的碩士論文，而接觸到亞伯拉罕米安的著作。其中，一九八二年他出版的《兩次革命夾縫中的伊朗》（*Iran between Two Revolutions*），是我瞭解一九七九年伊朗革命的基礎用書。為了好好閱讀這本經典，第一次在 Amazon 網路商店買英文書的經驗就給了亞伯拉罕米安。那本書將近六百頁，花了近兩千元新台幣，由於當時筆者尚未大量接觸與購買英文書，所以從郵差手上拿到書的那一刻，頗有「成就解鎖」的感覺。

亞伯拉罕米安為左派史家，其研究聚焦在群眾、工人、革命運動，而且除了大歷史的寫作之外，也有單一議題的論著。《一九五三》雖然談論英美在伊朗發起的政變，看似與其他著作的主題稍有不同，但其實這起政變與當時持社會主義的大眾黨（Tudeh Party）有密切關係，仍然在他主要研究的「勢力範圍」之內。

一九五三年伊朗政變，對於伊朗與國際局勢有很大的影響。伊朗在二十世紀初期立憲運動的過程中，產生了國王派系與立憲派系的對抗。一九二六年之後歷經頗為強勢的禮薩．巴勒維國王（Reza Pahlavi Shah）一番整頓國家，首相與國會的政治影響力相對減弱。第二次世界大戰（後文簡稱二戰）期間，英國與蘇俄為防範德國勢力滲透伊朗，於一九四一年占領伊朗，導致禮薩．巴勒維被迫放棄權位而離開家鄉，他的兒子穆罕默德・禮薩・巴勒維（Mohammad Reza Pahlavi，後文稱巴勒維國王）年僅二十二歲匆匆即位，但政治權力轉而由政壇「老賊」掌握。《一九五三》的主角穆沙迪克（Mohammad Mosaddeq），便是從立憲運動那時就已活躍政壇的「老賊」之一，而且抱持不願跟西方勢力妥協的態度，在一九五一年擔任伊朗首相後推動石油國有化，這對於自一九〇一年以來在伊朗控制石油利益的英國是相當大的衝擊。

本來美國對於西亞並沒有任何利害關係，畢竟在十九世紀帝國主義盛行的時期，歐洲與西亞之間的關係較為密切，諸如一八五四年克里米亞戰爭（Crimean War）及英俄在亞洲的「大博弈」（Great Game），都是歐洲國家在西亞競爭的重頭大戲。大致到了冷戰（Cold War）時期，英國在世界各地的勢力逐步衰退，美國為了圍堵蘇俄，遂補上了英國的位置，也逐步提高了在西亞地區的影響力。美國對伊朗事務之介入，一九五三年是關鍵時刻。美國認為穆沙迪克的石油國有化運動不只損及英國的利益，自己也會受到影響，所以動用了中情局（Central Intelligence Agency, CIA）進入伊朗，策劃反穆沙迪克的運動，於一九五三年八月十九日弄垮了穆沙迪克政府。巴勒維國王與穆沙迪克陣營的政治地位也因此易位，前者逐步取得絕對的政治優勢，而且背後還有美國的支持。

筆者總是開玩笑說中情局是全世界最恐怖的恐怖組織，因為有些被美國認定的「恐怖組織」，頂多炸了某個建築物，或是造成一次兩次的地方動盪，但中情局卻可以弄翻別人的政府，豈不是恐怖至極？電影《誰殺了甘迺迪》（*JFK*）有個橋段提到美國政府在菲律賓、瓜地馬拉、伊朗、印尼搞出了一連串「非常棒」的政治事件，這當然是嘲諷美國在各地犯下不少的恐怖行動。

亞伯拉罕米安所寫的《一九五三》，運用了大量的英國與美國的外交檔案。儘管已有很多學者運用這些外交檔，但亞伯拉罕米安卻指出其中的問題，也就是許多關於一九五三年政變的美國檔案至今仍然沒有公布，導致人們無法看到政變的全貌。筆者任教的輔仁大學圖書館購買了美國國務院（Department of States）自一八八三年到一九五九年的伊朗檔案，應是臺灣唯一能夠從外交檔案來瞭解美伊關係的資源，但其中也沒有關於一九五三年政變的檔案。至於在網路上已公開可使用的《美國外交文件》（*Foreign Relations of the United States*, FRUS），有許多內容無法接續，顯示出美國並不想讓人們知道當時究竟發生什麼事情。

二〇一八年中國大陸學者石斌的著作《「清除人民黨」：一九五三年美英對

伊朗的準軍事行動》提到，二〇一七年《美國外交文件》雖公布了一九五一年到一九五四年部分的新檔案，但內容仍然有限。* 近期亞伯拉罕米安又出版了一本新書，書名為《伊朗的石油危機：從民族主義到政變》（*Oil Crisis in Iran: From Nationalism to Coup d'État*），已有書評提到該書運用新的美國解密檔案，說明了美國介入伊朗內政並不是短時間內的決定，而是醞釀了一段時間的規畫。該評論提到的新解密檔案也許就是指二〇一七年的那一批，就期待日後有機會取得該書，看看亞伯拉罕米安如何用那些檔案再次解釋一九五三年政變。至於英國，亞伯拉罕米安也說，它們一樣沒有完全將檔案解密。

至於伊朗的官方檔案，亞伯拉罕米安看似沒有使用，但其實很有可能是他無法使用。回想筆者在伊朗短暫的研究經驗，大致知道即使是伊朗人也不見得能取得資料。儘管外籍人士可進出檔案館，可是檔案調閱與購買需耗費相當多的時間，空手而歸的機率很大。附帶一提，今年（二〇二二年）國際足總世界盃B組

* 石斌，《「清除人民黨」：一九五三年美英對伊朗的準軍事行動》（南京：南京大學出版社，2018），頁11。人民黨即本書內文提到的大眾黨。

（2022 FIFA World Cup Group B）比賽，對戰者中有美國、英國、伊朗三隊。在英國研究巴勒維政府的伊朗籍學者阿勒凡迪（Roham Alvandi）在賽前於推特（Twitter）貼文說，輸球的那一方就要公布一九五三年政變的檔案。這則貼文相當有趣，可見無論哪一方，至今都還是有很多「不可告人的秘密」。

有關穆沙迪克與一九五三年政變的專書、期刊論文、論文集等作品相當多，統整來看，比較多是支持穆沙迪克的論述，反而巴勒維國王都是比較負面的形象。英國牛津大學的伊朗籍學者卡圖吉安（Homa Katouzian）便是持這樣的立場，他給予穆沙迪克高度評價，指稱他是民主鬥士，也批判巴勒維國王的獨裁、貪污、外國強權干涉內政。*有些研究將一九五三年做為伊朗民主進程的分水嶺，主張民選的穆沙迪克被美國推翻，換成了專制獨裁的巴勒維國王。於是，伊朗的民主時期結束，隨後伊朗落入獨裁統治的歷史悲劇之中。†英國的伊朗籍學者阿迪布摩格達姆（Arshin Adib-Moghaddam）則認為，無論一九五三年當下或者後期的美國學術研究，都對巴勒維評價較好，只是為了污衊穆沙迪克的政治宣傳。‡

當然，這些人物的形象好壞，不代表他們實際的樣子。我們必須理解，巴勒維國王一九四一年登基時過於年輕，沒有政治經驗，卻突然要面對二戰期間國家的風雨飄搖，再加上穆沙迪克這個「老賊」對他的不信任與刻意忽視，因而一九五三年穆沙迪克被迫下台之後，巴勒維國王會想要掌握權力、壓制穆沙迪克殘餘勢力的心態，其實頗為正常，其目的就是要避免再有政壇「老賊」把國家送上內外交迫的鬥爭之路。換位思考，想像如果我們是巴勒維國王，在經歷過長達十餘年的國家動盪與權力失衡後，應該也一樣會想要獨攬大權、剷除異己，以維持自己的政治生涯吧。

---

* 請見 Homa Katouzian, *Musaddiq and the Struggle for Power in Iran* (London and New York: I.B. Tauris, 2009), pp. 256-267. 對穆沙迪克的高度評價，也可見於 Yann Richard, *Iran: A Social and Political History since the Qajars* (Cambridge: Cambridge University Press, 2019), pp. 226-232 以及 John Ghazvinian, *America and Iran: A History 1720 to the Present* (New York: Alfred A. KNo.f, 2021), p. 146.

† Fakhreddin Azimi, *Iran: The Crisis of Democracy* (London: I.B. Tauris, 1989), pp. 334-344.

‡ Arshin Adib-Moghaddam, *Iran in World Politics: The Question of the Islamic Republic* (London: Hurst & company, 2007), pp. 7-10.

此外，一九七九年伊朗革命推翻巴勒維政府之後，長年批判美國的宗教人士何梅尼（Ayatollah Khomeini）掌握政權，讓伊朗走上反美之路。有些研究指出，一九七九年革命的源頭是一九五三年美國推倒穆沙迪克，累積了日後諸多伊朗人不滿美國的情緒。*亞伯拉罕米安也認為，一九七九年革命就是一九五三年政變所導致的。†不過，筆者並不認同這樣的觀點。以自己對於伊朗革命的認知，或與幾位伊朗朋友的交談，都可知道革命本質其實與反美無關，反而伊朗人最討厭的是英國人，一九七九年的反美現象著實令人意外。甚至，革命並不是所謂的革命領袖何梅尼發起的，有些人還認為左派勢力才是反巴勒維的主角。因此何梅尼在一九七九年之後取得最高政治權力，還掀起了反美浪潮，其實都不是革命基調。在此又要再提到阿勒凡迪，他也在推特貼過這句話：不要再說是一九五三年政變造成了一九七九年革命了！

筆者以為，伊朗長久以來面對西方帝國主義的壓迫，本來就有許多抵抗，時至今日的反美情緒，不過就是伊朗的日常，美國只是這時代伊朗抵抗的對象而已。問題在於這個時代我們一切向美國看齊，與美國對抗的國家都是流氓國家、恐怖主義的溫床，才使得我們被以美國為主的輿論觀點蒙蔽了。‡我們可以反思，既然西方勢力都能壓迫伊朗，那為什麼伊朗不能抵抗呢？美國都能弄垮穆沙迪克政府，那何梅尼以降的伊朗政府為什麼不能反對與痛恨美國呢？這也是《一九五三》這本書深具價值之處。它讓讀者知道，外來強權操弄伊朗政局的邪惡動機與行為。儘管今日美國一再譴責伊朗，但我們可透過本書與相關研究瞭解到，究竟誰才是真正的邪惡軸心。

* 請見 Malcolm Byrne, "Introduction," in Mark J. Gasiorowski and Malcolm Byrne (eds), *Mohammad Mosaddeq and the 1853 Coup in Iran* (New York: Syracuse University Press, 2004), p. xv 以及 Darioush Bayandor, *Iran and the CIA: The Fall of Mosaddeq Revisited* (London: Palgrave Macmillan, 2010), p. 175.

† Ervand Abrahamian, *A History of Modern Iran* (Cambridge: Cambridge University Press, 2008), p. 122.

‡ 可參考愛德華薩依德著、閻紀宇譯，《遮蔽的伊斯蘭：西方媒體眼中的穆斯林世界》（新店：立緒文化，2002）。

# 序

在此感謝紐約市立大學巴魯克學院（Baruch College）歷史系在過去十年間給我機會撰寫本書；感謝紐約市立大學（City University of New York）的研究委員會和我所屬的教職員工會提供到英國的旅費資助金；感謝馬里蘭大學（University of Maryland）的波斯研究中心（Center for Persian Studies）邀請我在埃桑・亞沙特雙年系列講座（Biennial Ehsan Yarshater Lecture Series）發表部分研究成果。此外我也要感謝華威大學（Warwick University）英國石油公司檔案館（British Petroleum archives）提供的協助，以及哈米德・艾赫邁迪教授（Dr. Hamid Ahmadi）與哈比卜・拉德耶瓦迪教授（Dr. Habib Ladjevardi）讓我能方便地參閱他們在柏林以及劍橋（麻薩諸塞州）的口述歷史研究計畫。此外我也要感謝安德烈・謝弗林（André Schiffrin）鼓勵我完成本書，也感謝執行編輯莎拉・范（Sarah Fan）與審稿員雷切爾・曼迪克（Rachelle Mandik）。

在此我必須解釋一下令人傷腦筋的音譯問題。為了減輕這個問題，我變更由國會圖書館和國際中東研究期刊（International Journal of Middle East Studies）使用的複雜音譯系統。我省略字母的變音符號，採用主流媒體的拼音法，例如德黑蘭我拼作 Tehran 而不用 Teheran；馬什哈德拼作 Mashed 而不用 Mashhad；胡笙拼作 Hussein 而不用 Husayn。我還將本書主要人物穆沙迪克拼作 Mossadeq，捨棄當時《紐約時報》使用的 Mossadegh、倫敦《泰晤士報》使用的 Moussadek，或是英國外交部和美國外交部使用的 Musaddiq。

# 前言

在過去三十年來*，美國與伊朗的關係一直處於僵局中，乃至於世人稱兩國為彼此的宿敵甚至是寇讎。美國往往將伊朗形容為納粹統治下的德國與史達林統治下的蘇聯兩者的混合物，它是策劃將革命輸出到中東各處的一股邪惡力量，夢想著重建疆域廣大的古老伊朗帝國，並且用足以傳送大規模殺傷力武器遠至以色列、歐洲甚至北美的長程巡弋飛彈，遂行其核武野心。在一九七九至一九八〇年令美國屈辱不堪的人質危機中，伊朗學生入侵德黑蘭的美國大使館，抓走五十五名外交官，將他們當作人質扣留四百四十四天，並喊出嘲弄的口號「美國動不了我們一根汗毛」，此事亦造成兩國極深的嫌隙。反之，伊朗也將美國形容為好戰的殖民帝國勢力，用他們的話來說，美國是「吞噬世界的傲慢撒旦」，決心「顛覆政權」，統治整個伊朗。他們要不就是恢復舊秩序，倘若此舉無法實現，就是將伊朗支解為許多小的民族飛地。兩國發現他們宛如被鎖在同一個鐵籠內。

* 本書初版時間為二〇一三年五月。

這股對彼此的敵意根源於一九五三年的一場政變，在政變中美國中情局推翻受到高度民意支持的穆罕默德．穆沙迪克（Muhammad Mossadeq）政府，進而替穆罕默德．禮薩．巴勒維國王（Muhammad Reza Shah Pahlavi）的獨裁統治奠定基礎。而這場一九五三年的政變，又源自於一九五一至一九五三年伊朗與英國之間的石油危機。一九五一年四月，伊朗國會選出穆沙迪克為總理，明確授權他將英國持有的英伊石油公司國有化。這件事引發了名為英伊石油爭奪戰的國際危機，起因即為伊朗政府接管石油設施。隨著在海牙國際法庭與聯合國的激烈爭論、英國對伊朗實施的石油禁運、入侵伊朗的祕密計畫以及外交關係破裂，危機逐漸升溫。美國以「誠實的中間人」身分提出一系列所謂的妥協方案，試圖緩和危機，然而這場危機卻沒有平息。到了一九五三年，美國中情局以及通稱「軍情六處」（MI6）的英國祕密情報局（SIS）推翻了穆沙迪克。這二十八個月不只在伊朗歷史上，也在該國與英美兩國的關係上形成了決定性斷層。人們常說，烙印在大眾記憶中的重大戰事與革命，能明確決定分隔出「事發前」與「事發後」的時刻。同樣的道理，對伊朗人民的記憶與政治文化而言，一九五三年政變也是這樣的事件。

市面上已有許多一九五三年政變的相關著作，也有許多書的主題是一九五一至一九五三年的石油危機。我們大可以問，為何還需要出版一本相同主題的書？然而本書的目的是基於以下兩種個別的基礎，去質疑之前著作所建構的普遍認知。本書質疑的第一個普遍認知是，英國在協商時抱持善意，而美國認真地試圖擔任誠實的中間人，最後卻因為穆沙迪克不願讓步而無法達成妥協方案，其原因每每追溯到人們假定他具有的「心理特質」和什葉派的「殉教情結」。即便是同情穆沙迪克的作者，也聲稱只要立場不那麼強硬，他應該能夠達成公平正義的妥協方案。例如概述大英帝國的衰落以及專門探討英伊危機的美國歷史學家威廉．羅傑．路易斯（William Roger Louis）就主張，英國接受伊朗石油國有化的原則，卻因為穆沙迪克「非理性的行為」，遂與美國共同決定推翻他。[1] 本書則持相反觀點，認為無法達成妥協方案只是因為爭執的核心在於誰能控制石油產業這一直接問題。誰能開採、製造、提煉和輸出伊朗石油？控制權是在伊朗政府或在英伊石油公司手中，或者有可能在當時人稱七姊妹（Seven Sisters）的七家龐大國際石油公司手中？對伊朗而言，國有化意味著掌控國家主權；但對石油公司而言，伊朗石油國有化意味著西方國家失去掌控權，一九五〇年代初的西方國家不可能接受這種情形。雖然英國人和美國人將偽國有化，也就是有名無實、理論上而非實際上的國有化大肆宣揚為「公平的妥協」，它充其量不過是個毫無意義的悖論，最壞的情況下則是個虛偽的煙幕彈。一九五一到一九五三年間，英國人和美國人根本不願意以任何方式接受真正的石油國有化。

本書質疑的第二個普遍認知是，這場政變不折不扣發生在冷戰的背景之下，也就是發生在東方與西方、蘇聯與美國、共產集團和所謂自由世界之間的衝突。在關於一九五三伊朗政變的著作中，風格最嚴謹仔細的作者馬克·加西歐羅斯基（Mark Gasiorowski）表達出許多書寫相同主題的作者所採用的觀點。他主張這場政變與石油沒有太大關係，主要是關乎地緣政治學、對共產主義的恐懼，以及蘇聯的威脅。他寫道：「起初美國打算置身事外。它敦促英國接受國有化，試圖協調兩造紛爭，勸英國不要入侵伊朗。美國一直維持此種中立的立場，直到一九五三年一月總統杜魯門卸任為止。不過到了那時，許多美國官員認為穆沙迪克拒絕解決石油紛爭導致伊朗政局不穩，因而恐有落入鐵幕的危險。」[2]

與上述觀點相反，本書試圖將政變置於帝國主義與民族主義、第一世界與第三世界、北方與南方，以及已開發工業化經濟和依賴原料出口的低度開發國家等脈絡之下。由於迫在眉睫的議題就是石油，本書認為美國對於石油危機投注的心力和英國一樣多。因此，美國參與政變不是出於共產主義的威脅，而是伊朗石油國有化對諸如印度和南美可能造成的影響，更遑論它會波及波斯灣其他地區。一九七〇年代初，對石油生產的控制權確實逐漸從西方石油公司移交至本地政府手中，但在一九五〇年代，西方世界無法接受這種損失。有些人或許依舊懷念石油的製造控制權在大石油公司手中、不受如石油輸出國組織（Organization of Petroleum Exporting Countries, OPEC）這種「不負責任的利益壟斷集團」所掌控，因而價格穩定的「美好舊日時光」。他們很樂意從「石油詛咒」*中拯救所謂的食租國家（rentier states）。無論現在看來多麼牽強，這種懷舊心情在石油國營化運動出現之前，都是現實的一部分，而中東石油國營化運動的先鋒正是穆沙迪克。

* 譯註：石油詛咒一詞來自於經濟學術語「資源詛咒」（resource curse），意指擁有某種豐富自然資源的國家，反而因過度依賴該資源而造成經濟結構單一與工業化低落，其他產業發展遲緩，進而衍生出內戰頻仍與獨裁統治等政治與社會問題。資源詛咒的典型例子即為石油詛咒。

本書主張，雖然美國和英國使用冷戰語言——冷戰是當時的主要論述——替這場政變辯解，但兩國關切的主要重點並非共產主義，而是石油國有化對全世界可能造成的危險後果。正因如此，許多伊朗人在當時直至今日，都很敬重穆沙迪克。他們視他為國家的偉人，將他比為印度的甘地、埃及的納賽爾（Nasser）、印尼的蘇卡諾（SukarNo.、南斯拉夫的狄托（Tito）、迦納的恩克魯瑪（Nkrumah）和剛果的盧蒙巴（Lumumba）。在二次世界大戰之後的反殖民民族主義年代裡，穆沙迪克和甘地與納賽爾並列為第三世界的領袖。他們至今仍保有此等地位。

我們可以用各種不同的史料拼湊出一九五一至一九五三年發生的危機。其中有些近年來已經開放查閱，尤其是一九七九年革命之後的史料。之後更名為英國石油公司（British Petroleum）的英國—伊朗石油公司（Anglo-Iranian Oil Company, AIOC，後文均稱英伊石油公司），已將大量檔案捐給英格蘭的華威大學。這些檔案內容豐富，不只有該公司談判立場的資訊，還有企業內部的營運狀況，特別是其勞資關係。時時遵守三十年規定（譯註：根據英國公共檔案法規定，檔案收藏三十年之後，即可對大眾公開。）的英國政府已經將一些相關檔案解密，包括內閣、外交部、領事館，以及燃料與電力部（Ministry of Fuel and Power）。這些文件收藏在倫敦的英國國家檔案館（British National Archives），其前身為英國公共檔案局（Public Record Office）。當然，軍情六處的檔案依舊不對外開放。

延宕三十多年之後，一九八九年，美國國務院終於將一些有用的史料釋出，編入依年代集結成冊的《美國外交文件》（*Foreign Relations of the United States*）——較廣為人知的名稱是FRUS。[3]然而，其中伊朗部分還是有大量難以解釋的間斷。很難令人相信的是，在當時會有好幾天，有時甚至是好幾週，德黑蘭與華盛頓之間沒有任何通訊往返，更何況這幾天剛好是伊朗發生重大危機之時。美國歷史學會（The American Historical Association）曾抱怨美國國務院沒有遵守自己的解密規定，還找各種藉口延遲發表伊朗相關文件；針對瓜地馬拉與剛果的文件也是如此。[4]

至於多年來一直主張它沒有足夠財務資源得以遵守二十五年後「自動解密」的一九九五年總統行政命令的美國中情局，態度卻意外扭轉，表示同一批檔案由於「破壞文化」的緣故，已經在一九六〇年代初期不慎以碎紙機銷毀。[5]現在它表示約有一千張文件「還鎖在儲藏室裡」，但以「所有權歸屬待定」的方式保管。[6]此舉說明了，若美國發表這些檔案將會背信於英國，既然後者仍然正式宣稱他們絕對沒有參與一九五三年的政變。但願將來的歷史學家能在檔案不慎被送進碎紙機之前見到。

然而在二〇〇〇年，一份叫做威爾伯檔案（Wilber document）的美國重要研究外流到《紐約時報》（*New York Times*），當時美國政府正含蓄地為一九五三年政變道歉，做為主動與伊朗和解的表現。這份文件最初以摘要形式出現在紙本報紙上；然後又以八十頁的刪節版放在報紙的網站裡；接著又有一份刪節較少的一百六十九頁版本（其中許多人名都經過編寫）出現在另一個名為「地窖」（Cryptome）的神祕網站；最後同一個網站又出現較長的版本，並具體指出一些人名。[7]唯一祕而不宣的是一份附錄，其中列出了在政變中被軍情六處和中情局收買的記者與政客。

這份由中情局歷史部門委託製作、名為「推翻伊朗總理穆沙迪克」的文件，作者是唐納・威爾伯博士（Dr. Donald Wilber），他由考古學家轉行成間諜，是個會說波斯語的中情局首席特工。這份文件的用意既是做為一九五三年政變的檢驗報告，也是未來其他地方政變的參考手冊。作者在序中坦言，他提供「適用於類似行動的建議」。雖然對政變提出清楚的梗概，但他極有可能執行大量的自我審查，因為他很清楚這份文件不只會在中情局內流傳，也會傳遍五角大廈、國務院、白宮，甚至是美國參議院外交委員會。

威爾伯檔案無論在伊朗或在西方世界，都成為一份具有權威性地位的文字，甚至被推崇為最可靠的歷史。《紐約時報》形容它是揭露「核心資訊」以及「政變內在操縱力量」的「祕辛」。[8] 英國《衛報》（*Guardian*）宣稱它是「第一份美國發表對政變始末的詳細敘述」。[9] 華府負責解密官方文件任務的非政府組織美國國家安全檔案館（National Security Archive）也同樣推崇這份檔案「極其重要」，它稱這份檔案是「來自中情局電報往返以及與伊朗現場探員進行訪談的事後行動報告」。[10]

然而這份檔案還藏有極大的隱情。它由中情局委託撰寫，但不能確定是否是由中情局出版該文件。網路版本有許多打字錯誤，這表示它是一份出版前的草稿。已故的作者或許將自己身後的草稿托給信任的友人，要他們在適當的時機將草稿洩露出去。威爾伯退休時與中情局關係不睦，他覺得自己在政變中的貢獻沒有得到應有的報償。他也覺得被輕視，因為中情局將他的回憶錄竄改得面目全非，卻准許克米特・羅斯福*出版《反政變》（*Countercoup*），提出他自己對政變各種事件的說法。《反政變》的出版時間正值伊朗伊斯蘭革命，因此以哈迪兄弟（Hardy Boys）†式冒險故事手法寫下的《反政變》一書問世後，立刻成為人們眼中深具價值且可讀性高的目擊者敘述。

近年來除了開放的政府史料之外，還出現大量訪談、自傳、傳記、回憶錄、個人歷史和私人文件可做為補充。以上資料散見在伊朗國內外的報紙、期刊、雜誌、編輯的著作及私人出版品中。最有助益的資料就是穆沙迪克親信顧問在他死後出版的回憶錄。此外，伊朗國內與海外的口述歷史計畫提供了很有價值的新資訊。其中最重要的就屬哈佛大學的「伊朗口述歷史計畫」，以及柏林的「伊朗左翼歷史計畫」（Iranian Left History Project）。前者由哈比卜・拉耶瓦迪博士監督執行，訪問了一百三十二位巴勒維政權下的知名人士，其中大多數人可說是舊時代的菁英分子；[11]後者由哈米德・艾哈邁迪博士主導，拍攝一百二十六位住在伊朗國內外的異議分子，有些人在一九五三年政變中曾是軍官和共產黨員。[12]這些訪談，以及出版於一九七九年革命之後的回憶錄，提供我們在政變後可聽到的保皇黨有用的反駁意見。在軍情六處和中情局准許讓埋藏多年的檔案重見天日之前（這一天不太可能來到），我們這些歷史學家也只能充分利用上述形形色色散見各處的史料，拼湊出有條理的一九五三年伊朗政變樣貌。

---

＊ 譯註：克米特・羅斯福（Kermit Roosevelt, 1916-2000），老羅斯福的孫子，美國情報員，一般認為他在一九五三年伊朗政變中扮演重要角色。

† 譯註：《哈迪兄弟》（*The Hardy Boys series*）是美國兒童與青少年偵探小說系列叢書，描述哈迪家的兩兄弟法蘭克與喬的冒險故事，首次出版於一九二七年。

# 年表

| | |
|---|---|
| 1901 年 | 達西利權 |
| 1908 年 | 在所羅門清真寺發現石油 |
| 1909 年 | 成立英國—波斯石油公司（Anglo-Persian Oil Company, APOC） |
| 1912 年 | 英國海軍將燃煤動力轉換為燃油動力<br>阿巴丹煉油廠開始營運 |
| 1914 年 | 英國政府購買英國—波斯石油公司多數股權 |
| 1932 年 | 取消石油利權 |
| 1933 年 | 簽訂新石油利權 |
| 1935 年 | 英國—波斯石油公司改名為英國—伊朗石油公司（Anglo-Iranian Oil Company, AIOC） |
| 1943 年 | 與標準真空石油公司進行利權談判 |
| 1944 年 | 與殼牌、辛克萊爾和標準真空等石油公司進行利權談判<br>蘇聯企圖取得石油利權 |

| | |
|---|---|
| 1946 年 | 蘇聯與蓋瓦姆簽訂石油協議 |
| 1947 年 | 伊朗國會否決蘇聯石油協議<br>開始進行針對一九三三年利權的《補充協議》談判 |
| 1949 年 7 月 | 首相簽訂《補充協議》 |
| 1949 年 8 月 | 第十五屆國會結束，未通過《補充協議》 |
| 1949 年 10 月 | 穆沙迪克與其他十九人在宮廷花園靜坐抗議<br>民族陣線成立 |
| 1950 年 1 月 | 召開第十六屆國會 |
| 1950 年 6 月 | 國會委員會否決《補充協議》<br>拉茲馬拉將軍被任命為首相 |
| 1950 年 11 月 | 拉茲馬拉重啟《補充協議》談判 |
| 1951 年 3 月 | 拉茲馬拉遭暗殺<br>石油工人罷工 |
| 1951 年 4 月 | 穆沙迪克被任命為首相<br>國會通過石油國有化法案 |
| 1951 年 5 月 | 伊朗國王批准石油國有化法案 |

| | |
|---|---|
| 1951年6月 | 英國向海牙提交申訴案件<br>英國—伊朗石油公司接管石油業<br>皇家海軍《模里西斯號》（*Mauritius*）在阿巴丹港靠岸<br>英國阻止油輪進入伊朗 |
| 1951年7月 | 哈里曼任務 |
| 1951年8月 | 史托克斯任務 |
| 1951年10月 | 穆沙迪克前往聯合國<br>邱吉爾當選英國首相<br>所有英國—伊朗石油公司人員離開伊朗 |
| 1951年11月 | 美國向伊朗提供第四點計畫<br>穆沙迪克獲得議會的信任投票 |
| 1951年12月 | 大眾黨與伊朗勞動黨發生衝突 |
| 1952年1月 | 國際銀行任務<br>英國領事館關閉<br>英國銀行關閉<br>報紙公布關於穆沙迪克生平的陰謀 |
| 1952年2月 | 伊斯蘭敢死隊暗殺法特米，法特米受槍傷 |
| 1952年3月 | 國際銀行任務失敗 |

| | |
|---|---|
| 1952 年 4 月 | 召開第十七屆國會 |
| 1952 年 5 月 | 穆沙迪克在海牙 |
| 1952 年 6 月 | 英國扣押油輪《蘿絲瑪麗號》（*Rose Mary*） |
| 1952 年 7 月 13 日 | 穆沙迪克要求取得六個月特殊權力 |
| 1952 年 7 月 16 日 | 穆沙迪克辭職 |
| 1952 年 7 月 20 日 | 七月起義 |
| 1952 年 7 月 22 日 | 穆沙迪克重新被任命為首相 |
| 1952 年 8 月 7 日 | 阿亞圖拉卡沙尼當選國會主席 |
| 1952 年 10 月 | 英伊外交關係破裂<br>英國要求所有國民離開伊朗<br>國會將參議院任期縮短至兩年 |
| 1952 年 12 月 | 新國際銀行任務 |
| 1953 年 2 月 | 在巴赫蒂亞里部族區域的戰鬥<br>對札赫迪將軍發布逮捕令 |
| 1953 年 2 月 28 日 | 在穆沙迪克住家外的親伊朗國王暴動<br>穆沙迪克在國會避難 |
| 1953 年 3 月 | 穆沙迪克對全國發表九十分鐘演講 |

| | |
|---|---|
| 1953年4月 | 阿夫沙圖斯將軍遭到殺害<br>札赫迪在國會避難 |
| 1953年7月8日 | 美國艾森豪總統宣布不提供伊朗援助 |
| 1953年7月14日 | 民族陣線議會代表辭職 |
| 1953年8月3日 | 經由公民投票解散國會 |
| 1953年8月15日 | 政變失敗<br>國王搭機飛往巴格達 |
| 1953年8月19日 | 政變 |
| 1953年8月21日 | 國王返回伊朗 |
| 1953年10月 | 美國贈予伊朗四千五百萬美元<br>英國—伊朗石油公司更名為英國石油（BP） |
| 1953年11月 | 穆沙迪克開始受審 |
| 1953年12月 | 美國副總統尼克森在伊朗<br>三名學生被殺<br>穆沙迪克被判處三年有期徒刑 |
| 1954年9月 | 《國際財團石油協議》 |

# 主要人物介紹

**阿里—阿克巴·阿哈維**（Akhavi , Ali-Akbar）（1903-1983）

穆沙迪克最後一任經濟部長。留法律師的他從高等法院退休，沒有在土地糾紛中做出支持禮薩國王的裁決。他一直對穆沙迪克忠心耿耿，不過他的兄弟哈桑·阿哈維上校卻協助策劃一九五三年的政變。

**胡笙·阿拉**（Ala, Hussein）（**又名穆恩·維札雷赫**，Mu’en al-Vezareh）（1884-1964）

穆沙迪克前一任首相。他來自富有的貴族家庭，與卡札爾家族聯姻。他留學英格蘭，在外交部門度過大部分職業生涯，曾擔任英國與美國大使。英國人形容他「儘管畢業於西敏公學，卻是個民族主義者」。伊斯蘭敢死隊曾在一九五五年試圖暗殺他。

**阿布爾—哈桑・阿米迪—努里**（Amidi-Nouri, Abul-Hassan）（1893-1979）揭發醜聞的《正義》（*Dad*）報編輯。來自馬贊德蘭省（Mazandaran）富有地主家庭的他受過出庭律師訓練，但後來轉行到新聞界。他是民族陣線創始成員之一，但很快就與穆沙迪克決裂，參與一九五三年政變，成為新統治菁英的一分子。他在一九七九年革命之後立刻被處死。

**沙姆斯丁・阿米爾—阿萊**（Amir-Alai, Shams al-Din）（1900-1993）穆沙迪克的顧問。他是地主貴族的兒子，畢業於德黑蘭的法國中學，在法國研讀政治學。他的職業生涯大部分在擔任司法、財政與內政部長中度過。一九五三年政變之後，他遭短暫囚禁，之後獲准前往法國，並在當地取得博士學位。

**阿巴杜—卡德爾・阿札德**（Azad, Abdul-Qader）（1893-1987）揭發醜聞的《自由》（*Azad*）報編輯。他是經驗豐富的政客，十年內多次進出禮薩國王的監獄。他是民族陣線的創始成員之一，但很快就直言不諱地批評穆沙迪克。

**邁赫迪．阿扎爾博士**（Azar, Dr. Mehdi）（1901-1994）

穆沙迪克的最後一位教育部長。他出身於塔不里士的顯赫教士家庭，被送往法國研讀醫學。他受邀擔任教育部長時是醫學教授。他有個流亡蘇聯的哥哥，為此常受到保王派和教士的攻擊。政變之後，他在民族陣線中依舊表現突出，時常進出監獄。

**穆扎法爾．巴卡伊博士**（Baqai, Dr. Muzaffar）（1912-1987）

特立獨行的政客，他最先大聲疾呼要眾人擁護穆沙迪克，但後來又同樣大聲疾呼要人們反對他。他來自克爾曼的顯赫家庭，在法國受教育，在德黑蘭大學教授哲學，並且從第十五屆到第十七屆國會都代表自己的家鄉擔任議員。他是伊朗勞動黨領袖。

**賽義德．胡笙．法特米**（Fatemi, Sayyed Hussein）（1917-1954）

穆沙迪克的左右手。他是納因（Nain）城一名伊斯蘭教權貴的兒子，先在伊斯法罕的英國教會學校讀書，然後前往巴黎研讀新聞學。他辦的報紙《今日西方》

（*Bakhtar-e Emruz*）是民族陣線的主要機關報。由於被視為民族陣線領袖中最主要反對國王的人物，因此他在政變後被處死。

**賽義德·阿巴杜爾—胡笙·哈伊里薩德赫**（Haerizadeh, Sayyed Abdul-Hussein）（1894-1987）

穆沙迪克早期的支持者，但態度很快就從支持轉為反對。他是一名退休法官，也是好幾屆國會的議員。英國大使館形容他是「極端中立主義者」，「好與人爭吵，通常與同僚意見嚴重分歧。」

**阿巴杜—胡笙·哈札齊將軍**（Hajazi, Gen. Abdul-Hussein）（1907-1990）

前胡齊斯坦省總督。英國認為他對英伊石油公司態度友善。在穆沙迪克上台期間，他是伊朗國王親近的顧問。他毛遂自薦擔任一九五三年政變領導者。

**賈汗吉爾·哈格什納斯**（Haqshenas, Jahanger）（1910-1991）

穆沙迪克在石油業技術層面問題上最信任的顧問之一。他是留歐的工程師，在德黑蘭大學教書，並協助成立伊朗黨。政變後他流亡英國。

**卡澤姆．哈塞比**（Hassebi, Kazem）（1906-1990）

穆沙迪克另一位石油業顧問。他來自普通的商人家庭，在歐洲留學，先是在巴黎讀土木工程，然後在英國與捷克斯洛伐克研讀石油工程。他是工程協會、伊朗黨和民族陣線的創始成員。政變後他被軟禁在家中兩年。

**賽義德．哈桑．伊瑪米**（Imami, Sayyed Hassan）（1912-1997）

曾短期擔任第十七屆國會議長。他是一位忠誠的保王派人士，國王指派他擔任德黑蘭主麻日的伊瑪目（週五禮拜的教長）。他在納傑夫研讀神學，在瑞士研讀法律。他來自貴族家庭，是穆沙迪克的親戚，但卻認為穆沙迪克背叛了他的階級。

**賈邁爾．丁．伊瑪米**（Imami , Jamal al-Din）（1893-1968）

穆沙迪克的主要對手。他是科伊的主麻日伊瑪目的兒子，先是代表霍伊之後代表德黑蘭進入國會。他在第十六屆國會後期大肆批評穆沙迪克。在一九五三年政變之後，他獲得的獎勵是成為伊朗駐羅馬大使。

**阿亞圖拉．賽義德．阿布爾—卡西姆．卡沙尼**（Kashani, Ayatollah Sayyed Abul-Qassem）（1888-1961）

支持石油國有化最著名的教士。他是高階教士的兒子，在納傑夫受教育，曾參與一九二〇年伊拉克對抗英國的叛變，而後在禮薩國王統治下的伊朗避難。二戰期間，英國懷疑他與納粹德國有牽連，因此將他拘留。石油危機時，英國將他視為「大敵」，但卻是可以收買的敵人。在摧毀穆沙迪克的行動中他扮演重要角色。

**賽義德．巴格爾汗．卡澤米**（Kazemi, Sayyed Baqer Khan）（**又名穆阿澤布．道萊**，Muazeb al-Dawleh）（1892-1976）

外交官，擔任穆沙迪克的外交部長。來自古老地主家庭的他留學美國，多數時候都任職於外交使團。在一九五三年政變之後，他被迫提早退休。

**阿巴杜—阿里．盧特菲**（Lutfi, Abdul-Ali）（1879-1956）

穆沙迪克的司法部長，在納傑夫長大。他在一九二〇年代遷居伊朗，一九三〇年代協助伊朗政府進行司法制度改革。他一絲不苟嚴守憲法，反對以軍事法庭審理平民。這一點造成他與國王之間的衝突。一九五六年，他死於獄中的醫院。

**卡雷爾・馬雷基**（Maleki, Khalel）（1901-1969）

赫赫有名的馬克斯主義知識分子。一九三〇年代初他在德國研讀化學；一九三七年因「宣傳馬克斯主義」而入獄；一九四一年加入大眾黨；一群知識分子抗議蘇聯在伊朗北部施行的政策，他率領這些人離開大眾黨；協助創立勞動黨；勞動黨開始反對穆沙迪克時他離開該黨。他最有名的事蹟是某次對穆沙迪克說：「我們會一路跟隨你到地獄之門。」

**胡笙・馬奇**（Makki, Hussein）（1911-1999）

演說家。他在國會譴責石油公司，成為穆沙迪克的發言人，從此開始發揮影響力。他擔任被派往阿巴丹接收英伊石油公司的國會委員會成員。一九五二年他與穆沙迪克決裂，之後改頭換面成為伊朗現代史學家。

**艾哈邁德・馬丁─達夫塔里**（Matin-Daftari, Ahmad）（1895-1971）

穆沙迪克主要的國際法顧問。他留學法國、瑞士與德國，之後回到伊朗大學教法律，在禮薩國王統治期間先後擔任包括首相在內的高官。他偏好中立主義外交政策，在二戰期間曾短暫被英國人拘留。與他關係疏遠的弟弟穆罕默德・達夫塔里將軍，在政變中扮演重要角色。

**阿布杜拉・莫阿澤米**（Moazemi, Abdullah）（1909-1971）

從第十四屆到第十七屆國會，他都是穆沙迪克的支持者。來自有頭銜地主家庭的他在法國研讀法律，之後任教於德黑蘭大學。他當選第十七屆國會議長。一九五三年政變之後他短暫受到監禁。他的兄弟謝弗拉・莫阿澤米是電機工程師，曾擔任穆沙迪克的郵政與電報部長。

**賽義德・馬哈茂德・納里曼**（Nariman, Sayyed Mahmud）（1893-1961）

穆沙迪克的主要財政顧問。他是銀行經理之子，在瑞士與英國研讀經濟學。他長時間擔任公職，之後當上德黑蘭市長。一九五三年政變之後，他數度進出監獄。

**賽義德・穆傑塔巴・納瓦卜—薩法維**（Navab-Safavi, Sayyid Mojtaba，本姓洛希，Lowhi）（1924-1956）

創立伊斯蘭敢死隊。還是年輕低階教士的他就創立了穆斯林世界第一個基本教義派組織。他宣稱自己是薩法維王朝（Safavid dynasty）後代，因此將本姓洛希改為薩法維。許多起眾所矚目的暗殺事件都是由他策劃，受害者包括歷史學家艾哈邁德・卡斯拉維、司法部長赫茲赫爾，以及首相拉茲馬拉。在試圖暗殺首相失敗之後，他於一九五六年被處死。

**艾哈邁德・蓋瓦姆**（Qavam, Ahmad）（又名**蓋瓦姆・薩爾坦納**，Qavam al-Saltaneh）（1875-1955）

伊朗地位最顯赫的幕後掌權者。自從一九〇五年革命以來就聲望極高的他，曾至少入閣七次，大多數都是在禮薩國王登基之前。他來自貴族家庭，與前朝以及穆沙迪克都有親戚關係。二戰後他說服蘇聯從伊朗北部撤離，因而被授予「殿下」的頭銜。然而三年後他反對國王增加王室憲法權力，因此失去該頭銜。一九五二年七月，美國與英國將他視為他們以文官力量反對穆沙迪克的最後希望。英國大使館形容他「老謀深算、有野心、愛錢，但能力強，經驗老到。」

**賽義德・艾哈邁德・拉扎維**（Razavi, Sayyed Ahmad）（1906-1971）

穆沙迪克在國會中的支持者。他來自顯赫的地主家庭，畢業於德黑蘭的法國中學，在法國研讀礦產工程。他是工程師協會與伊朗黨的創始成員。他代表家鄉克爾曼進入第十五屆與第十七屆國會。在一九五三年政變後，他被判處終生監禁，但很快就被釋放，獲准流亡海外。

**哈吉・阿里・拉茲馬拉將軍**（Razmara, Gen. Hajji Ali）（1900-1951）

一九五一年因反對石油國有化而遭到伊斯蘭敢死隊暗殺的首相。他曾任各種軍職，就讀聖西爾軍校，曾參與一九三〇年代的部族戰役；擔任軍校校長，期間負責監製出版《伊朗地理》（*Geography of Iran*）一書；一九四三年與一九四六年出任參謀長。娶妻後他與某些最古老的貴族家庭結為姻親。

**古拉姆—胡笙・薩迪基博士**（Sadiqi, Ghulam-Hussein）（1903-1992）

穆沙迪克的通訊部長，在知識界備受敬重。他在索邦大學研讀社會學，並將這門學科引進德黑蘭大學。雖然他長期以來都是民族陣線成員，在一九七九年革命初期階段國王還指派他擔任首相，但他婉拒了。

**阿拉亞爾・薩利赫**（Saleh, Allayar）（1894-1981）

穆沙迪克的駐華盛頓大使。他是有頭銜的地主的兒子，在德黑蘭美國學校唸書時，他積極參與一九一九年反對英國—伊朗協議的運動。終身擔任公職人員的他，一九四一年至一九五三年間擔任過不同的內閣閣員。他也是第十六屆與第十七屆國會中代表卡尚的議員。一九五三年政變之後，他辭去駐華盛頓大使職務。

**卡里姆・桑賈比**（Sanjabi, Karem）（1904-1996）

穆沙迪克最後一位教育部長。來自克爾曼沙赫某顯赫庫德族家庭的他，在法國研讀法律。他代表家鄉擔任第十七屆國會議員。一九五三年政變之後他短暫被監禁。他繼穆沙迪克之後成為民族陣線領導者。

**賽義德·阿里·沙耶根**（Shayegan, Sayyed Ali）（1904-1981）

穆沙迪克的法律顧問之一。他來自設拉子德高望重的家庭，留學法國里昂大學，之後在德黑蘭大學任教。他曾經擔任法律系系主任（1945）、教育部長（1946, 1953）、國會議員（1949-1953）、石油委員會委員（1951）以及海牙國際法庭與聯合國代表（1951-1953）。一九五三年政變之後他被逮捕並判終身監禁，兩年後獲釋，獲准前往美國。認識他的人都會驚訝地發現英國外交部將他歸類為「左派分子」、「狂熱分子」、「極端分子」與「性格不穩定的人」。

**謝赫·哈迪·塔赫里**（Taheri, Sheikh Hadi）（1888-1957）

主要親英議員之一。他是雅茲德富有的地主商人，從一九二六年直到一九五三年都在議會中代表雅茲德。他是公認的議會程序專家，也對其他議員的弱點瞭若指掌。英國大使館多少帶點尷尬的承認他是「英國的喉舌」。

**法茲盧拉·札赫迪將軍**（Zahedi, Gen. Fazlullah）（1890-1963）

名義上的一九五三年政變領袖。他是帝俄訓練出的哥薩克騎兵隊員，曾執行一九二一年政變，伊朗國王讓他晉升到將軍。一九四二年英國懷疑他參與德國第五縱隊，因而將他監禁。與其說是職業軍官，擔任胡齊斯坦省總督時撈了許多錢的他，在英國人眼中不如說是一名政客兼商人。一九五三年政變之後，他被任命為首相，但僅為期二十個月就被流放到瑞士。

**艾哈邁德・齊拉克扎德赫**（Zirakzadeh, Ahmad）（1905-1993）

穆沙迪克堅定的支持者。他是巴赫蒂亞里地區一名教士的兒子，父親在一九一九年大流感中過世，他在德黑蘭由親戚撫養長大，並取得政府的獎學金前往巴黎研讀機械工程。他是工程協會與伊朗黨的創始成員。一九五三年政變之後，他躲藏了兩年多，入獄五個月；之後他向友人籌錢開了一間修車廠。

# 1

# 石油國有化

從來沒有這麼少人在這麼短的時間內，如此愚蠢地失去這麼多。

——狄恩．艾奇森（Dean Acheson）
對英伊石油公司（AIOC）的描述

## 源起

伊朗的石油歷史要從大名鼎鼎的，或者更確切來說，是惡名昭彰的達西利權（D'Arcy Concession）說起。一九〇一年，原本在澳洲的英國黃金投機客威廉・諾克斯・達西（William KNo. D'Arcy）轉為投資石油業，他向伊朗國王購買六十年探勘、開採、提煉和出口除了俄國邊境省分以外伊朗全國的石油產品獨占權。他的交換條件是給國王五萬英鎊現金，向伊朗其他重要人物發行二萬英鎊股票，並承諾給伊朗政府每年百分之十六的淨利做為開採權利金。看來他想恪守比利時國王利奧波德二世（King Leopold）的名言：「條約必須盡可能簡潔，當地人必須在數個條款內把一切都交給我們。」[1]後來公司的某位董事長將達西與南非礦業大亨塞西爾・羅茲（Cecil Rhodes）、保守黨領袖班傑明・迪斯雷利（Benjamin Disraeli）與首相邱吉爾等人並列為大英帝國最偉大的英雄。[2]

一九〇八年，英國在伊朗西南方的阿拉伯斯坦省（Arabestan），也就是之後更名為胡齊斯坦省（Khuzestan）的所羅門清真寺*發現石油。不久後達西將他的利權賣給伯瑪石油公司（Burmah Oil Company），該公司在緬甸經營不善，但英國第一海軍大臣約翰・費雪（John Fisher）慫恿他們對伊朗產生高度興趣。人稱「石油狂人」的費雪打定主意要將英國海軍的燃煤動力改為燃油動力。[3] 一年後，伯瑪石油公司變成英國—波斯石油公司（Anglo-Persian Oil Company, APOC，後文均稱英波石油公司）。在此同時，英國政府說服伊朗西南部最大的阿拉伯語部族哈札爾酋長（Sheikh Kha'zal）將他擁有的阿巴丹島（Island of Abadan，後均稱阿巴丹）租給該公司建造煉油廠。阿巴丹雖然荒涼，卻因位處波斯灣北端的底格里斯河與幼發拉底河河口，戰略地位重要。英國政府占有百分之五十二點五投票權，並且有兩席當然董事，其中一席來自英國海軍，因此擁有英波石油公司的主要發言權。這兩位董事有權否決董事會通過的決議案。[4] 若有必要，英國政府也私下保留撤換董事會的權利。[5] 完成將海軍燃煤動力轉換為燃油動力的繼任第一海軍大臣邱吉爾告訴議員，政府必須擔保能控制石油資源，不過他也向他們保證，國家不會實際干預私人公司的財務運作。之後他誇口道：「此事就像是

---

＊ 譯註：Masjed-e Suleiman，此為地名非清真寺名。

來自童話世界的獎賞，我們作夢也想不到。」[6]

第一次世界大戰（後文簡稱一戰）爆發後，英國政府派出軍隊，先是前往伊朗西南部，接著越過國境來到美索不達米亞南部保護石油設施，免於受到鄂圖曼帝國軍隊和與同盟國聯手的當地部族攻擊。[7]同樣在第二次世界大戰（後文簡稱二戰）期間，英國入侵伊朗，伊朗也傾全力守住這項重要的工業。偉大的歷史學家克里斯多福·希爾（Christopher Hill）在關於史料的演講中警告學生不要盡信政府的文件。他以一九四一年英國政府對入侵伊朗提出的解釋為例。他提到，相關文件中對石油一事絕口不提。但他補充，主要原因就是石油。他是如何得知的？因為身為外交部官員的他，曾經起草上述宣言。之後邱吉爾在他所撰寫的第二次世界大戰史中承認，由於德國在伊朗與伊拉克的活動是以阿巴丹的石油工業為目標，英國不得不在一九四一年入侵伊朗。[8]

二戰結束時，英伊石油公司（該公司遵照政府法令於一九三五年改名將波斯替換成伊朗）在許多方面對大英帝國都已不可或缺。它在所羅門清真寺附近有六個新的油田，包括阿加賈里（Agha Jari）、加齊塞蘭（Gach Seran）、納夫特賽菲德（Naft-e Sefid）、拉利（Lali）、席林堡（Qasr-e Shirin）和哈夫特蓋勒（Haft

Kel），這裡是德州以外最大的產油地區，每天生產三十五萬七千桶石油。英伊石油公司躋身主導世界石油市場的「七姊妹」：荷蘭皇家殼牌（Royal Dutch Shell）、海灣石油（Gulf Oil）、德州石油（Texas，之後改名為德士古石油Texaco）、紐約標準石油（Standard Oil of New York，也就是一般熟知的美孚石油Socony，後來的莫比石油Mobil）、紐澤西標準石油（Standard Oil of New Jersey，之後的埃克森石油 Exxon）和加利福尼亞標準石油（Standard Oil of California，後來的雪佛龍石油 Chevron），以及常被忽略的法國石油公司（Compagnie Française des Pétroles）。

英伊石油公司是英國財政部穩定的收入來源，包括每年二千四百萬英鎊的稅收和九千二百萬英鎊的外匯。這些都是高額款項，對二戰後吃緊的財政而言尤其如此。英國燃料與電力部（Ministry of Fuel and Power）計算，光是阿巴丹的煉油廠，每年就能提供英鎊區三億四千七百萬英鎊。[9] 該公司定期給股東（其中大多數是英國人）高達百分之三十的股利。它在伊朗的交易活動占該公司所有利潤的百分之七十五，這些錢多數不只進了在英國股東的口袋，還給了世界各地其他石油創投企業。英伊石油公司擁有科威特石油（Kuwait Oil）百分之五十的股權、伊拉克石油（Iraqi Petroleum）百分之二十三的股權、卡達石油（Qatar Petroleum）百分之二十三的股權、英埃石油（Anglo-Egyptian Oil）百分之三十四的股權，以及位於以色列的聯合煉油廠有限公司（Consolidated Refineries Ltd.）百分之五十五的股權。[10]它在英國、法國和澳洲蓋煉油廠，石油探勘地點也遠及千里達、奈及利亞、西西里島和印尼的巴布亞省。

據估計，英伊石油公司的石油儲藏量是世界第三大。它在伊朗的產量在中東排名第一，在世界排名第四，次於美國、蘇聯和委內瑞拉。它的原油出口量是世界第二，僅次於委內瑞拉。它在阿巴丹的煉油廠是世界最大的煉油廠，面積為三平方英里，每年生產二千四百萬噸石油。它也在克爾曼沙赫（Kermanshah）蓋了一座小得多的煉油廠，提供伊朗人所需的石油。阿巴丹煉油廠供應亞洲的英國皇家海軍與皇家空軍所需石油的百分之八十五。該公司在阿巴丹每個月停靠多達二百艘油輪，在全世界擁有三百艘遠洋航行油輪。精煉後的石油直接從阿巴丹輸出；原油從約一百五十英里外的主要油田直接以油管送往新建的馬蘇爾港（Bandar Mashur）。不意外的是，英伊石油公司的科學家、地質學家、工程師和油田管理者對於他們這樣的成就都深感驕傲。他們誇口稱自己「讓沙漠欣欣向榮」。

還不只這樣，這家公司顯然是伊朗規模最大的企業主。它雇用的員工有六萬三千多人：二千七百人是資深員工，大多是英國人；四千七百人是基層員工，其中有一千五百人是印度人、巴基斯坦人和「巴勒斯坦人」；有五萬三千多人在煉油廠、油田和碼頭工作，他們大多有技術的、半技術的和沒有技術的工匠。光是油田就有二萬一千多名員工。英伊石油公司雇用一萬四千多名約僱工從事季節性工作，主要是建造道路，這些人幾乎都沒有專業技術。阿巴丹有十一萬五千人，其中有三萬人都是石油公司的員工，還有另外一萬人間接靠石油公司維生，例如修理工、店鋪老闆和做小生意的人。

產量大幅成長並沒有讓大眾對這家公司抱持好感；反之，對它的種種不滿卻愈積愈多。人們懷疑公司的帳目不合法，因為它拒絕公開年度帳目，也不願意解釋根據「淨利」而來的權利金代表什麼意思。公司反而以不透明的方式計算權利金：在去掉給英國政府的扣除額，以及預留給將來投資用的金額之後，每噸出口石油價格為四先令（等於每桶二十到二十五美分），再加上分給「常任股東」的百分之二十紅利。英國外交部承認，該公司「連對我們也拒絕透露營運的每桶利

| 年分 | 原油產量（每天千桶） | 年分 | 原油產量[11]（每天千桶） |
|---|---|---|---|
| 1913 | 5 | 1932 | 135 |
| 1914 | 6 | 1933 | 149 |
| 1915 | 10 | 1934 | 150 |
| 1916 | 12 | 1935 | 157 |
| 1917 | 19 | 1936 | 171 |
| 1918 | 18 | 1937 | 191 |
| 1919 | 25 | 1938 | 214 |
| 1920 | 33 | 1939 | 214 |
| 1921 | 45 | 1940 | 181 |
| 1922 | 61 | 1941 | 139 |
| 1923 | 69 | 1942 | 198 |
| 1924 | 88 | 1943 | 204 |
| 1925 | 96 | 1944 | 278 |
| 1926 | 98 | 1945 | 357 |
| 1927 | 108 | 1946 | 402 |
| 1928 | 118 | 1947 | 424 |
| 1929 | 115 | 1948 | 520 |
| 1930 | 125 | 1949 | 560 |
| 1931 | 121 | 1950 | 664 |

潤成分，更別提利潤的計算基礎。」[12]他們也在一九四九年承認，到底這百分之二十是毛利或淨利，也就是它是在稅前或稅後、或在其他扣除額之前還是之後，政府也毫無頭緒。[13]無論是哪一種情形，人們認為這數目非常不當，特別是在一九四三年之後，委內瑞拉已簽下第一份50／50合約，收取石油公司年度利潤的一半。一九三八至一九四〇年墨西哥更進一步，將當地英國與美國的石油公司國有化。墨西哥處在幸運的時間點，因為二戰前夕的美國與英國幾乎承受不起另一次重大危機。英美兩國沒有選擇，只能接受後來穆沙迪克愛用的一個詞——「合理的補償」。[14]在一九五〇年波斯灣的阿拉伯—美國石油公司（Aramco）和科威特與沙烏地阿拉伯簽署50／50合約後，伊朗人對英伊石油公司的抱怨聲也愈來愈大。丹尼爾．耶金（Daniel Yergin）將這些50／50合約形容為世界石油史上的「分水嶺」，甚至可稱之為「革命」。[15]

到了一九四〇年代晚期，伊朗各報時常指出，多年來英伊石油公司僅僅給伊朗一億零五百萬英鎊的權利金，但卻給英國政府一億七千萬英鎊的稅金，給英國股東一億一千五百萬英鎊的紅利，並且在伊朗以外的營運上投資了五億英鎊。即便如保守的《訊息日報》（*Ettela'at*）也這樣報導。[16]一份英伊石油公司內部的備忘錄顯示，光是一九四九年這一年，公司就支付英國政府二千二百八十萬英鎊的稅金，發送的股東紅利為七百一十萬英鎊，並預留一千八百四十萬英鎊做儲備金，但卻只給伊朗一千三百五十萬做為權利金。[17]另一份內部備忘錄承認公司將大筆錢做為儲備金，造成權利金短少。[18]當然，所有權利金都以英鎊支付，如此一來就將伊朗與英鎊區緊密結合，也因此使得伊朗很容易受到英鎊變幻莫測的影響。一份一九四九年英國外交部機密備忘錄建議應勸阻伊朗購買美國貨物，因為此舉需要美元，導致英鎊流失：「要記住的一點是，」這份備忘錄解釋道，「任何在西半球國家的超額購買都將造成美元從我國流失，因此鼓勵波斯購買多於絕對必要的美元，對我們而言很是危險。」[19]有些人也懷疑該公司用折扣價販賣石油給美國，以便減少戰時英國積欠美國的債款。波斯語的 este'mar（殖民主義或帝國主義）來自於阿拉伯文的 estesmar（經濟剝削）這個字，不是沒有道理。

伊朗人的反感不僅僅是因為權利金問題。英伊石油公司由倫敦的大不列顛之家（Britannic House）嚴格管理。它把地質探勘及年度帳目視為國家機密，尤其對伊朗政府保密。它以國際價格將汽油賣給本地消費者，卻以不公開的折扣價賣給英國海軍和空軍，迴避任何人的詢問，聲稱若非如此，以上重要客戶將會找別的賣家。[20]它燃燒天然氣，而不是以管線送到市中心。它甚至避開了包括電冰箱、手錶、家具和樂器等家用品的進口貨物關稅。它為了鋪路和設置油管而砍樹，對生態造成極大破壞。有謠言傳出它的油田越過伊拉克邊境，從席林堡抽取石油。它與當地部族酋長談條件，和西南方巴赫蒂亞里部族（Bakhtiyari）的可汗們分別簽訂利權，將政治保護擴及卡巴部族的哈札爾酋長。不僅如此，該公司極力遊說將友善的官員安插在重要的地點如德黑蘭，以及地方行政部門內。在胡齊斯坦各地，它的油田官員在英國領事協助下盡其所能地影響省總督、警察首長、地方市長甚至是部族首領等的選用。此種干預太過敏感，該公司至今都將其列為機密。其中一本最初以波斯文出版的石油業書籍，書名十分貼切：「是黑金還是伊朗的災難」（Black Gold or Iran's Calamity）。[21]早在其他國家之前，伊朗人，至少是某些伊朗人，就已經開始將石油描述為詛咒而非福氣。

英伊石油公司以其他方式進一步遠離民心。它限制擔任主管職務的伊朗人人數。多年來，它從印度與巴基斯坦引進半技術勞工。公司比較想雇用臨時約僱勞工，尤其是來自當地阿拉伯部族的人，而不喜歡讓說波斯語的全職員工擁有就業保障。公司不提供妥善的住處給本地員工，許多煉油廠工人住在臨時搭建的簡陋小屋聚集而成的地區，油田工人則住在沙漠的帳棚裡。它把阿巴丹當做一個公司城在管理，將各個等級的員工分派到特定的地區和設施。有謠言傳出（不過這並非真有其事），英國人出入的地區張貼了警示標語，上面寫著**狗和伊朗人禁止進入**。一九四九年，一群英國員工寫了封密信給外交部，抱怨資方抱持「種族主義」的態度，以差別待遇安排住房，而且在過去十五年間雇用的伊朗人寥寥可數，歐洲員工人數卻加倍。[22] 軍情六處警告英國大使，該公司「把所有法國加萊以東的人都當成外國佬」*，因此很不受人歡迎。大使回答，此種抱怨應該向商業專員反映。[23] 進入外交部前曾於該公司工作的勞倫斯．埃爾威爾—薩頓教授（Professor Laurence Elwell-Sutton）在他的經典著作《波斯石油》（*Persian Oil*）中寫道，英伊石油公司就像是典型的「殖民」企業，它的報紙不報導本地事件，它的主管很少跨出自己的設施一步，它的種種規定往往支持種族的藩籬。「種族隔離」，他寫道，「可說十分徹底，無論在如員工雇用或膳宿上，或者在搭乘公車、看電影和進俱樂部時都一樣」：

> 在例如借自印度的稱謂等瑣事上強調了種族間的區別，比方說英國男人被稱

> 為「老爺」（sahib），他們的妻子被稱為「夫人」（memsahibs），這些用語排除了波斯人，即使他們的職等與英國同僚一樣……有極少數英國人試圖結交波斯友人，卻被視為是不當行為。英國人即使是和職位高的波斯人見面也是件奇怪的事，拜訪職位低的波斯人更是前所未聞。最悲慘的是，有些英國女孩嫁給在英國的波斯人學生，現在卻發現自己等於是被英國同胞放逐……
>
> 英國人對名義上和他們社會地位相等（有人會認為比他們優越）的波斯人抱持以上態度，因此不難想像英國人對生活中每天接觸的這五千名伊朗受薪員工的普遍看法。他們似乎是另一個分離的種族，是「外國佬」、「雜種」、「髒鬼」。英國人被告知，應付這些波斯人唯一的方法就是恐嚇他們，讓他們嚇得屈服……在這裡，即便是許多高級知識分子都有這樣的種族厭惡感。[24]

可想而知，公司應付勞工時處處碰壁，他們的不滿定期爆發為大規模總罷工。一九二九年的勞動節，有一萬一千名煉油場工人與地下活動的共產黨合作發

* 譯註：原文 wog 一字是英國人與澳洲人在提到中東人時常用的種族歧視用語。

起罷工，要求公司調整工時為八小時、提高薪水、改善住房狀況、取得工會承認、付給伊朗人與印度員工同樣的薪水，並且包括勞動節在內的所有年假也要支薪。[25]罷工者把總督和警察局長趕進市內的消防局裡。英國緊急派遣巡邏艦到阿巴丹。一直到政府宣布戒嚴令，派出陸軍增援部隊並逮捕二十九名罷工首領後，社會才恢復秩序。[26]有五百名員工被公司開除。英國政府感謝伊朗國王「迅速且有效率地處理」該狀況。[27]同時，英伊石油公司責怪白領階級和「亞美尼亞的教唆者」，即便大多數遭逮捕的人都是工頭、裝配工和木匠，他們的名字毫無疑問是穆斯林名字。其中有五個人直到一九四一年還在牢裡。

一九四六年爆發了一場更大規模的危機，這一次是由伊朗共產黨演變而來的大眾黨（Tudeh Party）協同發起。這次罷工從勞動節開始，由八萬人組成的團體在阿巴丹重複一九二九年的訴求，此外又要求公司在穆斯林的安息日、即週五必須支薪，以及嚴格執行伊朗最近通過的勞動法。一位女性發言人譴責英伊石油公司花在狗食上的錢都比工資多，並要求接管公司：「噢，兄弟們，在我們的土地上生產的石油就好像珠寶一樣。我們必須努力將這些珠寶奪回。如果不這麼做，我們將一無所有。」[28]這或許是大眾第一次聽到有人呼籲石油國有化。

到了七月，渴望將利潤最大化的公司撤銷週五薪資，因此危機愈演愈烈，並引發一場在胡齊斯坦省各地的大規模總罷工。一共有超過六萬五千人參加罷工，包括煉油廠和油田工人；有職員和體力勞動者，也有包括印度人在內的工匠和技術人員；店鋪老闆和學生；消防隊員、卡車司機、鐵路與碼頭工人；甚至還有受雇於英國人家庭的理髮師、僕人和廚師。這是目前為止中東最大的罷工行動。英國官員描述，這次罷工使大眾黨「徹底控制胡齊斯坦省的石油工業區」；罷工領袖大多是「司機、修理工人和工廠作業員」。這次是阿巴丹歷史上規模最大的群眾集會；有百分之七十五的勞動力加入大眾黨。阿拉伯的酋長們擔心大眾黨「將無可挽回地毒害他們無知部族人們的心智。」[29]

英國連忙出動兩艘戰艦到阿巴丹，並派出一個旅的部隊到巴斯拉（Basra）。「整場罷工最值得注意的事，」阿賀瓦茲（Ahwaz）的領事說，「就是它優良的組織。當然，英伊石油公司架設無懈可擊的通訊設施讓事情變得簡單：大眾黨掌控了所有、或幾乎所有的電話線路。」[30]在燃料與電力部任職的一名高層官員建議該公司改善工作條件，他評論道：「有個想法在我腦中揮之不去，那就是大眾黨雖然是公認的革命政黨，但它或許是在未來照顧工人利益的波斯政黨。」[31]一名工黨議員在參觀油廠設施後警告：「當你聽到一個十四歲的孩子談論這『液態的金子』是怎樣應該屬於他們，而不是屬於英國人時，就是該正視問題的時候了。」[32]他還說這種情緒「正滲透中東各地」。

直到伊朗政府頒布戒嚴令、下令逮捕大批人民，罷工才落幕。但同時政府也說服英伊石油公司支付週五的薪水，並提高基本工資。公司的談判人員告訴大不列顛之家，要不選擇罷工持續進行，要不就是支付一百萬英鎊週五的工資。[33]英國國務卿菲利普．諾埃爾．貝克（Philip Noel-Baker）向同僚透露，這整個危機都是公司不願意對支付週五工資妥協所導致。[34]同樣的道理，一名英伊石油公司的揭弊人士告訴外交部，總罷工應該全怪公司那些「頑固分子」，他們沒有正確評估工人每天遭遇的問題，也缺乏經驗處理組織起來的勞工。他又說他們的「工會主義知識，只限於那些和克里諾林裙襯（criNo.ine）一起絕跡的老調重彈笑話。」[35]之後英伊石油公司聲稱，罷工會結束只是因為「政府採取恢復秩序的強硬措施。」[36]

在罷工的餘波蕩漾中，美國國務院派遣一名勞工專員到伊朗，而英國大使館也派出自己的勞工專員前往胡齊斯坦省調查。他寫信回英國表示，伊朗當地工人大多是「文盲」，「缺乏自信和迅速的反應」，連一下子也不能繼續留在工作崗位上，然而他們卻「求知若渴」，「樂見高速與自動化生產」，非常適合成為「焊接工、木匠、修理工和機械作業員。」[37]他還說勞工打從心底對公司不滿：勞工的居住條件不佳，醫療設施不良，像牲口般的工作，公司拒絕忍受工會，還報復工會的組織活動。技術上來說，公司沒有開除組織工會的人，然而它卻給伊朗當局一份組織工會的勞工名單，政府立刻將他們逮捕。七天之後，根據勞動法，英伊石油公司可因為他們不按照正常管道請假而曠職，將他們開除。該專員私下提到：「統計數字顯示，有百分之二十五技能類別較高的員工是非伊朗人。僅有如此少數的同胞被視為能夠填補員工職缺，伊朗一定不喜歡這種想法。」他在報告的最後警告，「不去正視目前趨緩的緊張情勢僅是暫時的平靜，這種想法很危險」：

工人組織或任何形式的威權代表都不存在。在胡齊斯坦的大眾黨全盛期，工會和高度組織的大眾黨工會代表（Tudeh Shop Stewards）與發言人體系同時存在。這樣的結構強加在工人上，然而他們很願意支持自願擔任領導者的人物，這些人除了帶來新鮮的事物和刺激感之外，還令人意外地聲稱公司對員工的某些讓步是他們的功勞。現在這些領導者要不是被逮捕，就是逃亡在外。公司否認有人犧牲。

美國參議院某委員會做出如下結論：

一九四六年七月，阿巴丹五萬名英伊石油公司的伊朗員工離開工作崗位，進行伊朗歷史上最大規模的一場罷工。表面上這似乎是外國公司與其員工的爭執，但事實上它是牽涉到石油的重大權力衝突；此外短期來說，也與伊朗本身的未來走向有關。罷工的高潮是一場將英伊石油員工組織起來、受大眾黨控制的工會運動。一九四六年七月罷工的前身，是一九四五年五月七千五百名員工為了爭取更高的薪資和更好的工作條件發起的罷工，但以失敗收場。一九四六年五月，阿加賈里油田的七千五百名工人在兩方面贏得勝利，一是良好的組織，二是政府在大眾黨的施壓和勢力影響之下介入罷工；此外在一九四六年六月，他們也讓儲油槽設施與服務人員團結一致成功罷工。到了阿巴丹罷工時，大眾黨已經大抵有效控制英伊石油公司的員工和伊朗人組織的勞工。[38]

該公司甚至和自己英國員工之間的關係也是困難重重。在二戰戰況最激烈時，有一整群員工未經公司允許回到英國，他們抱怨工作狀況威脅到自己的「精神健康」。英國政府原本想以破壞「對戰爭的投入」起訴這些人，但後來又打消此意。政府從倫敦派出一名保守黨女性去對他們曉以大義，說他們很幸運沒有在日本的戰俘營裡。有人反駁道，她應該去造訪當地英國人的公墓。其他人「提出更誇張的建議，說要把她騙到陰暗的角落，用合乎日本人的方式對付她。」[39]在倫敦的燃料與電力部有更牽強的謠言，說「一個猶太共產主義者密謀破壞」英伊石油公司。[40]

在忽略種種批評聲浪的數年之後，該公司於一九五一年發行一份小冊子，炫耀它「對伊朗和周圍社群福祉有所貢獻」，並且「將一片住著一些阿拉伯人、長著幾顆棕櫚樹的含鹽荒漠，變成一個巨大的工業集團。」[41]它吹噓在過去數十年間，公司建造了二萬一千棟房屋；三十五間診所，裡面有九十名護士；二間醫院，共有八百五十張病床；一間托兒所；三十三所小學和三所中學，共有一萬三千名學生；一所科技學院，共有一千二百名學生；一間工作坊，有三千名學徒；十九座足球場；二十一座游泳池；三十四間電影院；一間體育館；四十間俱樂部，以及許多公園、圖書館和公共浴場。該公司認為勞動力的識字率提升，以及減少死於瘧疾、霍亂、傷寒與瘟疫人口等也要歸功於它。該公司強調它對伊朗的貢獻不僅限於權利金，也包括關稅收入以及付給當地員工的工資和薪水，而這些錢又會成為付給中央政府的稅金。以上金額，包括游泳池在內，應該都可以補償每年微薄的權利金。埃爾威爾—薩頓教授忍不住批評道，該公司的「教化任務」（civilizing mission）沒有提供社會保險，沒有訂定約僱勞工的最低工資，也沒有提供房屋給大多數無專業技術的工人居住。他還說公司大肆吹噓的學校只符合極少百分比人口的需求。[42] 他原本還可以加上一句：這些學校雖然一開始是石油公司蓋的，事實上學校的經費和管理都是由伊朗教育部負責。這本小冊子也宣稱英伊石油公司真心誠意地試圖將員工波斯化，但是某份機密備忘錄中提到：

值得注意的是，公司給波斯人高階管理職位，而非高階技術職位。他們的原因是公司不能承擔後者造成的風險；迄今沒有任何波斯人有足以擔負較高技術責任的能力；所有的報告、機械工程日誌等等都必須用英文撰寫，石油工業的整個科技背景也都是以英文寫成。然而在管理方面則出現一些能力足夠的人才，公司打算冒險把多少有些超出他們能力的工作指派給這些人。這麼做的結果是，會有波斯人顯然無法長久承擔重大責任，因此時而有人辭職。[43]

以石油公司為目標的怨恨，與對大英帝國的仇恨脫不了關係。一八二〇年代，伊朗發現自己夾在向外擴張勢力的兩大帝國之間，北有俄國，南有英國，反帝國主義者的情緒從那時開始持續滋長；用當時的說法，伊朗成為大博弈下的抵押品。俄國人往南進入高加索和中亞；在兩次短暫的戰爭中擊敗伊朗之後，俄國人不只向伊朗榨取經濟活動的利權，也在北方取得大片土地。同樣地，在被英國人稱為「皇冠上的明珠」的印度建立了穩固立足點之後，英國繼續前進至阿富汗和波斯灣。伊朗人稱俄國是北方的鄰居，英國人則是相對的南方「鄰居」。

歷代伊朗國王周旋在兩國之間，試圖維持某種程度的獨立假象。這種作法後來被稱為正向平衡（positive equilibrium）策略。伊朗授予兩國同等的貿易特權、經濟利權、治外法權，並且在伊朗選擇部長、總督，有時甚至在選擇王儲時，賦予兩國公開的政治影響力。兩國駐德黑蘭的外交官被視為王權背後真正的權力，英俄領事在各省總督背後握有實權，兩國的商行損害本地商人的商業活動，是不公平的競爭對象。到了一八九〇年代，擔任未來印度總督的喬治·寇松勳爵（Lord George Curzon）發現，在他的伊朗壯遊旅程中，當地人對兩大強權有著普遍而根深柢固的不信任感。他在《波斯與波斯的問題》（*Persia and the Persian Question*）一書的尾聲評論道，伊朗大眾臆測有一隻外國的手躲藏在最重大的國家發展背後。[44] 同樣地，在二戰期間擔任英國大使的里德·布拉德爵士（Sir Reader Bullard）也寫道：「連喝酒都會被指控是英俄指使。」[*] 他又說，雖然人們把伊朗的問題全怪到英國和俄國頭上，卻很少提及俄國，因為他們「可能有點難搞」。[45]

雖然這種「偏執」或「陰謀論」的政治作風源自十九世紀，它卻在二十世紀大鳴大放；英國人支持伊朗立憲運動成為一九〇五年與一九〇六年的小插曲。不過在一九〇七年《英俄協議》（*Anglo-Russian Agreement*），伊朗被瓜分成他們的「勢力範圍」（zone of influence）以後，這則小插曲也隨之結束。英國占有東南[†]，俄國取得北部。一九一四年兩國進一步鞏固各自的地盤，英國占領整個南部，包括石油產區。毫不意外的是，英國政府之後為此向伊朗拿出一份明細帳單，帳單金額一共是三百一十三英鎊十七先令六便士。[46]

一戰之後，此刻已經是外交部長的寇松勳爵不僅禁止伊朗參加凡爾賽條約，也在一筆特殊津貼的推波助瀾下說服伊朗首相沃蘇格・道勒（Vossuq al-Dawleh）在一九一九年惡名昭彰的《英伊協議》（*Anglo-Iranian Agreement*）上簽字，使伊朗成為英國的附庸國。當時在德黑蘭英國公使館服務的哈洛德・尼可森（Harold Nicolson）寫道，寇松不只想創造「從地中海一直延伸到印度的附庸國鏈」，更相信上帝創造了英國的帝國主義，英國上層階級是上帝「神聖旨意」的工具。[47]一份倫敦報紙嘲諷寇松，說他「似乎以為他發現了波斯，而且發現了之後，還以某種神祕的方式擁有了波斯。」[48]一名造訪德黑蘭的英國人形容：「寇松勳爵聲稱自己是波斯最好的朋友，這種陳述引來該國各地人們的憤怒、嘲笑與輕蔑，將

---

* 譯註：穆斯林（至少在公開場合）不喝酒；因此若喝了，很可能都是英俄在背後指使。

† 審校註：原文誤植為 southwest。

他視為波斯最大的敵人與未來的壓迫者。」[49]意料中的是，《英伊協議》在伊朗面臨了群眾抗議、請願、市集罷工、街頭示威，甚至招致暗殺行動。在德黑蘭的英國公使直言不諱地描述人們的心情：

英國國內似乎不明白〔該〕協議在波斯有多麼不受歡迎，以及在沃蘇格內閣倒台前輿論對該內閣抱持多大的敵意。人們相信，該協議其實的目的是破壞國家獨立，沃蘇格已經把他們的國家賣給了英國人。與英國的祕密協議已經簽訂，事實上伊朗國會（Majles）沒有召開，而且還試圖訴諸最不誠實的方法組成國會成員……這一切都令人確信，英國其實比波斯的宿敵俄國好不到哪裡去……英國是波斯大敵的情緒逐漸增長，波斯必須不計任何代價除去英國。在亞塞拜然和裏海等省分的叛變起因都是源自於上述情緒，也源自於布爾什維克黨的政治宣傳，因為人們認為布爾什維克黨不會更糟，而且如果他們對於受壓迫階級所做的安全正義宣言是出自誠心誠意，那麼或許布爾什維克黨還比英國好得多。[50]

從外界觀點看來，英國大致被當成敵人，而俄國則可能是友人。雖然俄國顯然極力散布共產主義的觀念與政治宣傳使某些人不安，俄國人取消波斯對俄國的負債，歸還所有各國在帝俄時代取得的利權，將俄國貼現銀行（Russian Banque d'Escompte）交給波斯政府，以及放棄外國人士豁免權（Capitulation）等大方之舉，都使波斯人觀感極佳。此外俄國讓波斯人認為，波斯與受到革命之火淨化的俄國聯手就能獲得一切，然而屈從於充滿帝國主義和殖民主義野心的英國卻會失去一切，這種說法足以贏得波斯擁護者的民心……在英國占領期間，其惡行招致與英國軍隊和其他波斯當權者發生衝突的那些人，尤其是如此。[51]

反英情緒沒有隨時間過去而消失。一位當代伊朗歷史學家最近對英國做出一項荒唐的控訴，他表示在一戰期間英國向伊朗強徵糧食餵飽英軍，造成一千萬波斯人死亡，這數字是該國人口的一半。[52] 他指控英國政府有系統地銷毀年度財務報告，以「掩蓋」這項「種族滅絕行為」。事實上，伊朗從一九一三年到一九二一年都沒有年度財務報告，人數約有一萬五千人的英國遠征軍也不需要吃那麼多穀物；雖然在這幾年間有多達二百萬人死去，大多數人都不是死於糧食被徵收，而是死於霍亂與傷寒，和接二連三的荒年，以及最重要的是死於一九一九年至一九二〇年的大流感，[53]然而這種荒唐的指控卻有許多人附和。

即便在禮薩國王上台之後，對於英國是幕後黑手的懷疑依舊有增無減。在一九二一年軍事政變，以及一九二五年建立新的巴勒維王朝之後，禮薩國王大幅削減外國尤其是英國勢力的影響。他廢止一九一九年的《英伊協議》，與蘇聯簽訂一份中立條約；將英國軍隊和財務顧問撤離；減低外國領事人數；結束所有十九世紀以來所謂外國人士豁免權中的治外法權；接管英國的電報公司和帝國銀行；並傾向雇用法國、德國、義大利、捷克和瑞士等其他各國的技術人員——只要不是英國人都好。

不只如此，在與石油公司曠日廢時、徒勞無功的談判之後，一九三二年禮薩國王大張旗鼓在煙火、國定假日和大街小巷的慶祝活動中取消了達西利權。大蕭條加速這場危機，造成石油公司利潤陡然下滑，伊朗的權利金也同時降低。利潤從一九三〇年的六百五十萬英鎊掉到一九三三年的不到三百一十萬英鎊；權利金從一百二十八萬八千英鎊掉到三十萬六千八百英鎊。禮薩國王做出諸多抱怨：權利金總數少得可憐；一九〇五年到一九三二年間，該公司的獲利超過一億七千一百萬英鎊，但給伊朗的權利金卻不到一千一百萬英鎊；近期利潤滑落與英鎊貶值使得權利金不僅少得可憐，而且還難以預測其多寡；石油公司將帳簿保密；公司沒有培訓伊朗人擔任責任重大的職位，而與英國政府不同的是，伊朗政府在公司的董事會裡也沒有代表權。[54]

雖然禮薩國王採取如此態度，許多伊朗人還是一直將他視為英國「特務」。他們會這麼認為，部分原因是英國軍官以金錢資助他於一九二一年發動的政變；也有一部分是因為在他取消備受嘲諷的舊利權之後，又於一九三三年簽訂大幅偏袒英伊石油公司的新石油利權。伊朗同意遵守新協議，不得片面反悔。該協議也將利權再延長三十二年，從一九六一年延長到一九九三年。石油公司則是承諾訓練更多伊朗人；放棄某些開採石油的領土（公司知道那些領土沒有蘊含石油）；補貼金本位的英鎊貶值差價；同意權利金不會下跌到低於七百五十萬英鎊——一九二〇至一九三〇年平均金額是八十二萬五千英鎊；以及微幅調整計算權利金的複雜公式。根據新的公式，公司生產每公噸石油，伊朗將收到四先令，外加發放給普通股股東的百分之二十股利。然而這個百分比還是沒有將支付給英國的稅，以及納為公司儲備金這兩大筆錢考慮在內。

禮薩國王突然退位，使得謠言四起。有些人懷疑這整場危機都是英國人為了延長利權的策略。有些人則懷疑禮薩國王被沉默且明確的威脅所恫嚇；英國人已經將戰艦開進波斯灣，操弄阿拉伯部族分離主義運動，威脅要「依情勢所需採取所有類似這般的措施」。[55] 有些人拐彎抹角地說有祕密資金匯進禮薩國王在倫敦的私人銀行帳戶。還有人斷定這次事件再次證明禮薩國王不過是英國的「工具」。談判成員之一、也是經驗豐富的政治家哈桑·塔奇扎德赫（Hassan Taqizadeh）往往和英國人有同樣缺點，之後他告訴英國國會，國王出於某種不明原因，曾在一九三三年親自干預調停，並下令談判官解決這些不利的條款。[56] 在與（曼徹斯特的）《衛報》進行的私人對話中他坦承，國王突然提出的方案使他大吃一驚。他能提出的唯一解釋，不是「英伊石油公司施壓」，就是一場「私人交易」。[57] 因此，伊朗民族主義就在對英國與巴勒維王朝兩者的極端不信任之中成形。

截至二十世紀中，大眾史學家聲稱他們發覺到英國人「那隻看不見的手」隱藏在國家過去最關鍵的事件中，不只是一九二一年的政變和一九〇五年的立憲革命，還有一八二九年俄國大使亞歷山大・格里博耶多夫（Aleksandr Griboedov）、一八五二年的改革派部長阿米爾・卡比爾（Amir Kabir）和一八九六年納賽爾丁國王（Nasser al-Din Shah）等三起謀殺案，以及美國副領事羅伯特・因布里（Robert Imbrie）可能是為了代表美國公司想在伊朗北方尋求石油利權，於一九二四年遭到殺害一案。[58] 用一位當代歷史學家的話來形容，二十世紀的伊朗政治以其偏執的風格引人側目，尤其是在搜尋英國的陰謀方面。[59]

反英情緒在禮薩國王退位之後更加高漲，部分原因是同盟國入侵，此外也因為同盟國占領，使英國不得不涉入伊朗內政，包括挑選在德黑蘭的部長、指派各省總督、干涉國會議員選舉、與當地部族首領談判、向地主購買實物補給、招募本地勞工，以及遴選胡齊斯坦的軍隊指揮官、警察首長、市鎮首長，甚至是村長。為了監督占領區，英國人幾乎在所有城市設立領事館：馬什哈德（Mashed）、拉什特（Rasht）、大不里士（Tabriz）、克爾曼沙赫、伊斯法罕（Isfahan）、設拉子（Shiraz）、克爾曼（Kerman）、布希賀爾（Bushire）、阿賀瓦茲、霍拉姆沙赫爾（Khorramshahr）和阿巴斯港（Bandar Abbas）。英國人似乎無所不在。

想當然爾，英國被視為伊朗國家權力結構不可或缺的組成。說話從不拐彎抹角的英國大使里德・布拉德承認，英國比俄國更有理由承受對伊朗造成的通貨膨脹、糧食短缺、交通運輸混亂和當局權威崩潰等戰時剝削的抱怨。[60]他藉由「國家特色」的典型說法解釋道：「令人遺憾但也是事實的是，波斯人是理想的史達林人手（Stalin-fodder）。他們愛說謊、在背後毀謗他人、沒有紀律、不團結、做事沒有計畫。從上帝到橡膠鞋套，蘇維埃替一切事物提供完整的理論架構。」[61]美國與英國共同占領伊朗南部之後，一名由羅斯福總統派往伊朗評估整體情勢的個人特使，隨即注意到此種對英國的普遍懷疑態度。他向華府回報：

伊朗人既不信任英國，也不信任俄國的動機，他們相信伊朗未來做為獨立國家的存在受到威脅……在大部分情況下，伊朗官員，或更進一步來說那些能評估狀況的伊朗人民，對於英國都抱持強烈憎恨的態度。此種對伊朗的憎恨是如此感情用事，以致於它幾乎徹底抹除了英國與波斯之間四百年來從不間斷的友誼。伊朗人並不那樣憎恨俄國……伊朗人公開譴責並相信英國人的罪行類似納粹德國在歐洲的行徑。如果今天伊朗人必須選邊站，依我之見，他們毫無疑問會選擇俄國人，不會選擇英國人。62

換言之，對大部分伊朗人而言，國家的主要敵人是英國人。或許大部分美國人和英國人難以理解這點，尤其當時是在冷戰期間。

## 一穆沙迪克一

伊朗石油國有化大功臣穆罕默德・穆沙迪克（他的頭銜是穆沙迪克・薩爾坦納，Mossadeq al-Saltaneh）在騷動的二戰年代趁勢崛起，成為伊朗民族主義的象徵人物。身為一七九六年至一九二五年統治波斯的卡加爾王朝（Qajar dynasty）古老貴族後裔，穆沙迪克從二十世紀初開始在政界嶄露頭角。他的母親娜吉姆・薩爾坦納（Najm al-Saltaneh）是法特赫・阿里國王（Fath Ali Shah）的曾孫女，也是穆扎法爾丁國王（Muzaffar al-Din Shah）的大姨子。穆沙迪克的妻子是麗雅・薩爾坦納（Ziya al-Saltaneh），她是納賽爾丁國王的孫女，也是德黑蘭的週五禮拜的教長（Imam Jum'eh，主麻日的教長）的女兒。兩人的婚姻關係一直維持到老。穆沙迪克的父親赫達亞特王子（Mirza Hedayat）曾任財政部長，他來自赫赫有名的阿什提亞尼（Ashtiyani）家族，薩法維王朝（Safavid）與卡加爾王朝許多訓練有素的「穆斯圖菲」（mostowfi，意思是會計師或管理者）都來自於這個家族。在許多方面來說，這些穆斯圖菲相當於中國的官吏。因此，穆沙迪克直接或藉由婚姻間接與巴勒維王朝建立之前統治伊朗的主要貴族家庭有親戚關係，例如主麻日教長家族、赫達亞特家族（Hedayats）、達夫塔里家族（Daftaris）、馬丁—達夫塔里家族（Matin-Daftaris）、巴亞特家族（Bayats）、迪巴家族（Dibas）、阿米尼家族（Aminis）、蓋瓦姆家族（Qavams）、沃蘇格家族（Vossuqs）、阿拉姆家族（Alams）、佐爾法卡里家族（Zolfaqaris）、薩米義家族（Sami'is）、穆斯圖菲家族（Mostowfis）和法爾曼法爾馬家族（Farmanfarmas）等等。

雖然來自顯赫的貴族家庭，但穆沙迪克本人並非家財萬貫。英國媒體喜歡替他貼上伊朗富豪的標籤，但事實上他只擁有德黑蘭八十五英里外一個叫阿賀馬德阿巴德（Ahmadabad）的村莊，以及在德黑蘭的兩棟房子。他生活儉樸，據說只有兩套西裝；他把多餘的錢都給了他母親在德黑蘭蓋的一間慈善醫院。他以一人之力管理阿賀馬德阿巴德，將這個村莊打造為一座模範農場，並住在村莊一棟簡單的兩層樓房裡。二戰後，他在房子裡裝了一台發電機，但只有在傍晚到晚上九點間供電。屋內的照明大多仰賴燭光。

童年時期穆沙迪克在家中跟隨家庭教師讀書，一八九五年父親去世後，他承襲薩爾坦納（al-Saltaneh）頭銜，當時他只有十四歲。他花了四年時間在哥哥身邊見習，擔任法庭的穆斯圖菲；隨後他被指派為呼羅珊省（Khurasan）的穆斯圖菲。他的回憶錄中對昔日行政系統透露了些許懷舊氣息：

在收入和支出之間總有合理的平衡。本國的公僕並不特別見聞廣博；他們也不具備優秀現代政府所需的一切專業知識。然而，他們根據自己特殊的智慧與習性，設法用自己的方式管理國家行政，在國家存亡之際秉持自己的信念。他們的確做到無須向外國人乞討金錢，就能設法掌舵朝正確的方向前進。63

身為同情憲政改革理想的年輕貴族，也是主要由阿什提亞尼家族組成、態度傾向自由主義的人文協會（Society of Humanity）祕密會員之一的穆沙迪克，二十五歲就代表伊斯法罕的「貴族」，當選第一屆國會議員；當時首次頒布的選舉法將全國人口分成不同階級。穆沙迪克不符合議員需年滿三十歲的資格，因此無法任職。接下來的十年他擔任財務管理工作，並在歐洲求學；他先在巴黎的政治學院研讀金融，然後又在瑞士的納沙泰爾大學（Neuchâtel University）研讀法律。他的論文探討什葉派律法中遺囑的角色。他在一戰爆發前回到家鄉。他在歐洲罹患了之後終其一生折磨他的潰瘍和胃病，他眾所周知的昏厥毛病就是因為無法吃完整的一餐；胃病可能也導致他不願意社交，即便他其實非常喜歡與人來往，詼諧機智且風采迷人。他的兒子回憶起他鮮少「社交」，而且「少有與他年齡相仿的朋友」。[64]

在一戰期間，穆沙迪克建立其改革知識分子的名聲。在德黑蘭政治學院（School of Political Science）教書時，他寫了三本手冊：主張廢止種種十九世紀利權的《外國人士豁免權與伊朗》（*Capitulations and Iran*）；倡議司法改革的《民事法院的程序命令》（*Procedural Orders in Civil Courts*）；和詳細闡述西方私人公司權利的《歐洲合股公司》（*Joint Stock Companies in Europe*）。他也替贊成改革的《科學期刊》（*Majaleh 'Elmi*）以及反對英俄占領的民族主義期刊《伊朗之聲》（*Seda-ye

*Iran*）撰寫文章。他出版一篇贊成採用西方「消滅時效法規」（statute of limitation）的概念時，被視為與伊斯蘭律法（Shari'a）抵觸，因而受到某些神職人員的批評。在回憶錄中他寫道：「在接受這麼多教育之後，我還是無法表達我的意見，遭受不合時宜與不正當的批評，為此我心緒不寧。我懷疑到底自己是否能以所學貢獻國家。」[65] 在往後幾年，他又出版兩本著作：《伊朗與歐洲的國會法》（*Parliamentary Law in Iran and Europe*）與《立憲運動之前海外與伊朗的稅法原則》（*Principles of the Laws of Taxation Abroad and in Iran Before the Constitutional Movement*）。

在一戰結束後的年代，內閣的平均壽命不到四個月，穆沙迪克在這段期間擔任一連串重要的職務：司法部長（1919）、法爾斯省（Fars）總督（1920）、財政部長（1921）、亞塞拜然總督（1923）和外交部長（1923）。他在第五屆和第六屆國會（1924-1928）獲選為德黑蘭的代表。他藉由這些職位提升自己清廉與直言不諱的政治家聲譽。在財政部長任內，他減低浪費，裁撤冗員，甚至削減法院預算。[66] 在法爾斯省總督任內，他指責由賽義德・齊亞・塔巴塔巴伊（Sayyed Ziya Tabatabai）與禮薩汗上校（Col. Reza Khan）、也就是之後的禮薩國王發起的一九二一年政變。為此他必須接受巴赫蒂亞里部族的保護。他也譴責一九一九年的《英伊協議》，並指控恰巧是他親戚的沃蘇格．道勒試圖將伊朗變成「英國的保護國」。[67]英國公使館稱他無的放矢，給他貼上「煽動家」和「空談者」的標籤。[68]一開始穆沙迪克支持禮薩汗擔任首相和總司令，期待他能帶頭發起大規模改革，並反對他當君王，理由是此種權力集中將成為對憲政體制的嘲諷。穆沙迪克是少數幾位願意公開反對將王位授予禮薩汗的議員。

在禮薩國王統治的大多數時間裡，穆沙迪克的行動都被限制在阿賀馬德阿巴德。他不能發言、寫作或離開村莊。一九四〇年他甚至遭到監禁，並且被禁止前往呼羅珊北部。然而這項國內禁令只維持了十五天。王儲的瑞士友人恩內斯特．佩倫（Ernest Perron）剛好是穆沙迪克醫生兒子的病人，他替穆沙迪克求情，說服國王讓穆沙迪克回到阿賀馬德阿巴德。數月後英蘇入侵伊朗，結束了禮薩國王的統治。

穆沙迪克在第十四屆國會重回政壇，這是自一九二五年以來伊朗第一次自由選舉。他角逐德黑蘭最有名望的十二個席次，在三十位傑出候選人當中名列第一；這些候選人都是朝臣、宗教權貴和富有的地主。首都德黑蘭的媒體和選民都十分活躍，因此這是全國最顯赫的十二個席次。年輕國王害怕國會太過專斷，因此私下提議讓穆沙迪克當首相，條件是他必須使選舉無效。穆沙迪克回答，唯有他能舉辦公民投票，通過新的選舉法，限制地主和政府官員以及特別是軍隊指揮官的不當影響力，才接受這項提議。之後他透露，他懷疑國王的提議是為了剝奪他席次的策略，因為部長不能同時占有議員席位。英國大使里德．布拉德爵士對這個點子也態度冷淡。他認為穆沙迪克太過「易怒」和「傾向民族主義」。他也懷疑國王真正的目的是讓新國會裡坐滿他自己的官吏。「我擔心，」他又說道，「國王要的不是更好的國會，而是更阿諛奉承的議員。」[69]這鮮為人知的幕後政治活動，預示了未來國王、穆沙迪克與英國之間複雜的關係。

在第十四屆國會（1944-1946）的騷動中，穆沙迪克是約三十位後座議員的主要發言人，這些議員組成所謂獨立幹部委員會（Fraksiun-e Monafardin）的鬆散團體。他們與由朝臣、部族首領、大眾黨領導人、南方的前英國地主和北方的前俄國地主等其他黨團保持距離。穆沙迪克時常發表滔滔雄辯但有時太過冗長的演說，提升他在國內的聲望。他試圖阻止賽義德．齊亞贏得在英國占領下的雅茲德鎮（Yazd）的席次。他解釋他打破自一九二一年政變以來的長期沉默，因為事態緊急，他必須讓眾人注意到英國帝國主義持續造成的危險。和許多伊朗人甚至是英國外交官一樣，穆沙迪克將賽義德．齊亞視為舊時代政治家中最親英的一位。但他們不知道的是，戰時流亡巴勒斯坦的賽義德．齊亞已經與義大利法西斯主義者接觸；他收了錢，承諾讓對方得到伊朗北部的特取權。[70] 與其稱賽義德．齊亞是英國「特務」，他更像是右翼的投機分子。

穆沙迪克對年輕的國王也表現出某種程度的景仰——但其中藏有些許警告的意味。他感謝國王縮短自己在國內的流亡期限，同時提醒他在國會議員面前就職宣誓的對象是成文憲法。他也提醒議員，他們不是對國王個人發表誓辭，而是對憲政君主發表誓辭。憲法明確規定君主的角色純粹是儀式性的。他提出警告：「如果國王涉入政治，那麼他就能承擔責任。如果他承擔責任，他就能被究責。」他也常把一句格言掛在嘴邊：「君王君臨天下，但不統治國家。」（The Monarch Should Reign, Not Rule）。在許多方面來說，他都是伊朗版的英國輝格黨。* 與他憤怒的反英分子形象不同的是，穆沙迪克極為景仰英國，因為他將英國的立憲君主政體視為其國會民主不可或缺的一部分。他主張「英國這個國家是所有國家之中最自我犧牲、最寬容也最愛國的，因為它已享有數世紀的自由。」[71] 美國制訂政策的人無法區分穆沙迪克對英國帝國主義的敵意，以及對其憲政體制的景仰，因此認為他想法飄忽不定，主張前後不一。杜魯門總統派去伊朗的特使埃夫里爾·哈里曼（Averell Harriman）難以理解穆沙迪克為何在強烈譴責英國的石油公司的同時，又把自己的孫兒送去英格蘭唸書。[72]這使哈里曼更加確信穆沙迪克徹頭徹尾是個從《愛麗絲夢遊仙境》裡跑出來的角色。然而，問題與其說是出在穆沙迪克，其實是在美國人的認知上。

穆沙迪克也贊成許多禮薩國王的改革措施，包括擴大婦女的權利，只要她們依舊選擇戴著面紗。他也持續呼籲制訂新的選舉法，包括一日投票、設置獨立監控員檢查地主和政府官員造成的影響、更重視能識字的人，因為「不識字的人很容易被地主操弄」，以及增加市中心區的代表，尤其是德黑蘭。[73]他提議將首都代表的人數增加到二十五人。他提到在過去二十五年來，伊朗沒有被強權國占領，但是也沒有「自由選舉」。當國會拒絕討論選舉改革議題時，他走出會場，

* 譯註：English Whig，英國十七世紀出現黨派政治時的政黨，其主張為限制王權，提高國會權力。

並譴責這地方是個用錢買席次的「賊窟」。第二天，一群大學生抬著他回到會場。在隨之發生的混戰中，警察殺死其中一名學生。在第十四屆國會的頭幾年，穆沙迪克就與大學生建立起緊密的關係。

然而穆沙迪克主要的興趣是外交政策。[74]他主張，以往包括卡加爾王朝君主在內的政治家都犯下愚蠢的錯誤，認為他們可以給予「鄰近」兩大強權國家相同的利權，藉此安撫雙方。他將此舉比喻為一個已經截肢的人認為自己只要再切除另一隻手臂，就能平衡原本失去的手臂。他把這項政策稱為「正向平衡」。他也主張，有些人為了平衡兩方勢力而想引入例如法國、德國或美國等第三方勢力。無論如何，這種策略只是刺激掠食者的胃口而已。其必然的結果就是一九〇七年的瓜分伊朗。既然此時外國軍隊已經占領伊朗，那麼顯然類似危險又再度逼近。為了防止歷史重演，穆沙迪克傾向嚴守中立，他認為如果沒有一方能享有特別好處的話，這些主要強權國家就會願意放過伊朗。他稱這政策為「負向平衡」（negative equilibrium），也就是伊朗版的中立主義和不結盟政策。為了提出理由，他特別以一九三三年的石油協議為例。他譴責該協議延伸達西利權，給予外國公司對國內政策的特殊影響力，最危險的就是誘使其他國家也尋求類似利權。[75]

早在一九四四年九月，穆沙迪克就找到力陳這項政策的機會，當時蘇聯公開要求取得伊朗北方的石油利權。但是這個要求（有人指出這正是冷戰在伊朗的開端）本身就是由國會傳出的謠言所引起；傳言來自西方公司的代表們在德黑蘭積極尋求新的祕密石油交易。英國外交部與美國國務院很快就證實了這個謠言。一九四三年九月，在蘇聯提出要求的整整一年之前，由紐澤西標準石油與美孚—真空石油（Scony-Vacuum）共同擁有的標準真空石油公司（Standard Vacuum），已經在暗中針對東南方俾路支斯坦省（Baluchestan）的石油利權進行談判。該公司的作法與美國駐德黑蘭公使意見相左，後者覺得此種協商將威脅同盟國之間的關係，但美國石油公司有華府的支持，因為華府擔心美國國內資源將快速耗竭。[76]緊接在標準真空石油公司之後的是辛克萊爾石油（Sinclair Oil）和荷蘭皇家殼牌——英國外交部和美國國務院將荷蘭皇家殼牌當成英國公司。[77]他們的談判很快就從俾路支斯坦省擴大到伊朗其他地方，包括那些在蘇聯邊境的省分。英國人對撈過界的美國人表達他們的不安。他們也「極度渴望殼牌得到利權，如此它就能成為〔一個〕賺進英鎊的搖錢樹。」[78]

根據英國大使館的記述，美國大使也是前總統之子赫伯特・胡佛（Herbert

Hoover）都積極代表美國石油公司進行遊說，並且提出50／50的交易條件，催促他們和殼牌競價。一位英國外交部專家後來祕密評論道，如果「相關各方人士聽從與美國人祕密交易的建議」，這整場危機是可以避免的。[79] 至於美國國務院則提出警告，表示英國的利益變得「最為迫切」，並催促美國公司應該代表美國做更多事。[80] 根據美國大使館的報告，伊朗國王和首相都偏袒美國公司，並打算把北方的利權給標準石油，但只有在戰後蘇聯軍隊從伊朗撤軍之後才會進行。[81] 一九四四年七月，美國的代辦*催促國務卿對該議題採取強硬立場，不只是為了伊朗石油本身的重要性，也是為了美國商品在當地市場的潛力，以及「長遠保護我們在波斯灣阿拉伯這一側的石油權利金。」[82]

蘇聯在三個月之後提出的要求，引起英國人相當程度的自我反省。在馬什哈德的英國領事之後在回憶錄中寫道，將「俄國從熱戰盟友變為冷戰敵人」的原因，就是「美國為了占領波斯市場而強力介入，特別是美孚—真空石油千方百計想取得石油探勘的權利。」[85] 另一位英國外交部專家私下抱怨，美國國務院「想盡辦法」用一連串「聳動的報告」，「製造對蘇聯威脅的恐慌」。[84] 據美國大使館推測，俄國人可能的目標其實不是得到石油，而是「讓其他人遠離北方」。[85] 同樣地，冷戰期間制訂圍堵政策的美國駐莫斯科代辦喬治・肯南（George Kennan）曾知會國務卿：

> 近日蘇聯在伊朗北方的行動，基本動機並不是出於對石油本身的需求，而是憂心外國勢力可能滲透該地區，再加上對其聲譽的關切。伊朗北方的石油之所以重要，並非因為俄國人需要，而是其他人去開採可能帶來的危險。這片領土靠近重要的高加索石油中心，它在目前的戰爭中險些遭到全面征服。克里姆林宮將其安全視為必要，其他強權國家應該連一丁點在該地立足的機會都沒有。除了尋求對該地更大的政治與經濟控制之外，俄國或許找不到其他方法能保證這一點。[86]

簡而言之，啟動在伊朗發生的第一次冷戰危機並不是一九四四年蘇聯對石油的需求，而是美國與英國公司在一九四三年為獲得自身的石油利權（尤其是伊朗

---

* 譯註：派駐在未設大使國家的外交官稱為代辦（charge d'affaires）。

北部的石油利權）而進行的祕密出價。

伊朗政府承諾他們直到戰後才給予兩國石油利權，以便試圖擴散這場危機。然而蘇聯卻懷疑（它的懷疑是正確的）這只是一種策略。他們堅持對石油的要求；延遲撤軍；鼓動庫德族和亞塞拜然族策動叛變；協助他們建立省的政府，而不是由分離主義者掌控的政府；並且堅持在德黑蘭要有一位能與他們合作的首相。他們甚至點名艾哈邁德・蓋瓦姆（Ahmad Qavam，他的頭銜是蓋瓦姆・薩爾坦納，Qavam al-Saltaneh）擔任這樣一位首相。蓋瓦姆從一九〇五年的革命以來就多次擔任國家要職；授予國家憲法的那份聲明稿，就是以他出色的書寫體寫下的。蓋瓦姆是位極有技巧、極為務實、同時城府很深的資深政客，曾經與英國、美國和帝俄時代與蘇聯時代的俄國周旋。他和穆沙迪克是遠親，都來自相同的社會背景，但兩人在許多方面都恰巧相反。人們眼中的穆沙迪克誠實正直，蓋瓦姆卻有著狡猾與善於權謀的名聲。前者滔滔雄辯，喜歡公眾場合和受到眾人注目；後者則喜歡在幕後工作，進行祕密不透明的交易。前者的形象是清廉，後者卻享受能提供一切事物給所有人的光環。前者過著儉樸的生活，後者過著奢華的生活，擁有許多地產，特別是他在吉蘭省（Gilan）有座茶園。前者被視為平民政治家，後者卻是眾所周知的態度高傲；他的辦公室沒有訪客的椅子，因此所有人甚至皇室家族成員，在他面前都必須站著。此外，前者提倡「負向平衡」政策，而後者在許多方面都是正向平衡的象徵。簽署惡名昭彰的一九一九年《英伊協議》的沃蘇格．道勒，恰巧就是蓋瓦姆的哥哥。

雖然穆沙迪克與蓋瓦姆在外交政策上南轅北轍，一九四六年穆沙迪克卻投票選蓋瓦姆為首相，原因是唯有蓋瓦姆才有能力藉由談判讓蘇聯撤軍。然而為了限制蓋瓦姆，穆沙迪克發起一項法案，禁止從首相到部長以及次長的所有政府官員與任何國外個體談判石油協議。這就是所謂的穆沙迪克法。提出法案時，穆沙迪克宣稱他全完贊成發展石油工業，將石油出口到所有需要的國家，包括美國和蘇聯在內，但是這個工業發展必須「掌控在我國手中」。英國大使館沒有漏看這份聲明中的含意。

蓋瓦姆在第十四屆國會的最後一天將內閣名單提交給國會。幾小時後，他飛往莫斯科，與史達林和蘇聯外長莫洛托夫（Molotov）談判。他知會他們，由於最近通過的法案，他不能簽訂任何石油協議，但可以在下一屆國會召開時提出。他也指出在另一項最近的法案中規定，所有外國軍隊必須撤出伊朗。看來似乎已取得上述私人對話的英國駐莫斯科大使館表示，對英國而言很「幸運」的是，有這些最近通過的法案「束縛了蓋瓦姆」，尤其是穆沙迪克的法案。[87]

蓋瓦姆很快就取得一份協議。蘇聯同意在四十天內撤軍，讓各族叛變由伊朗中央政府逕行處置。蓋瓦姆則同意在下一屆國會召開的七個月之內，交出一份成立蘇聯─伊朗聯合石油公司的提案。這份涵蓋所有伊朗北部省分的提案很接近50／50的交易條件。在頭二十五年，蘇聯擁有百分之五十一的股份，伊朗擁有百分之四十九的股份。在之後的二十五年，持股百分比則相反。蘇聯將提供所有技術人員和設備。

這份提案引來英國和美國大使館一陣驚駭。英國提出警告，說此種投資將會透過伊朗增加蘇聯的影響力；他們會把生產過剩的石油投入國際市場；他們會訓練本地技術人員；和英伊石油公司不同的是，他們不是由財物壓力約束的企業；他們可能會用壓低的價格、更好的薪資、住屋條件和工作環境吸引勞工，藉此損害英伊石油公司。他們也警告，這些設施可能最後會移交給伊朗。[88]同時美國人也害怕與蘇聯的交易會終結「美國石油利權的所有可能性，以及最重要的是，將威脅美國在沙烏地阿拉伯、巴林和科威特極其高額的石油控股。」[89]

即將卸任的英國駐伊朗大使布拉德提出警告，他說在北方的「綏靖主義歸根究柢將威脅我們在伊朗南方的重要石油供給。」[90]同樣地，即將上任的約翰・魯格特爾爵士（John Rougetel）表示，和他一同派駐德黑蘭的美國大使收到「來自美國石油公司和國務院強烈反對伊朗與蘇聯這項交易的指示。」[91]他又說，美國地質專家確定伊朗北部石油蘊藏量豐富。英國外交部最後的建議是「英國和美國應該說服伊朗政府拒絕這項協議，同時鼓勵伊朗政府將伊朗南方的利權交給殼牌石油，並邀請美國參與這項利權。」[92]

當兩大西方強權國敦促伊朗拒絕與蘇聯的交易時，有人預料到拒絕交易會開危險的先例，可能威脅其他石油利益。蓋瓦姆「以最大的信心」知會美國大使，他們早就該與蘇聯簽訂協議，因為在過去伊朗過度偏袒英國。[93]他承諾給予美國人俾路支斯坦省的利權，但駁回英國的出價，理由是英國早就得到所有他們應得的利權。美國大使記述「此舉證實他長久以來偏袒伊朗美國企業的紀錄。」[94]他還說有些英國外交官非常擔心如果與蘇聯的交易被拒絕，伊朗人可能考慮將英國石油公司國有化。[95]英國大使本人警告倫敦，「儘管俄國人在取得伊朗北部石油利權時遭遇了困難，但直接拒絕這項交易可能會導致俄國人設法取消英伊石油公司，而且他們很可能會成功。」雖然提出上述警告，美國最終還是公開反對蘇聯利權，他們主張這樣的交易可能會和一九〇七年的狀況一樣，將伊朗劃分為不同的「勢力範圍」，最後「對英國，以及最終對美國石油在波斯灣的地位造成更多而非更少壓力。」[96]

蓋瓦姆直到一九四七年十月底才將蘇聯的提案送交國會，幾乎是蘇聯撤軍的一年之後。延誤的原因是他和伊朗國王之間以各種手段爭奪第十五屆國會選舉的控制權。戒嚴令下的選區，例如再次被占領的亞塞拜然和庫德斯坦，理所當然選出了王室喜歡的人。至於受內政部長控制的選區，選出的則是蓋瓦姆的支持者。而許多散布在伊朗各地的「腐敗選區」*則是照慣例選出當地有頭有臉的人，他們之中許多南方貴族是親英地主和部族首領。在德黑蘭選區獲勝者名單上為首的穆沙迪克以及他大多數的追隨者，卻被排除在外。蓋瓦姆將提案送交國會，既沒有贊成也沒有反對該提案。在一連串閉門會議之後，代表們以壓倒性的票數否決此案。他們也投票贊成不追究蓋瓦姆的責任，因為他沒有簽下協議，只同意將提案交給未來的國會。

英國大使館很訝異蘇聯「相當能接受」提案被拒的結果。[97]在接下來的幾年，他們似乎退回自己的地盤療傷並重整旗鼓，對伊朗不再感興趣。[98]然而蓋瓦姆失去對國會的掌控權，兩個月後就被迫辭職。在拒絕蘇聯的提案之後，國會通過一項決議，禁止政府將北部的利權交給任何一個國外個體。它也催促政府「開啟談判，贖回地上與地下國家資源的權利，尤其是針對南部石油的權利。」英國外交部的某些人再次注意到這項決議的含意。[99]蘇聯撤軍並不像當時某些人所聲稱的，是由於原子彈的威脅，而是蓋瓦姆老派的政治手腕。而蘇聯的協議遭到破壞，只有少部分是刻意的設計，主要原因反而出於一般人覺得重要資源應該屬於國家的這種情緒。即使是某些以「社會主義的團結」為由表面上支持蘇聯的大眾黨領袖，他們私底下從一開始就對於把利權給外國勢力這個議題感到憂心忡忡。[100]

蘇聯利權遭拒，影響最深遠的餘波，就是伊朗與英伊石油公司開啟修訂一九三三年協議的談判。然而有些身在英國的人沒有察覺其中的重要性。英國大使不

* 譯註：rotten boroughs，指一六八八年至一八三〇年間英國下議院修改選舉制之前，舊有選區人數過少或新興工業城選區居民無選舉權的腐敗現象。

把談判當一回事，他認為決議不過是「讓這行為顯得不足為奇」以及是「伊朗緩和回絕俄國人態度的典型方式」。同樣地，石油公司也自信滿滿，認為它「獲得了伊朗各地人們的善意」。它也安慰自己，覺得公司畢竟不久前才大方捐贈了十五萬英鎊給德黑蘭大學。

一九四七年十一月，在國會做出決議的僅一個月後，新的談判由蓋瓦姆本人展開。談判當然都是在閉門會議中進行，之後由蓋瓦姆的三位繼任者依序接手：易卜拉欣・哈基米（Ibrahim Hakimi）（一九四八年一月至六月）、阿布杜—胡笙・赫茲赫爾（Abdul-Hussein Hezher）（一九四八年六月至十一月）和穆罕默德・賽義德（Muhammad Saed）（一九四八年十一月至一九五〇年三月）。這些談判的結果最終制訂出極具爭議性的《補充協議》（*Supplementary Agreement*）。它由代表伊朗的賽義德與代表石油公司的納維爾・蓋斯（Neville Gass）兩人簽訂，因此也被稱做《蓋斯—賽義德協議》（*Gass-Saed Agreement*）。當然這項協議需要伊朗國會批准。

在拖延許久的談判過程中，英伊石油公司最初拒絕50／50方案，斥之為「過分的要求」，宣稱它「無法計算」，因為該公司的利潤有其他來源。英國外交部報告，「英伊石油公司認為50／50方案行不通；根據這方案，公司要給伊朗每公噸石油三十三先令，這個數字甚至遠超過中東石油利權投機者的最高競價。」[101] 該公司取而代之的提議是，每出口一公噸石油，就將支付伊朗的金額從四先令提高到六先令，以及根據英國稅前而非一九三三年協議中的稅後利潤計算方式，來計算伊朗的百分之二十利潤分配，藉此改善一九三三年的利權條件。公司也承諾每年的權利金將不低於四百萬英鎊。它一度威脅要保留權利金，延遲支付，直到首相加快速度將這份協議提交國會為止。

馬克斯．松柏格（Max Thornburg）是前標準石油公司和美國國務院的顧問，自一九四六年以來就受雇於伊朗政府擔任經濟顧問，他請首相不要簽字。「這份提案，」他主張，「擬定得如此晦澀，模糊不清，全世界沒有人曉得簽了字之後的伊朗政府還剩下什麼。」[102] 他建議伊朗政府堅持50／50原則，他也親自趕往倫敦，「向英伊石油公司董事會清楚表明，他們在波斯面臨的不只是冥頑不靈的態度或東方式的討價還價、精打細算，而是該國人民逐漸加劇的敵意；他們不只針對石油公司，也針對那些需承擔責任的政府，即使僅存一丁點部分也是。」他承認他的倫敦之行並不成功。

即便是英國政府人員，也表示（當然是私底下）對英伊石油公司感到氣餒。工黨某位資深內閣害怕英國有表現得「過於帝國主義」的危險，因為目前的利潤分配「太不公平」，石油公司的立場又「太不願意妥協」。[103] 他還說即便英伊石油公司是私人公司，但這間公司太過重要，不能任由它自行做決定。美國國務院的批評更嚴厲，主張英伊石油公司應該依照委內瑞拉模式，以50／50方案為基礎。助理國務卿喬治．麥基（George McGhee）甚至將《補充協議》形容為「不公正的待遇」。他批評它是「假貨」，公司聲稱無法計算這樣的利潤分配。他也提到伊朗的生產成本遠小於委內瑞拉。

《經濟學人》（*The EcoNo.ist*）雜誌中某篇未署名的文章總結了英伊石油公司的觀點。這篇文章的作者可能是倫敦大學歷史系教授伊莉莎白．門羅（Elizabeth Monroe）。該文主張石油公司提出的條件非常大方，它給伊朗每年二千二百萬英鎊權利金，但是伊朗卻拒絕接受，因為那些「無知的市民被他們腐敗又貪婪的統治者誤導。」[104] 以上說法成為英國人在這場危機中的口號。

多年後，駐伊朗的英國外交部專家山姆．法勒（Sam Falle）承認，之前的談判之所以失敗，部分是因為石油公司「蘇格蘭式管理」的「頑固」態度，也有一部分是英國政府必須盡可能從石油產業中抽取稅金。之後他寫道，英國像是坐在一座悶燒的「火山」上面。[105] 山姆．法勒在外交部的綽號是紅山姆（Sam the Red），因為他覺得大英帝國的時代已經結束。一九五二年英國代辦喬治．米德爾頓（George Middleton）之後承認英伊石油公司拒絕將石油國有化當一回事，因為它認為伊朗人沒有能力管理石油公司設備，但事後證明他們錯了。[106] 美國國務卿迪恩．艾奇遜（Dean Acheson）在形容英國石油公司早期的議價策略時，說出了下面這一句名言：「從來沒有這麼少人在這麼短的時間內，如此愚蠢地失去這麼多。」

## 國有化運動

穆沙迪克在第十六屆國會選舉重回政壇。他在競選時提出兩項主要政見：自由選舉和石油國有化。他有十二名最親近的年輕顧問，這些人大多是在法國受教育的專業人士：阿里．沙耶根博士（Dr. Ali Shayegan）、胡笙．法特米（Hussein Fatemi）、胡笙．馬奇（Hussein Makki）、阿布杜拉．默阿澤米（Abdullah Moazemi）、巴格爾・卡澤米（Baqer Kazemi）、卡里姆・桑賈比（Karem Sanjabi）、卡澤姆・哈塞比（Kazem Hassebi）、艾哈邁德・齊拉克扎德赫（Ahmad Zirakzadeh）、艾哈邁德・拉扎維（Ahmad Razavi）、馬哈茂德・納里曼（Mahmud Nariman）、阿拉亞爾・薩利赫（Allayar Saleh）以及沙姆斯丁・阿米爾—阿萊（Shams al-Din Amir-Alai）。他們組成穆沙迪克的親信（dowreh），許多成員直到一九五三年八月前都跟著他赴湯蹈火，有些人甚至在之後還繼續追隨他。

沙耶根是德黑蘭大學的教授，他是穆沙迪克的律師。他從小就認識穆沙迪克，穆沙迪克當法爾斯省總督時曾與他父親交好。身為設拉子（Shiraz）的低階神職人員之子，沙耶根擁有賽義德（sayyed）的頭銜，這代表他是先知穆罕默德的男性後代；雖然他很少冠上這頭銜。他是禮薩國王送去法國的第一批留學生之一。在里昂大學取得法律學位之後，他在德黑蘭大學教書，後來當上法律系系主任。雖然身為穆沙迪克最親近的顧問之一，沙耶根於一九四六年也曾擔任卡瓦姆的教育部長。此種人脈總是派得上用場。

民族陣線（Je'beh-e Melli）機關報《今日西方》（*Bakhtar-e Emruz*）的編輯法特米是政變後唯一一位被處死的民族陣線領袖。他的父親是納因市（Na'in）什葉派位階最高的阿亞圖拉（ayatollah），因此他也是賽義德，但同樣也很少使用這頭銜。法特米在伊斯法罕唸英國教會學校，畢業後曾短暫在英國領事館工作過一段時間，之後前往法國唸新聞學。他是伊朗唯一一位擁有歐洲新聞學位的報社編輯。他的哥哥是知名的親英國政治家，有一段時間曾經擔任伊斯法罕的市長，還成立黃色工會*以對抗大眾黨。即便胡笙·法特米擁有無懈可擊的反共產主義紀錄，一位英國外交官卻將他名列為「莫斯科訓練出來的共產主義理論家」，因為他往往援引「無止無盡的事實與數字」討論石油議題。[107]同一位英國外交官常抱怨穆沙迪克習慣迴避特定事件，凡事只是泛泛而論。

擅於演講的馬奇以卡瓦姆門生的身分進入第十五屆國會，但很快就成為穆沙迪克傳遞石油議題的特使。例如他會以癱瘓議事的冗長演說反對《補充協議》，好讓這項法案在穆沙迪克希望能爭取更多支持者的第十六屆國會開議前都不能進

* 譯註：黃色工會（yellow union）是被資方收買或與之妥協的工會。名稱由來為一八八七年法國某工廠主人收買部分工人成立工會，與主張罷工的工人對抗。資方以黃紙補起罷工工人打破的工廠玻璃窗。

行投票。他很快就將穆沙迪克之前的演講集結成書。市集商人之子的馬奇後來轉向歷史寫作，對於二十世紀伊朗的陰謀論解釋使他成名。他寫了一系列暢銷書，包括《二十一年史》（*Tarekh-e Best Saleh*）、《黑暗之書》（*Ketab-e Siyah*）、《莫達雷斯：自由英雄》（*Modarres: Qahreman-e Azadi*）和《政治回憶錄》（*Khaterate-e Siyasi*）。他是穆沙迪克十二名顧問中少數沒有西方學位的。在這次變節的數月之前，英國大使館就預測，由於馬奇是機會主義者，如果從穆沙迪克的繼任者那裡可以獲得「可接受的條件」，他「毫無疑問將拋棄」穆沙迪克。[108]

另外九位顧問都是伊朗黨（Iran Party）的成員。該黨於一九四四年從工程師協會（Engineers Association）發展而來，以法國溫和的社會黨（Socialist Party）為模範。禮薩國王退位之後，工程師協會隨即在一九四二年成立。默阿澤米是一位在法國研讀法律的教授，來自戈勒派耶甘（Golpayegan）一個有土地有頭銜的家族，他曾於第十四屆國會代表該選區參選，並加入獨立幹部委員會。在美國受教育的卡澤米也來自富有且有頭銜的家族。他曾列席第十四屆國會，長時間任職於外交單位，擔任大使和外交部長。另一位在法國留學的法律系教授桑賈比，是第一批被送往歐洲的伊朗學者，他來自克爾曼沙赫的主要什葉派庫德族。在一戰期間，桑賈比曾保護拒絕接受英俄占領的國家領袖。

穆沙迪克在技術事務上的主要顧問哈塞比，出身於普通的市集家庭。他也是第一批被送往歐洲留學的學生。他先在法國唸工程學，然後在英國和捷克斯洛伐克唸石油工程。他在德黑蘭大學教授地質學，曾是工程協會的創會成員。他在德黑蘭郊外過著儉樸的生活，坐公車通勤入城。入閣時，穆沙迪克命令哈塞比在家裡裝電話，這樣才聯絡得到他。英國大使館形容他是「狂熱的反英分子」，「眼神瘋狂」，是「最糟的一個人」。[109]

創立工程師協會的另一名成員齊拉克扎德赫也在德黑蘭大學教書，他之前同樣在巴黎唸機械工程。拉扎維（他也沒有冠上賽義德的頭銜）來自克爾曼（Kerman）擁有大片土地的富有家族，他在國會中代表該選區。和許多同僚一樣，他也曾留學法國並創立工程師協會。他在國會裡大膽譴責軍方毫無效率、貪污腐敗和干預政治，因此聲名大噪。納里曼（也同樣拋棄賽義德頭銜）是前德黑蘭市長，他終身擔任公職。他的父親是帝國銀行的經理，他在國外研讀經濟學，大部分時間在瑞士。英國大使館覺得他「冥頑不靈」、「剛愎自用」。[110]

穆沙迪克與美國交涉時的主要顧問及駐華盛頓大使薩利赫是資深公務員，在一九四一年之後數次持有席次。他出身於卡尚（Kashan）的有錢地主家，在第十六屆伊朗國會代表該選區。就讀德黑蘭美國學校時，他曾經散發譴責一九一九年《英伊協議》的小冊子。最後一位阿米爾—阿萊是穆沙迪克家族的至交，他出身於卡加爾王朝的貴族家庭，長久以來擔任司法部長、財政部長與內政部長各種職務。他畢業於德黑蘭的法國高中，畢業後進入法國蒙佩利爾大學（University of Montpellier）。和其他許多位顧問相同，他也是伊朗黨的老黨員。

簡而言之，穆沙迪克的親信主要由來自伊朗黨的年輕留法專業人士組成。英國大使館將伊朗黨形容為「中產階級的」、「民族主義的」，並且構成穆沙迪克的「親信」。[111] 它補充道：「他們代表極大區域內的選民，毫無疑問能贏得許多席次。」多年後，英國外交部的法勒在回憶錄中寫道，穆沙迪克的主要支持者來自中產階級，但他擁有「廣大群眾支持，因為他是個善於煽動民心的政客，卻也是個真摯誠實的愛國人士」：「他不使用暴力，而且精力相當旺盛，因為人民愛戴他，想要他的領導，且將他視為伊朗人的甘地。」

一九四九年十月十五日，穆沙迪克以強調第十六屆伊朗國會選舉做票事件的戲劇性場面重回政壇。他率領一批和平的隊伍，從他位於德黑蘭北邊宮殿街

（Kakh Street）一〇九號的住家，來到附近的皇家大理石宮（Kakh Marmar），抗議內政部和武裝部隊做票。他宣布示威只有一個口號——沉默，而且將謹遵甘地的非暴力原則。伊朗大報《訊息日報》聲稱示威人數只有一百八十人，然而照片上看來有數百人，[113] 其中多數人刮了鬍鬚，穿著領帶、白襯衫與正式西裝。某個蓄鬍鬚的男人大喊他夢想穆沙迪克將很快建立共和國，穆沙迪克卻讓人把他帶走，之後形容他是一名來挑釁的警察特務。[114]

他們來到花園廣場，經過一番談判後，法務部長哈茲赫爾（Hazher）准許讓二十人進入皇室花園。穆沙迪克威脅要在某個大清真寺或聖壇進行「庇護」（bast）；著名的憲政革命期間即爆發過「庇護」一事。* 這場新的抗議行動之後被稱為宮殿花園靜坐抗議（Palace Garden Sit-In）。抗議行動延續整整四天四夜，一直到他們以絕食抗議威脅，國王才承諾舉辦公平誠實的選舉。沙耶根寫道，他們的目標是強化選舉制度，限制戒嚴令，將武裝部隊逐出選舉，以及強化

* 譯註：清真寺可做為「庇護」之地。而一九〇六年的憲政革命，當德黑蘭的立憲分子與國王發生衝突之際，不少人跑到英國公使館尋求協助，也稱為「庇護」。

媒體獨立性，藉此將「舞弊的」與「可恥的」民主轉變為真正的民主。[115]

進入皇室花園的二十人包括穆沙迪克和他的七位伙伴：沙耶根、法特米、納里曼、馬奇、桑賈比、阿米爾—阿萊和齊拉克扎德赫。另外六人是出了名的牛虻政客；他們一開始支持穆沙迪克，後來又反對他，這六個人分別是留學法國的哲學家穆扎法爾．巴卡伊博士（Dr. Muzaffar Baqai），他出身於知名的克爾曼（Kerman）家族；賽義德．阿布杜—胡笙．哈伊里薩德赫（Sayyed Abdul-Hussein Haerizadeh）是前法官，並且在第四、第五、第六與第十四屆國會上批評禮薩國王；阿布杜—卡德爾．阿札德（Abdul-Qader Azad）是位經驗老到的政治家，他被禮薩國王關進牢裡十年，如今是《自由》（*Azad*）雜誌的編輯；艾哈邁德．馬雷基（Ahmad Maleki）是專門揭發醜聞的雜誌《明星》（*Setareh*）的資深編輯；阿布爾—哈桑．阿米迪—努里（Abul-Hassan Amidi-Nouri）是出庭律師，也是另一份揭發醜聞雜誌《正義》（*Dad*）的編輯；以及《行動》（*Eqdam*）雜誌的編輯阿巴斯．卡雷利（Abbas Khaleli），一九二〇年代初他在反對英國的叛變之後曾經逃離伊朗。另外六個人比較沒那麼有名，大多是專業人士。[116]這群人強化了穆沙迪克親信大多由中產階級專業人士組成的形象，其中有些人原本就來自大家族，有些甚至在禮薩國王登基之前就已經活躍於政壇。

在這場靜坐抗議行動之後，主要抗議人士立刻在穆沙迪克家中聚會，並宣布成立民族陣線。[117] 他們選出穆沙迪克擔任黨主席，沙耶根、納里曼、阿米爾—阿萊和桑賈比擔任臨時執行委員會成員。他們也選出一群人組成公關委員會，成員如下：《今日西方》的編輯法特米；伊朗黨機關報《伊朗》（*Iran*）的編輯齊拉克扎德赫；《行動》的編輯卡雷利；《國家》（*Keshvar*）的編輯穆罕默德·禮薩·賈拉利—奈尼（Muhammad Reza Jalali-Naini）；《正義》的編輯阿米迪—努里；《明星》的編輯馬雷基，以及不久之後就發行報紙《目擊者》（*Shahed*）的巴卡伊博士。他們指定由法特米制訂組織章程與綱領。

綱領中強調，伊朗需要誠實的選舉、自由的媒體、結束戒嚴令，以及妥善執行一九〇六年的憲法。該綱領邀請「愛國組織」而非個人加入民族陣線。它解釋民族陣線不是由個人組成的傳統政黨，而是廣泛的志同道合團體組成的聯盟。[118] 這符合穆沙迪克長久以來抱持的立場，也就是紀律嚴明、綱領繁複、組織良好的政黨並不適合伊朗。此外，他也把自己視為全國的發言人，而不只是某個特定政黨的發言人。

在接下來的幾週內，民族陣線納入了伊朗黨以及一些專業組織，其中為首的是律師行會、大學教授協會、工程師協會、市集行會與零售商工會聯盟。之後的幾個月，它又獲得巴卡伊博士的伊朗勞動黨（Hezb-e Zahmatkeshan）和阿亞圖拉賽義德・阿布爾—卡西姆・卡沙尼（Ayatollah Sayyed Abul-Qassem Kashani）的穆斯林聖戰士集團（Majmah-e Musulman-e Mojaheden）的支持。

巴卡伊博士與前大眾黨領袖卡雷爾・馬爾基（Khalel Malki）結盟，組成伊朗勞動黨。馬爾基是留學威瑪共和國的老資格馬克斯主義者，他自視為一名好戰但反蘇聯的激進分子。他與大眾黨和蘇聯在石油需求議題與庫德斯坦和亞塞拜然民族叛變問題上撕破臉。人們形容他是伊朗的狄托。* 因此，伊朗勞動黨從一開始就有兩種相當不同的組成分子：卡雷爾・馬爾基和他受過大學教育的馬克斯主義者，以及巴卡伊與他來自克爾曼及德黑蘭市集南半部的追隨者——後者尤其指那些經常出入傳統體操館（zurkhaneh）的路提們（lutis）。† 對某些人來說，路提都是一些比割喉者（chaqukeshan，意指殺手）好不到哪裡去的惡棍。然而對另一些人來說，路提是身強體壯、能保護街坊鄰居的年輕小伙子。[119] 有人謠傳巴卡伊對這些年輕人有特殊的癖好。英國大使館聲稱巴卡伊「對波斯政治的主要貢獻就是提供一群惡棍，用來恐嚇民族陣線的反對者，拆他們的台。」[120] 伊朗勞動黨總人數最多時也不超過五百人。

阿亞圖拉卡沙尼是伊朗政壇中最有名望的教士。政治活動比神學地位更出名的卡沙尼完全忽視地位最崇高的神學家大阿亞圖拉賽義德·胡笙·布魯傑迪（Grand Ayatollah Sayyed Hussein Boroujerdi）‡對所有神職人員的忠告，也就是要教士迴避政治活動。卡沙尼是伊拉克納傑夫（Najaf）高階神職人員之子，他在當地受教育，曾於一九二〇年參與著名的什葉派反英叛變。一般認為他的父親在這場叛變中「殉教」。[121] 一九二〇年之後，卡沙尼與一些什葉派教士來到伊朗避難。一九二五年，身為制憲會議的一員，他投票贊成禮薩國王登基，但國王在位

---

* 譯註：狄托原名約瑟普·布羅茲（Josip Broz, 1892-1980），曾任南斯拉夫共和國總理與總統等要職，致力於南斯拉夫聯邦內各民族的統一。

† 審校註：Luti 包含的範圍很廣，正面意思可以是摔角手、健身運動員，但也有些就是街頭流氓、惡棍。此處加上 s 是指複數。

‡ 審校註：多數阿亞圖拉都是 Ayatollah，只有布魯傑迪是 "Grand Ayatollah"，所以只有他的頭銜翻作「大阿亞圖拉」。

期間他都保持低調。一九四四至一九四五年，他因與德國人往來而被英國人拘留。一九四六年，他組織抗議活動反對第十五屆國會做票，因而被卡瓦姆逮捕。一九四九年二月，一名在他辦的報紙《伊斯蘭之旗》（*Parcham-e Islam*）工作的攝影師射傷國王，他再次被捕。國王迅速利用這次暗殺的機會宣布戒嚴令，召開另一次制憲會議，得到解散伊朗國會與成立參議院的權力，得以任命六十位議員中的半數。他也趁機查禁大眾黨，對卡沙尼以及包括卡瓦姆在內的一些知名反抗人士發布逮捕令。

這次卡沙尼被流放到貝魯特，直到一九五〇年六月在第十六屆國會得到席次後才獲准回國。流亡期間的選舉活動由他第七個兒子，原為傳教士、之後改行為商人的賽義德·沙姆斯丁·庫納塔巴迪（Sayyed Shams al-Din Qonatabadi）負責。卡沙尼的主要選區在德黑蘭市集，對象是麵包師傅和糕點師傅。他在陳述政見時大量使用世俗術語，例如「殖民主義」、「帝國主義」、「國家主權」、「經濟剝削」、「民主」、「國家」、「自由選舉」，和「尊重一九〇六年憲法」等等。他們譴責當前政權「腐敗」、「奢侈」、「奉承外國勢力」，無法像巴勒斯坦、喀什米爾、阿爾及利亞、突尼西亞、埃及甚至愛爾蘭等地那樣反對大英帝國的勢力。[122]

像布魯傑迪那樣無政治意識的教士，以及像兩位支持憲政改革的高階教士其中一位的兒子阿亞圖拉賽義德·穆罕默德·貝赫貝哈尼（Ayatollah Sayyed Muhammad Behbehani）等保王派人士，都不信任卡沙尼。英國人形容貝赫貝哈尼是王室家臣。[123]雖然立場不同，但包括布魯傑迪和貝赫貝哈尼在內的大部分教士都公開歡迎卡沙尼返國。然而，一份流傳甚廣的小冊子《一個穆斯林的呼喊》（*A Muslim Call*）暗指卡沙尼有可疑的印度金援，他「每晚都和不同的女人結婚」，而且勾結「通姦者、拜火者和雞姦者」。[124]英國大使館形容他是「一名死敵」，卻又說既然「他和他兒子貪贓枉法，因此對手只要準備付大筆錢，就可以讓他們離開穆沙迪克。」[125]卡沙尼不論在當時或在之後的數十年都充滿爭議性。

卡沙尼與伊斯蘭敢死隊（Fedayan-e Islam）有一絲牽連，後者是伊斯蘭世界真正的基本教義派團體之一。伊斯蘭敢死隊於一九四四年由神學院中輟生賽義德·納瓦卜·薩法維（Sayyed Navab-Safavi）成立，該組織基於以下兩個顯著特徵而引人注目。首先，他們要求成員在私人與公眾生活都完全實行伊斯蘭律法。這些人執著於犯罪、酒精與女性議題，他們將奉行伊斯蘭教當作伊斯蘭一切問題的「解決方案」。敢死隊成員堅決主張，「罪犯不應該舒服地待在『休養所』裡，應該要把他們的手砍斷，如果他們繼續犯罪，就該將他們處死。」[126] 其次，他們樂意暗殺任何一個他們視為非伊斯蘭教徒或反伊斯蘭教徒。一九四六年，他們用刀子刺死伊朗著名歷史學家賽義德・艾哈邁德・卡斯拉維（Sayyed Ahmad Kasravi），因為他質疑什葉派對早期伊斯蘭教的解釋。殺手受到特赦待遇，因為保守的政客們急於利用該團體反對大眾黨，因此替他說情。一九四九年，在宮殿花園靜坐抗議的幾週後，伊斯蘭敢死隊派人開槍射死王室部長*阿布杜—胡笙・赫茲赫爾，他們指控他叛教，說他私下信奉巴哈伊信仰。†這次殺手很快就被吊死，成了該團體第一個「殉教者」。有人認為，如果沒有來自如卡沙尼這樣的宗教權威發布的正式伊斯蘭教令（fatwas），伊斯蘭敢死隊無法執行類似暗殺活動。但是納瓦卜・薩法維自認有資格發布死刑命令。雖然這些以及之後的暗殺事件讓伊斯蘭敢死隊聲名大噪，但他們的核心成員不過是屈指可數的幾名狂熱分子，成員一共不到一百人，大多數都是德黑蘭市集裡年輕的半文盲學徒。雖然其中有些例如貝赫貝哈尼等高階教士認為這些年輕人是對抗左翼分子的有用工具，然而其他人，尤其是布魯傑迪，卻以他們為恥。沒多久布魯傑迪就將他們全部逐出庫姆（Qom）的神學院。

一九五〇年舉辦的伊朗國會選舉，民族陣線贏得十一席。穆沙迪克是德黑蘭議員名單上的頭一個，接著是卡沙尼、沙耶根、巴卡伊、馬奇、哈伊里薩德赫和納里曼。默阿澤米、薩利赫、拉扎維和阿札德贏得他們的家鄉戈勒派耶甘、卡尚、克爾曼和薩卜澤瓦爾（Sabzevar）等選區的選票。這十一個人迅速形成國家幹部委員會（Fraksiun-e Vatan）。卡沙尼很少參加國會開會，他認為這些會議對像他這種地位的教士來說是不得體的，因此他派特使帶著正式的訊息去國會。

民族陣線肩負的重擔不只黨團會議。它具有輿論的力量；它有好幾家重要的報紙，有專業組織、市集行會和中產階級協會；它可以號召多達三萬群眾，擠滿國會外廣闊的巴哈雷斯坦廣場（Baharestan Square）。因此，少有政客敢公開反對民族陣線，特別是在石油國有化這極具說服力的議題上。英國大使承認，鮮少有

* 譯註：王室部（court ministry）是伊朗做為王室和政府包括國會與內閣各部門間溝通協調的仲裁單位，在巴勒維王朝時代尤其活躍。

† 譯註：Baha'i，一八六三年由出身波斯貴族並聲稱為先知的巴哈歐拉（Baha u'llah）創立。它不是新的宗教，而是新的天啟。其宗旨為上帝唯一，宗教同源，人類一體。

國會代表「願意公開捍衛新的〔補充〕石油協議」，即使是親英代表也如此。[127] 英國外交部還說，最近幾位伊朗首相不願意將協議付諸表決。它又說即使賽義德・齊亞當首相，他也不會願意支持此事。[128] 即便是由王室出資，且由保守的馬蘇迪（Mas'oudi）家族經營的《訊息日報》也譴責這項協議，要求簽訂一份以委內瑞拉為範本的新協議。[129]

民族陣線也在無意之中間接受到大眾黨的支持。雖然大眾黨還是遭到禁止，它卻發行一份非正式的報紙《邁向未來》（*Besu-ye Ayandeh*），並且設立大量做為掩護的組織。例如和平黨人（Peace Partisans）、反帝國主義石油公司聯盟（Association Against the Imperialist Oil Company，之後更名為反帝國主義聯盟Association Against Imperialism）、援助農民協會（Society to Aid Peasants）、反文盲協會（Society against Illiteracy）、伊朗女性組織（Women's Organization of Iran），以及最重要的聯合工會中央委員會（Central Council of United Trade Unions）。每個組織都各自發行報紙。這些組織受到兩名教士的支持：謝赫・艾哈邁德・蘭卡拉尼（Sheikh Ahmad Lankarani），以及被稱為紅阿亞圖拉（Red Ayatollah）的阿亞圖拉賽義德・阿里—阿克巴・波奎伊（Ayatollah Sayyed Ali-Akbar Borquei）。

根據英國大使館的報告，大眾黨「主導」工會，並給予穆沙迪克「石油政策寶貴的支持」。它推斷只要大眾黨合穆沙迪克的意，他就會接受大眾黨的支持，因為後者「是唯一有組織的政治團體，能領導與鼓舞廣大群眾批判與抗議主流局勢。」[130]至於大眾黨，則支持石油國有化的號召，但卻批評穆沙迪克對美國有錯誤的幻想，因此他是一名「自由主義資產階級」。在石油危機頭幾年由極左派分子領導的大眾黨，認為民族陣線不只代表「民族資產階級」，也代表與美國勾結的「買辦資產階級」。大眾黨直到一九五二年七月才放棄上述極左立場，這時他們與穆沙迪克走得愈來愈近，開始視他為國家領導者。然而黨內年輕組織的領導人物一直認為他太親近美國。同時，有些民族陣線領導人物也一直不信任太親近蘇聯的大眾黨。

有了大眾的支持，民族陣線選出穆沙迪克、馬奇、沙耶根、納爾曼和哈伊里薩德赫等六位成員進入負責檢視《補充協議》的十二人國會石油委員會。穆沙迪克當選主席。另外六人不願意為了英國冒險。事後英國大使報告如下：

到了一九五〇年六月中，民族陣線在國會獲得道德優勢，他們不過是再三而

> 且不擇手段地玩弄多數波斯人從不掩飾的仇外情緒，就能達到此一目的……
>
> 當補充協議被放進國會的議程時，民族陣線成員已經穩坐委員會的位置，穆沙迪克被指派為委員會的主席，而馬奇是委員會的書記。從此之後委員會就能主導整個石油問題的程序。

這種情況會造成政治僵局。這份協議需要由國會批准，但在這之前需要由石油委員會先批准。簽署《補充協議》的賽義德被迫於一九五〇年三月辭職，也就是第十六屆國會開議的三個月之後。接替他職務的阿里．曼蘇爾（Ali Mansur）（又叫做阿里．曼蘇爾．穆爾克，Ali Mansur al-Mulk）也是一位老練的政治家，曾經擔任禮薩國王的首相，他拖了三個月都沒有簽字，或把協議送交國會。英國大使館很容易將種種拖延行徑解釋為「波斯人可想而知，習慣拖延事情。」它聲稱曼蘇爾的行政部門需要「安樂死」，因為它沒能發動社會改革，約束民族陣線，而且最重要的一點是，它沒能將《補充協議》提交給伊朗國會。[132] 英國大使館拒絕承認，這兩位首相以及大多數建制派政治家都很清楚，一旦所有條文全數曝光，這份協議將更不受人歡迎。

就在這時，英國外交部駁斥民族陣線為一幫「不滿現狀的吵鬧傢伙」，試圖「嚇唬」石油公司，以便使對方做出更多讓步。[133] 甫上任的英國大使法蘭西斯·薛佛爵士（Sir Francis Shepherd）告訴伊朗首相，《補充協議》再慷慨不過，伊朗人的「貪婪」使得協議無法被批准。「我告訴他，」他誇口說，「我想石油公司願意在這些利權裡加的唯一一樣東西，或許就是免費治療某些國會代表們的歇斯底里症。」[134] 薛佛直言不諱的非外交語彙，和二戰時的大使里德·布拉德有得比。英國政府向之前經歷了艱苦的印尼獨立、之後被派駐伊朗的薛佛保證這是個閒差，因為「當地人一直沒找我們麻煩。」[135] 出於某些理由，在英國外交機構印象中，伊朗「本地人」沒有「大肆鼓吹」的習慣。

無法找到願意支持《補充協議》的厚臉皮政客，於是在幾經猶豫之後，伊朗國王轉向阿里·拉茲馬拉將軍（Gen. Ali Razmara），他是個正經八百的行動派，已做好犯眾怒的準備。拉茲馬拉走馬上任，他瞭解自己將要把協議送進伊朗國會。國王的遲疑來自於他對野心勃勃的官員根深柢固的恐懼。他終其一生最大的恐懼，就是某個官員會對他做出他父親對前朝做過的事。國王特別提防有為數眾多的年輕左傾官員追隨的拉茲馬拉。在之前與英國大使的對話中，國王形容拉茲馬拉是「必須置之於死地的毒蛇」，因為他「不忠、不誠實，只比俄國特務好一點點。」[136]

拉茲馬拉以伊朗沒有管理石油工業的技術專家為由，公開反對國有化。同時，他私下商談更好的條件。英伊石油一拖再拖，到了最後，也就是在英國與美國政府極力施壓，以及阿拉伯—美國石油公司與沙烏地阿拉伯政府的50／50交易方案宣布之後，英國口頭承諾「考慮」此種條件。英國外交部做出結論，表示阿拉伯—美國石油公司的交易方案已經「扼殺」了《補充協議》，談判必須「從頭開始」。[137]英伊石油公司在倫敦的勞工顧問私下警告英國外交部，此刻伊朗石油國有化已勢不可擋，除非公司以50／50方案的概念為基礎開啟新的談判。他形容公司的董事「無藥可救、愛找碴、沒有任何想法、頭腦不清楚、保守迂腐、心胸狹窄，盲目而缺乏判斷力。」[138]美國助理國務卿喬治·麥基本身就是石油地質學家，他告訴英國外交部長，伊朗「有理由感到忿忿不平」，特別是針對石油公司支付給伊朗的權利金必須先扣除付給英國的稅金以及大筆儲備金一事上。[139]他估計伊朗每桶原油只收到美金三十七分，然而委內瑞拉卻收到多達美金七十七分。

然而這些幕後壓力來得太晚。在英伊石油公司做出讓步，願意討論出50／50方案之前，伊斯蘭敢死隊就在德黑蘭具重要性的清真寺中暗殺了拉茲馬拉。伊斯蘭敢死隊將拉茲馬拉反對國有化的主張，當作他是「英國特務」的證據。由於拉茲馬拉和國王過去關係緊張，謠言如野火般傳開，說王室是暗殺事件的幕後黑手。親穆沙迪克的重要歷史學家霍馬．卡圖齊安（Homa Katouzian）仍舊接受長久以來揮之不去的理論——暗殺拉茲馬拉的主使者是國王而不是伊斯蘭敢死隊。[140]至於國王，和一九四九年的那次暗殺事件相同，他又試圖利用這場危機宣布戒嚴令，解散國會兩院，呼籲重新選舉。但或許是在英國和美國大使的支持下，他被兩院領袖否決。薛佛敦促他找一位新首相，盡快批准《補充協議》。他宣稱反對石油公司的騷動已經使伊朗國內從真正的問題偏離，被共產黨玩弄於鼓掌之間。[141]美國顧問馬克斯．松柏格寫道：「在拉茲馬拉遭暗殺的幾天前，石油公司提出要『討論』50／50方案，但這是遲來的提議。我人不在德黑蘭，直到拉茲馬拉死後才知道這項提議。」[142]松柏格不知道的是，就在同一時間，英國大使館試著說服美國國務院終止他在伊朗的任期。[143]

暗殺事件第二天，穆沙迪克獲得石油委員會一致投票通過反對《補充協議》。同一時間，他向國會提出石油工業國有化的單一條款法案。法案簡單明瞭，做出如下宣示：「為了伊朗國人的幸福與繁榮，也為了確保世界和平，特此決議將全國各地石油工業國有化，無一例外；也就是說，石油的採勘、抽取和開採等所有營運都應由政府執行。」一週後，也就是三月十四日，國會以多數票通過此法案。針對如何修訂舊有協議的討論，現在被更為激進的要求取代。雖然情勢急迫，英國外交部還是很滿意。它宣稱「國有化的呼聲」並不重要，拉茲馬拉之前粗暴地對待國會，一旦議員「理解」《補充協議》就會接受它，以及民族陣線沒有真正想清楚該議題，大眾的不滿其實是指向國王而非石油公司。[144]

為緩和緊張情勢，國王召來他最信任的王室部長胡笙．阿拉（Hussein Ala）（又名穆恩．維札雷，Mu'en al-Vezareh）組成新政府，並將一些內閣席次給了民族陣線成員，藉此安撫他們。雖然阿拉在英格蘭受教育，且來自長年親英派家族，英國大使館卻認為他是個「搞鬼的可疑傢伙」，有時候附和國王的看法，有時候又代表「美國的意見」。[145]諮詢穆沙迪克之後，阿拉讓阿米爾—阿萊擔任司法部長，讓親伊朗黨的技術官僚艾哈邁德．贊加內（Ahmad Zanganeh）擔任教育部長。英國大使把阿拉看做「代理人」，之後將會被更有力的人物取代，不是卡瓦姆就是賽義德．齊亞。[146]就在阿拉組成他的內閣並勸誘民族陣線之時，石油工業大罷工撼動了伊朗。

## 石油罷工

一九五一年四月的大罷工與一九四六年七月的大罷工狀況類似。先前的罷工在政府大量使用恩威並濟的手段下結束。政府宣布在胡齊斯坦省施行戒嚴令，逮捕一千多名「滋事者」，並下令軍隊朝示威民眾開槍。有十二人在克爾曼沙赫（Kermanshah）煉油廠外被殺。當地英國領事接到「令人振奮的消息，軍事指揮官已下令開火。」。[147]同時石油公司解雇八百名員工，並招募武裝阿拉伯部族包圍阿加賈里，攻擊大眾黨的阿巴丹總部，有十二人被殺，三百多人受傷；石油公司成立工作者諮詢委員會（Workers Consultative Committee）與石油工作者中央工會（Central Union of Oil Workers），以便削弱大眾黨的聯合工會中央理事會（Central Council of United Trade Unions），以及伊朗政府贊助的黃色工會——伊朗工人聯合工會（Union of Iranian Workers Syndicates, ESKI）。不僅如此，石油公司與中央政府兩者都在英國新指派的勞工專員施加的壓力下答應施行新的勞工法，提供工作者基本工資、八小時工時、一些表面上的就業安全保障，以及包括週五在內的有薪假。英國外交官之後承認，「政府最高層，甚至是到內閣層級，必須施加相當壓力，才能讓石油公司放寬對勞資關係的態度。」[148]

在一九四六年接下來的幾年，石油工業看似風平浪靜，然而事後看來這純屬假象。到了一九四八年末，霍拉姆沙赫爾的英國領事提出警告，雖然當地大眾黨組織只有一千名積極活動的成員，但如果還有機會興風作浪，大多數石油工作者就會在大眾黨背後集結。[149]他還說「大部分石油工作者把大眾黨視為他們的捍衛者。」[150]到了一九四九年末，德黑蘭的勞工專員提出報告：「對伊朗工人聯合工會的幻滅，使許多人更同情大眾黨。在此之前宣稱反對大眾黨活動的工作者、學生和低階專業人員，現在私下表示大眾黨是改善人民境況的唯一希望。大眾黨壯大，貧窮階級的景況將會好轉。」[151]石油公司自己的工會已經向大眾黨領導的胡齊斯坦工作者中央工會（Central Union of Khuzestan Workers）「靠攏」，[152]該工會的主席在公正的選舉中獲選代表石油工作者參加日內瓦的國際勞工組織（International Labor Office）。[153]英國消息來源承認這些工會由英伊石油公司贊助，政府發現自己處於「困難的處境」，因為他們不得不與受歡迎的石油公司國有化運動保持距離。[154]

將英伊石油公司國有化的運動，使大眾黨趁機在石油工業中重拾力量。在成立祕密支部與地下工會之後，大眾黨等待時機到來。一九五〇年三月，在針對《補充協議》進行激烈討論時，機會來了。自作聰明，又為其貪婪而降低預算的石油公司開除了八百名工人，關閉克爾曼沙赫的工廠，還削減住宅計畫。根據英國大使館報告，這些舉動「使政府非常尷尬」；石油公司還在工人代表面前拒絕與勞工部長討論該議題，使事態雪上加霜。[155] 首相賽義德向英國大使抱怨，在這種種的削減經費舉動之後，他不敢在國會上提出《補充協議》。[156]

勞工代表不只抗議經費削減，也抗議公司對工會表現的敵意，無法提供住宅，無法使最低工資配合通貨膨脹，而且往往將工作外包，而承包者卻不受國家最低薪資的約束。英國勞工專員承認，雖然有百分之九十二的工匠住在附飲用水和電力的良好住宅，卻有超過百分之五十以上的技術工作者和百分之九十一的非技術工作者住在不堪居住的環境。大多數工作者住在沒有鋪木地板的帳棚內。[157] 阿賀瓦茲的英國領事提出警告：「石油公司未能與工會達成〔對住宅〕的共識，這可能促使工會和大眾黨形成更緊密的聯盟關係。」[158]英國大使館提到，大眾黨再次取得「一般大眾的同情」，也已經「克服它之前被視為俄國人工具的不利條件。」[159]它進一步解釋：「現在波斯中產階級常問道『我有甚麼理由不該支持大眾黨』?如果大眾黨掌權，而且很可能勢力壯大，後果將不堪設想。」

大英國協關係部大臣（Secretary of State for Commonwealth Relation）菲利普·諾埃爾—貝克（Philip Noel-Baker）警告，英伊石油公司提供大眾黨「完美的」彈藥，尤其該公司才剛吹噓獲得一億九千四百萬英鎊毛利，四千三百萬英鎊淨利，並發放了一千四百萬股利，還留下四千兩百萬做為儲備金。「波斯石油對於大英帝國與國協的經濟與國防的重要性，」他主張，「如此之大，因而我們對於發生勞工糾紛或社會騷動的最小可能性都不能心存僥倖，更何況石油公司利潤這麼高，儲備金這麼多。」[160]然而他的顧問們卻故意拖延，主張最好的作法是「別驚醒睡著的狗兒」*他們認為大眾黨不構成立即的威脅，工人住宅已經改善，油田的工作條件也比其他工業的狀況還好。

然而這些「狗兒」卻沒有心懷感激。一九五一年三月二十一日，這一天是伊朗的新年，石油公司卻把大幅削減房租津貼當成一份驚喜的禮物送給勞工。它宣布戰時住宅危機已經降低，因此提供房租津貼不再合理。也有謠言傳出（事實證明這謠言有其根據）石油公司有一份遣散大批員工的五年計畫。一份機密備忘錄表示，由於「薪資成本很高，以及工人對最低薪資的苛刻要求」，該公司必須採用機械化，遣散多達八千名員工。[161]霍拉姆沙赫爾的石油公司總經理警告上級，這種「短視近利」、「省小錢花大錢」的刪減經費作法，形同替敵方「加油」，尤其是大眾黨。[162]「大不列顛之家，」他寫道，「需要從這次經驗學些教訓。」英國外交部之後寫道，有些當地經理認為這些由上級做出的削減經費決定「時機不對、思慮不周」，表示強烈反對。在與美國討論情勢之後，英國外交部寫道：「令人尷尬的是，我們之前應該和美國國務院談談，但掩蓋事實是沒有用的。」[163]經費刪減導致某些民族主義者做出妄想的結論，認為英國其實與大眾黨勾結，在伊朗各地挑撥離間。他們自問，石油公司為何算準了在激烈討論《補充協議》時，刪減經費？

* 譯註：原文為 let the sleeping dogs lie，這句諺語的意思是「保持現狀，過去的事就讓它過去」。

房租津貼刪減造成馬蘇爾港的工人抗議，帶頭抗議的是碼頭工人的妻子們。抗議活動很快就蔓延到阿加賈里、拉利和納夫特賽菲德，還有阿巴丹的修理廠、技術學院和煉油廠。當石油公司宣布罷工天數會算成年假時，各地石油工業的抗議者迅速增長，演變為大罷工。政府宣布戒嚴令，派遣二萬名部隊到阿巴丹省，緊張情勢上升。當英國海軍派駐三艘戰艦到阿巴丹港「保衛英國工業」時，局勢更加緊張了。英國外交部信心滿滿地告訴他們挑選出的幾個大英國協國家，表示英國已準備好派軍隊到阿巴丹，「無論伊朗同不同意。」[164]卡巴部族首領重新召集他的阿拉伯聯盟，他提醒追隨者，胡齊斯坦原本叫做阿拉伯斯坦。[165]胡齊斯坦的英國領事偏袒阿拉伯部族，因為他們是「弱勢群體」。[166]對少數分子表示同情，有時會派得上用場。

四月十二至十六日，軍事總督試圖逮捕罷工領袖，下令軍隊向聚集在阿巴丹與馬蘇爾港的工會人群開槍，罷工危機到達頂點。除了提高工資和改善生活條件，集會群眾還要求將石油工業國有化。兩名女人和一名孩童在馬蘇爾港被殺；九名工人在阿巴丹被殺，此外還有三十人受傷。軍隊開槍掃射的舉動使阿巴丹群眾轉變為暴民，他們殺了三名英國人——兩名工程師和一名水手，把另外三十五人趕進城裡最大的戲院。增援的軍隊想把他們「弄出來」，但是由石油公司學徒和技術學院學生領導的憤怒群眾洗劫戲院，占領技術學院和學生宿舍。英國社區裡大部分人都逃出城去。軍隊派出十四輛坦克車、六輛裝甲車和四十六輛載滿士兵的卡車，才勉強恢復秩序。示威民眾俯臥在地上試圖阻擋進入阿巴丹的坦克，其中一人斷了一條腿。石油公司的某官員向倫敦報告，罷工群眾深信，只要延長罷工，就對石油工業國有化運動有所幫助。[167] 保守的《訊息週刊》（*Ettela'at-e Haftegi*）鉅細靡遺地描述罷工衝突，卻以高傲的態度將抗議民眾貶低為「呆子」，不瞭解罷工行動的真正意義。[168]

在大罷工達到最高點時，參加民眾達五萬多人，包括在油田、維修工廠、碼頭，以及最重要的阿巴丹煉油廠的工作人員。這座擁有油田的石油城市罷工抗議他們的「施主」。此外，罷工有蔓延至其伊朗其他地方的危險，包括工業城伊斯法罕。大眾黨在其他地方組織團結大會，揚言將在主要工業中心發動同情罷工。它的其中一條宣言如下：

工人們遭到罰款、免職，尊嚴掃地。由於缺乏妥善住處，他們只能在泥土與紙糊的小屋裡，與緩慢的死亡搏鬥。在直接由石油公司支持的大老闆和大地主的暴政之下，農人的財物被奪取。石油公司需要用我們的血和我們的油，雇來便宜的工人替他們加滿油罐車，然後把油送到世界各地，好讓英國資本家口袋滿滿。石油公司用國王、部長、議員和總督的名義當他們的共犯，進行掠奪。英國領事館到各地去命令總督和胡齊斯坦的政府官員……不忠的國王也是帝國主義者的僕人。[169]

駐華盛頓的英國大使發電報到倫敦與德黑蘭：「美國國務院說，波斯許多有影響力的人士相當關切這場罷工。他們認為罷工或許會有四處擴散的危險。國務院也有相同的關切，它希望英伊石油公司應該盡其所能結束這場罷工，無論是使用一般或者是非常手段……我們贊成嘗試用新方法壓制大眾黨。」[170]美國駐德黑蘭大使派遣勞工代表匆匆趕往胡齊斯坦調查情勢發展。

針對罷工情形，英國外交部在《耶路薩冷郵報》（*Jerusalem Post*）上發表了一篇「最辛辣的文章」，作者是一名受雇於石油公司的巴勒斯坦人。根據這篇文章，該公司將員工分成三個特定類別：高階職員，由大約三千五百名英國人和歐洲人組成，其中有零星幾名伊朗人；低階職員，由大約六千名印度人、伊朗人和亞美尼亞伊朗人組成；此外是六萬到七萬名「沒有名字的苦力」和「地球上最可憐的人」，其中許多人都沒有稱得上房子的住處，沒有醫療服務，沒有應得的薪水，甚至還有些年僅八歲大的孩子必須去鋪路。文章裡還說：「不久之前我僅僅在文字中讀到這種對人類的剝削。現在我親眼看見了……他們說『我們英國人有處置土著的數百年經驗。在殖民地母國實行社會主義沒什麼問題，但是在這裡你必須當家作主。你態度愈軟化，他們就要求得愈多。我們得讓他們待在現在的位置。』」該文章做出結論：「波斯人將不惜一切代價廢除英伊石油公司，換成本國人自己的公司。」[171]

罷工直到四月二十五日才結束，穆沙迪克也在同一天讓石油委員會通過他的石油國有化法案。員工返回工作崗位，公司承諾廢除刪減房租津貼的決定，提高最低工資，同時支付罷工期間工人的薪水。大眾黨建議人們不要讓當局有藉口因為街頭聚眾而開槍。即便罷工已經正式取消，胡齊斯坦的英國總領事還是建議英國家庭不要靠近當地。他抱怨「勞工依舊顯得傲慢又野蠻，並且擺出一副怠工的態度。」他還說英國職員大體上都覺得「幾個月後他們或許就不在伊朗了。」

在檢討整場危機時，上述英國領事開始聲稱「罷工原因不明」，但接著他又列出以下原因：「發自內心的不滿」、「大眾黨的宣傳」、「學徒渴望自表現自我」以及「軍事暴行加速自發性暴動」。最後他警告，即便民眾的情緒已經平靜下來，「還是有潛伏的內在危險，特別是當地官員持續懷疑我們與阿拉伯酋長密謀」。[172] 石油公司指出一百三十名「已知的共產主義滋事者」，讓當局將他們逮捕並逐出胡齊斯坦。[173] 公司將整場危機怪罪給「外界的鼓動人士」和政府，他們責備政府一方面太過高壓，一方面又太過安撫罷工民眾。至於伊朗政府則是怪罪於石油公司，特別是它的勞動措施。英國財政部計算，罷工造成英國流失的外匯存底高達三億四千七百萬英鎊。[174]

大罷工對伊朗有著更深遠的影響。首相胡笙．阿拉在宣布戒嚴令時宣稱這場罷工「燃起階級鬥爭」，因而破壞社會基礎。[175] 向全國發表演說時，伊朗國王警告人民，階級對抗「阻礙社交生活」，並且「危害國家的存在」。「減緩階級對抗的最好方式」，他主張，「就是實施伊斯蘭律法，活得像一個真正的穆斯林」。[176] 卡沙尼覺得這些話很中聽。他私下承認自己曾經很想請英國軍隊「保護油田和石油設施」。[177]「文盲與無知的階級，」他聲稱，「被唱高調的口號和承諾牽著鼻子走。」[178]

雖然石油罷工用力推了國有化運動一把，但伊朗歷史學家們，甚至是那些同情穆沙迪克的學者——或者我們應該說，**特別是**那些同情他的人——往往掩蓋罷工的事實。卡圖齊安和法爾哈德．迪巴（Farhad Diba）兩位歷史學家在他們各自所著的穆沙迪克傳記中，都將罷工一事完全抹去。[179] 在成為胡佛研究所（Hoover Institution）常駐研究員之前曾熱烈支持民族陣線的學者塞佩赫爾．札比赫（Sepehr Zabih）寫道，穆沙迪克「在舉國歡騰中就任首相」，完全沒有提到罷工。[180] 在對民族主義者運動鉅細靡遺的描述中，法赫雷丁．阿茲米（Fakhreddin Azimi）只放入一段簡短的罷工段落暗示它並不重要，因為罷工在穆沙迪克當選首相之前就已結束。[181] 同樣地，一份由某個熱烈支持者詳細敘述的穆沙迪克逐日年表，也完全沒有提到石油罷工事件。[182]

諷刺的是，唯一認識到這場罷工重要性的，是英伊石油公司內部職位最高的伊朗人穆斯塔法．法泰赫（Mostafa Fateh）。在早期勞工運動方面經驗豐富的法泰赫曾於美國哥倫比亞大學研讀經濟學，之後在石油公司一路往上爬，三十年後成為勞資關係的副主任。民族主義者認為他是親英分子；英國人疑心他心懷反英情緒。他所著的《石油五十年》（*Fifty Years of Oil*）一書依舊是伊朗針對罷工事件最好的敘述。他在書中寫到，罷工使得伊朗瀕臨失控，因而造成石油國有化和穆沙迪克當選首相。「舉國上下，」他強調，「都處於一場大動亂的邊緣」。[183] 法泰赫還說對石油公司最激烈的批評來自它自己的本地職員，因為他們充分意識到公司的歧視措施。在寫給倫敦高層管理階級的私人信件中，他形容穆沙迪克「思想敏捷」，態度務實，能提供「伊朗最佳利益」，而且完全沒有想要「摧毀石油公司」。他提到許多參與國有化示威的人都是大眾黨的同情者；而且「所有石油工人都全心支持大眾黨，因為唯有這個政黨能替他們謀些福利」；此外法泰赫也主張穆沙迪克有技巧地利用大眾黨的恐懼，操縱他在國會的法案，還說唯有他能推行法案但不引發動亂。法泰赫繼續說道，穆沙迪克想「迅速接管石油工業」，因為他「堅決反對大眾黨」，而且「對它日漸增長的力量感到震驚」。最後他在信中警告，英伊石油公司正與伊朗人民正面衝突。他建議英國，避免災難最好的方式就是和「腐敗的統治階層」保持距離，尤其是賽義德・齊亞和伊朗國王，後者「人生中唯一理想就是和他父親一樣，成為一名獨裁者」。他甚至建議石油公司思考難以想像之事，也就是接受國有化。[184] 在眾人面前，法泰赫被當成典型的親英「特務」。私底下他卻給人一種很不同的印象。公眾形象是會騙人的。

## —首相穆沙迪克—

到了四月底，事件的發展加快了腳步。四月二十五日，大罷工之後的第二天，穆沙迪克將一份更詳細的國有化法案提交伊朗國會。這所謂的「九項條款法案」呼籲成立一個十二人綜合委員會，包括五名眾議員和五名參議員，以及來自財政部和首相辦公室的代表們，以便協助政府執行原本的法律。它設立一間伊朗石油公司，用以取代英伊石油公司，訓練能「逐漸替換」外國人的技術人員。它也承諾將未來百分之二十五的利潤存放在國家銀行的第三方託管帳戶，做為給前股東的「公平補償金」，並且持續以目前的價格將石油賣給英伊石油公司的所有老客戶。這九項條款法案的擬定顯然是為能事先預防原本單一條款法案在國際法上可能遭遇到的法律問題。

四月二十七日，阿拉辭職。他不想讓人覺得自己反對國有化。同一天，伊朗國會主席提名穆沙迪克為首相；有些人認為阿拉這麼做是認為穆沙迪克將會婉拒首相職位，過去他也經常如此做。提名時，國會主席讚揚恰巧是他親戚的穆沙迪克是一位享有「國會完全信任」的政治家，因為他「來自伊朗最古老、也最優秀的家族。」[185]英國外交部的法勒承認穆沙迪克在「民眾極大支持」的勢頭上掌權：「他誠懇、誠實、愛國、不採取暴力手段、聰明，人民愛戴他，想要他領導國家，將他視為伊朗的甘地。」[186]英國大使館也承認（不過是在政變已安穩落幕的許久之後）「就階級鬥爭而言，由穆沙迪克帶領的運動是一場下層階級對抗上層階級的革命，而英國人被當作是上層階級。」[187]

穆沙迪克接受首相職位，條件是他提出的九項條款法案必須立即通過成為法律。他強調，他的要務將是迅速徹底執行該法案。在出席的一百位議員中，有七十九位議員投給他和他的提出的法案。兩天後參議院也一致通過。英國大使館記述，穆沙迪克當選首相，使得包括國王在內的許多人大吃一驚。國王曾經試探賽義德．齊亞是否願意擔任首相，並堅信參議院絕對不會接受穆沙迪克。然而賽義德．齊亞卻告訴英國大使館，唯有在他能夠解散伊朗國會、禁止王室家族成員從政、削減消費稅、雇用英國財政顧問、增加農民作物的配額，並且根據50／50原則取得石油方案的情況下，他才會接受首相職位。[188]我們無從得知是否他因為明白親英分子如他絕對不可能被伊朗國會接受，更何況被一般大眾接受，才因此提出異想天開的要求。國王或許也因為正苦於身體不適而徹底誤判情勢。官方說法是他得了「急性闌尾炎」，但事實上他當時罹患腸道腫瘤，由匆忙自紐約趕來的一名美國外科醫生和一組護士替他祕密動手術。後來發現那是良性腫瘤。[189] 手術在極度保密下進行，以致於連國王新近的傳記作家都還不知道此事。

一名來自英格蘭銀行的訪客警告英國外交部，伊朗石油國有化議題變得如此重大，它「可能對其他擁有石油利權的中東國家造成嚴重的影響」。他形容「這國家簡直是座瘋人院」，並寫道伊朗人「對石油公司充滿強烈的恨意」，他們「公開譴責利權」，並且「堅決支持〔包括英格蘭銀行的資深職員和其他受過教育的波斯人〕國有化」。他將這一切歸因於「有效率的宣傳機器」，聲稱對手掌控五百多家報社。[190] 他又說：「覺得國王軟弱有其道理，但另一方面來說，在全國上下都擁護國有化的情況下，期待君王徹底違背國民意願是不切實際的，無論人們受到多大的誤導。」[191] 美國助理國務卿喬治．麥基對此做出類似的結論，他趕往德黑蘭想看看是否能設法說服國王不要讓國有化法律成為定案。[192] 在標題為〈首相穆沙迪克的支持度與聲望〉（Popularity and Prestige of Prime Minister

Musaddiq）的長篇分析文章中，這位美國大使之後承認：

穆沙迪克在第一次首相任期時，看來毫無疑問得到廣泛的民意基礎。在一個對英國的厭惡、甚至憎恨如此根深柢固的國家，做為一位對抗英伊石油公司的領袖，穆沙迪克可以依靠來自社會各階層民眾的支持，少有例外。在石油國有化的許多個月之後，首相的民意支持度攀升。對平民來說，他們把穆沙迪克神化了。穆沙迪克現象在伊朗可說是獨一無二。在向來尊敬年長者的東方國家中，一位看來成功克服逆境的虛弱老人的身影，贏得幾乎所有伊朗人的同情。在將政治腐敗視為常態的這個國家，現在出現了一位愛國心與財務誠信都無懈可擊的人物。[193]

五月一日，國王在國有化法案上簽名；他很清楚這一天的象徵意義。在五一勞動節的全國廣播演說中，穆沙迪克宣布，基於年齡與健康狀況，他從來沒想過有一天自己會成為伊朗首相。慶賀五月一日為全世界「勞工的節日」，他形容工人「對他來說就像自己的孩子那樣親密」，並懇求他們要冷靜、遵守秩序和紀律。他也懇求記者負起責任，不要濫用新聞輿論自由。[194]在接下來的幾場演說中，他主張國有化會消去共產主義政治宣傳的氣焰，每年將有一億二千萬美金的石油收入可改善經濟狀況，因而減輕社會的不滿情緒。

穆沙迪克遵循國會程序，將法案以及內閣名單提交伊朗國會。在一百一十二人中有九十九人投贊成票，法案通過。他的法案大綱為以下簡短的兩點：執行九項條款法案及改革選舉制度。他的內閣由支持者與有名望的政治家組成。他的支持者包括擔任副首相的記者法特米；擔任外交部長的伊朗黨成員巴格爾・卡澤米；擔任教育部長的另一位伊朗黨領袖桑賈比；以及同屬伊朗黨、擔任經濟部長的阿米爾—阿萊。內政部長由法茲盧拉・札赫迪（Fazlullah Zahedi）將軍擔任，他在之後的一九五三年政變中扮演重要角色。札赫迪是禮薩國王時代的職業軍官，二戰期間因為與德國人往來遭到英國拘留。他的部分拘留期與卡沙尼共同度過，兩人因此建立緊密的關係。此外國王指派他擔任參議員，以便與國王的對手也就是勢力逐漸壯大的拉茲馬拉抗衡。另外七位內閣成員大多是與王室關係密切的資深政治家。[195]

英國大使描述穆沙迪克成立的是「右翼」內閣，在第一次與穆沙迪克的會面中（他形容穆沙迪克很「和藹可親」），他強調有必要立即除去石油工業中所有教唆人士。[196]他犯了一項錯誤，說英伊石油公司已經將一份待逮捕的一百三十人大眾黨幹部名單交給當地政府。[197]此舉或許更加深了穆沙迪克對於英國持續不斷地干預本地事務與國際事務的印象。

啟動內閣之前，穆沙迪克對兩院發表了一場令人動容的演說，他表示為實行國有化法律，他需要與綜合委員會成員合作。他警告，「黑暗的力量」密謀暗殺他，因此他會將伊朗國會當作避難所，隨身攜帶手槍。穆沙迪克在演說結束前就倒下了。西方報紙認為他的表現太「戲劇化」，但之後的事件顯示暗殺計畫並不是出於他的幻想。這場演說達到預期效果。眾議院選出五位民族陣線領導者加入綜合委員會：沙耶根、默阿澤米、薩利赫、馬奇和哈塞比。參議院同樣也選出六位參議員，他們全都以反英人士的身分聞名。這些人由穆沙迪克的姪子也是女婿艾哈邁德・馬丁—達夫塔里（Ahmad Matin-Daftari）率領。馬丁—達夫塔里是留法的律師，他擔任穆沙迪克國際法律事務顧問。他曾經是禮薩國王的首相，二戰期間也曾被拘留。英國大使館不信任他，認為他是「嚴格的中立主義者」。英國大使館也將其他議員斥為「負面」、「愚蠢」、「狡猾」、「老邁」、「頑固」和「極端主義者」。[198]

綜合委員會立刻成立臨時理事會，以新成立的伊朗國家石油公司的名義接管英伊石油公司設備。擅長演說的馬奇擔任理事會發言人。六月十日，在一場三萬人歡聲雷動的成功演說中，馬奇和臨時理事會接管英伊石油公司位於霍拉姆沙赫爾的總部。伊朗國家石油公司（National Iranian Oil Company, NIOC）從此取代英國—伊朗石油公司。

在一場充滿象徵性並且類似世界各地剛獨立的新興國家政權劇烈轉移的儀式中，伊朗國旗冉冉上升，英伊石油公司的徽章被取下。印度總理尼赫魯（Nehru）是第一位致上賀電的外國元首，隨即是已經將自己國家石油工業國有化的墨西哥總統拉薩羅·卡德納斯（Lázaro Cárdenas）。伊朗接管設備，英伊石油公司的高階主管離開，他們的技師揚言集體辭職，英國傘兵集結在鄰國伊拉克，皇家海軍派出九艘戰艦守在阿巴丹附近。對某些在英國的人而言，取下石油公司旗幟代表帝國瓦解的另一步；對許多在伊朗的人而言，升起國旗卻是向世界宣示這個國家終於獲得真正的獨立。石油國有化之於伊朗，就好像民族獨立之於許多在非洲、亞洲、拉丁美洲和加勒比海的前殖民地。

# 2

# 英國與伊朗的談判

對所有崇拜和反對他的伊朗人而言，他〔穆沙迪克〕是磁鐵、磁場和避雷針，在時間順序和知識上都處於二十世紀伊朗政治的中心。幾乎每一個人都被拉進或被推離、受到吸引而進入或被逐出他的圈子。幾乎沒有一個人能經歷這段時期的影響而不被他的存在左右。

——羅伊．莫塔赫德（Roy Mottahedeh），
《先知的斗蓬》（*The Mantle of the Prophet*）

## —控制—

伊朗石油國有化開啟一場零和的拉鋸。對穆沙迪克和伊朗而言，石油國有化代表國家主權，而國家主權的意思就是能夠控制石油的探勘、開採和輸出。對英國人和英伊石油公司而言，國有化代表的意義剛好相反，表示他們將喪失對伊朗石油的探勘、開採和輸出的控制權。政治衝突通常會保留一些妥協的空間，然而在這種情形下能妥協的空間並不多。控制權要不是如穆沙迪克所堅持的，握在伊朗手中，就是如英國人也同樣極力堅持的，控制權應該在繼續保留他們手中，或者至少不應該在伊朗人手中。如果這是一場利潤分配的拉鋸，那麼還有可能達成妥協；畢竟一個蛋糕總能以某種切法分給所有人。但既然這場拉鋸是爭奪最終控制權，不是爭奪利潤，那妥協幾乎是不可能的。

從一九五一年四月開始實施石油國有化到一九五三年八月的政變，在這紛亂的二十八個月中，構成整場危機的關鍵詞就是「控制」二字。對伊朗而言，控制意味著探勘、製造與出口石油的權力，也因此意味著對世界原油市場價格具有影響力。反之，對英國人而言，失去控制意味著無法決定石油的提煉、製造和出口，其結果則是有可能失去對世界石油價格的影響力。雖然一九七〇年代石油輸出國組織的出現最終產生此種權力轉移，但在一九五〇年代初，英國與英伊石油公司以及其他七姊妹石油公司絕對無法接受上述可能性。經濟學家有充分的理由將石油輸出國組織的出現，視為二十世紀區隔當代與西方公司主導世界市場的主要斷層線。一九八〇年代末，中東與北美，以及亞洲與拉丁美洲的大部分國家都已經完成石油國有化，得以影響世界石油價格。然而在一九五〇年代初，失去對石油價格的影響力卻預示著「文明的終結」；不只對英國是如此，對所有工業化國家的消費者而言也是如此。他們擔心實際計算之後，石油價格將在未來數十年增加，因此產油國可能想讓石油暫時深埋地底。此種擔憂不可避免將美國也捲入衝突——它不像是美國外交官喜歡自稱的「誠實的經紀人」，而是可能損失慘重的一方。英國與美國在次要的細節上可能意見不同，然而在伊朗石油國有化一事上，他們一致激烈反對。

整場危機中，「控制」一詞時常出現在政府內部文件裡。早在危機開始之前，英國燃料與電力部就警告英國外交部，如果讓蘇聯在伊朗北部取得利權，將會有何種危險逐步逼近：「英國石油公司的力量在於我們擁有世界各地的利權，藉此我們能發展石油工業，控制石油的分配處置。若各國紛紛開始自行發展石油工業，就會削弱我們的地位。如果波斯要在北方發展屬於該國的石油工業，那麼不久之後它也會在南方如法炮製。我們不應該鼓勵他們這麼做。」[1]

甚至早在國有化法案起草之前，英國外交部就瞭解到該法案長遠的影響。一九五一年一月它提到：「在波斯人心中，財務不是他們的主要考量。這件事的關鍵在於波斯人覺得他們不能控制石油工業，這是他們的主要收入來源。」[2]三月間，在倫敦召開的高層緊急會議上，英國外交部再次表示「準備考慮與波斯政府做出任何安排，只要管理權還在英伊石油公司手中。」[3]到了四月，它強調，「無論我們達成何種新的協議，這些協議都應該是能讓我們繼續實際上控制石油資產……在利潤、管理或合作關係各方面我們可以保持彈性，但是在控制權問題上卻不能。」[4]

法案通過後，大英國協關係部大臣對美國明白表示，對石油的「控制權」應該掌握在英國手中，「不應該做出擾亂世界石油市場的安排」，此外「不與穆沙迪克達成任何協議，都比達成不合格的協議要來得好。」[6]同時，英國與美國在華盛頓召開的一連串高階會談中取得共識，認為「必須對此一有價值的資產擁有實際上的權力。」英國代表簡單明瞭地指出：

> 依照目前的利權，控制權屬於石油公司。一旦石油國有化，控制權就在推動國有化的人手中……國有化的首要影響，就是把石油控制權交給伊朗人。從英國的觀點看來，目前的問題不只是一項主要資產的命運。它關係到我們能掌控原料的〔在原文中特別強調〕**這項**主要資產。控制這項資產無比重要。我們已經指出這一資產對我國國際收支平衡與重整軍備的重要性，但在雙邊談判時，失去這項資產，也就是我們唯一主要原料，將會產生逐漸累積與幾乎無法計算的後果。此外，我們不該假設波斯與西方世界之間針對應該生產多少石油以及應該在什麼條件下賣給誰，會有一致的利益。波斯人可以用大幅減少的營運，換取他們需要的所有石油及外匯。基於上述種種理由，英國必須控制石油相關的全部資源。最後，我們還要考慮英國議會和英國大眾的感受，我們這種放棄實際上控制如此巨大資產的態度，他們不會輕易接受。

利權是一項非常龐大的資產，保全利權對我們有極大的利益。該利權占英荷石油公司總產量的三分之一強，賦予我們掌控世界原料運送的權力。在我們的國際收支平衡表中，它也表示相當於以一億英鎊為單位的成長指數。[6]

這些會議的結論是，公開接受國有化原則乃權宜之計，卻要設計出一種不讓石油控制權掌握在伊朗手裡的「安排」。一名英國代表承認，「問題」在於如何「口頭上應付國有化的概念」，然而「實際上依舊將這項資產的權力掌握在我們手中」。[7]一名美國代表解釋道，「國有化」這個詞不是問題，因為在這項安排中他們心知肚明，「營運控制權」還是屬於石油公司。[8]英國外交部一位資深官員之後承認，為了方便談判，英國已經公開接受國有化原則。[9]一位美國國務院代表沒有意識到其中矛盾，他在聯合會議上宣布，美國不能「否定一個國家的國有化權利」，但於此同時又向英國代表們保證，他的政府充分接受英伊石油公司「維持控制權」的主要目的。他建議與會者擬定一項提案，以便在兩種極端的態度間取得共識。事實上，這就成為美國在數個月後的主要目標。在結束最後一次會議時，英國代表們確信「美國人接受我們石油政策中的基本看法，那就是我們應該繼續控制石油工業。」[10]「控制」在整場危機中依舊是關鍵詞。英國外交部警告，國有化運動一旦成功，「我們會失去對關鍵事物的控制權，失去對世界市場的石油使用權與管理權。我不相信波斯人有多在乎持股和百分比。他們想要取得控制權。」[11]英國大使薛佛以罕見的坦誠態度表示：

> 該問題的中心是，波斯人覺得一旦石油賣給英伊石油公司，他們就無法控制這項主要收入來源。我必須承認我在這件事情上同情波斯人：他們覺得，在這複雜的石油工業中，無論他們在技術上多麼不純熟，在本國生產與煉製石油一事上，他們至少必須有某種程度的參與。他們不只想要把公司員工伊朗化（Iranianisation），也想參與實際事務的管理。我確信就波斯境內的營運而言，除了參與公司部分營運方向之外，沒有其他做法能讓他們滿意。目前人們很容易指控英伊石油公司正行使一種近乎「殖民主義」的可憎權力，不考慮國家主權，壟斷南部石油資源。我們最好將這種感受納入考量。這種情況並非波斯獨有，墨西哥石油工業與阿根廷鐵路的例子也浮現心中……我意識

到指派波斯董事將會出現某些不樂見的問題，必須採取防護措施以避免波斯政府的不適當干預。[12]

燃料與電力部知會英伊石油公司，雖然任何協商都牽涉到某種形式的「國有化」，然而重要的是對其加以限制，因而真正的「未來營運控制權」仍舊不在伊朗人手中。[13] 某次英國人甚至私下盤算著提出55／45的交易方案，只要英國能取得實際上控制權就好。[14] 一九五一年十月，薛佛拍電報到倫敦表示，「只要英伊石油公司保有控制權，提出60／40分配方案或許較好。」[15] 他解釋道：「不管我們做什麼，似乎都不太可能符合穆沙迪克的要求。我們必須維持實際上的控制權。我們已經試了許多手段來掩蓋這不容改變的事實，但卻發現這些方法不是太危險就是太顯而易見，讓波斯人難以接受。」[16] 英國人懷疑在其他議題上的讓步能夠滿足穆沙迪克，既然「在整場危機中，他的立場絕對前後一致……毫無疑問的是，無論如何他的基本目標就是把外國人從波斯的所有職位上趕走，僕人一職除外。他是個徹頭徹尾的民族主義者。」[17] 根據外交部報告，被外界形容為英國「死忠支持者」的石油專家傅阿德．魯哈尼（Fuad Rouhani）明白表示「波斯人能接受的任何方案，都必須提出對石油工業的全面控制。」[18]

為了處理這場危機，英國人在倫敦設立跨部會的委員會——波斯石油工作小組（The Persian Oil Working Party），稍早他們得出類似結論：「在接受國有化原則之前，我們的主要目標必須是維持實際上的營運控制權。」[19]該工作小組的代表來自外交部、財政部、英格蘭銀行、貿易部以及燃料與電力部。英伊石油公司董事長威廉・弗雷澤爵士（Sir William Fraser）定期參與會議，他還能隨時進出唐寧街十號。波斯石油工作小組設立了兩個主要目標：「確保波斯石油功績依舊實際由英伊石油公司掌控」；以及「阻止其他國家仿效波斯的例子。」[20]它不斷強調有需要維持「營運控制權」；並警告「對其他海外國家產生的衝擊」；以及強調「如果其他產油國效法波斯，其影響可能是消費國將被迫支付貴得多的價錢購買石油。」[21]

來自駐德黑蘭英國大使館的某位訪客警告倫敦的波斯石油工作小組，伊朗政治人物不願意換掉穆沙迪克，因為這將被視為是一場英國的「勝利」。他進一步警告，伊朗政府不可能接受任何使其無法「全面控制」的安排。[22]工作小組甚至草擬一份冗長的英國資產清單；如果伊朗成功實行石油國有化，將會危及英國在全世界的這些資產。這份清單包括伊朗、波斯灣、緬甸和印尼的石油，以及英國在大英國協的主要投資項目，包括巴基斯坦、印度與錫蘭；西班牙的銅、硫與鐵；葡萄牙的錫與銅；緬甸的鉛與橡膠；暹羅的柚木、錫和橡膠；印尼的橡膠；玻利維亞的錫；智利的銅和硝酸鹽以及希臘的鎂和鎳等等。[23] 波斯石油工作小組也很想草擬一份美國在全世界的資產清單。

英國首相克萊門．艾德禮（Clement Attlee）在與美國總統杜魯門溝通此事時，謹守口頭支持國有化的策略，又加上太多修飾語，使內容聽來毫無意義。他用兜圈子的外交辭令表示：「我們必須同意國有化原則……就好像大英帝國的自治領地位。在這樣的脈絡下針對某項協議談判時很可能會進行一些修改，而最終的協議將賦予某種事實上大不如自治領的地位。」[24] 他警告杜魯門，「違背這種性質的合約可能危及其他海外合約，不只是那些英國和美國公司為開發中東石油資源所持有的合約，也包括其他地方擁有的產品合約……我確信我們可以依賴美國政府發揮他們對此，以及對其他事務所需的影響力。」[25]

英國政府指示在華盛頓的英國大使館，不但要「宣傳英伊石油公司的案例」，還要讓美國人明白「盲目與不負責任的民族主義對西方強權國造成的致命危險。因為這種國有化根本不是基於對國家真正的熱情，願意接受無限制的紀律、犧牲與勞力；而是統治階級將所有弊病歸咎於外國統治，藉此設法將注意力從他們自己的缺點轉移開來的方式。」[26] 英國外交部也對美國國務院做出類似警告：

穆沙迪克若看見石油工業在沒有外國人管理的情況下以低水準營運，將會很滿意。這會產生一個問題：自由世界的安全仰賴來自中東的大量石油資源。如果伊朗的這種態度擴散到沙烏地阿拉伯或伊拉克，整個結構將會和我們自衛的能力一起崩毀。因此購買生產規模縮小的石油，有著潛在的危險後果。[27]

做出穆沙迪克不會對石油國有化讓步的結論後，英國的決策人士一開始就商定出一項在接下來的二十八個月內無論遇到何種情況、英國都堅持到底的強硬策略，那就是認定穆沙迪克做不了多久，因此等他下台。英國認為伊朗民族主義只是曇花一現。他們告訴自己與其他人，伊朗首相的平均任期不到七個月。對外，他們聲稱伊朗缺乏經營複雜石油工業的專業知識。然而在私底下他們承認，伊朗人的專業知識可以提煉足以供國內使用的石油，甚至還能有些多餘的石油銷售國外，但封鎖行動能有效阻止伊朗石油出口。[28] 事實上，國際銀行（International Bank）（之後更名為世界銀行，World Bank）在一九五二年驚訝地發現，國有化公司將石油設備保持在絕佳狀態，而且產油量遠超過國內需求。[29] 工作小組定期向反對黨保守黨簡報執政的工黨政府所採取的強硬策略。

五月一日，這一天正是國有化法律定案的日子，英國駐德黑蘭大使館向外交部報告，德黑蘭的重要人士並不「預期」穆沙迪克能撐太久，因為他「缺乏建設性的特質」。[30] 薛佛自信滿滿，預測穆沙迪克在「一週內」就會被前首相阿拉取代。[31] 穆沙迪克連內閣都尚未組成，某位出席在華盛頓召開的英美高層會議代表就向美國國務院保證，整場危機很快就會平息，情勢必將「好轉」。[32] 薛佛進一步向倫敦方面保證，穆沙迪克「不會掌權太久」，「情勢比以往都更加瘋狂」，因此「等穆沙迪克下台之後再提出新方案才是明智的作法」。[33] 德黑蘭英國大使館的前媒體專員安・蘭姆頓（Ann Lambton）極力敦促英國外交部「按兵不動」，等他下台。她堅持，「我們暗中破壞他的非正式努力逐漸有進展。如果我們同意和他討論並向他妥協，就會使他更壯大。」她又說提議妥協的美國人「是錯誤的，他們沒有相關經驗或深刻的見解。」[34]在整場危機中她持續提出同樣嚴厲的建議。

九月，薛佛大使再次向倫敦方面保證，「反對勢力逐漸增長」，政府的改變是「必要的」，其他人，特別是賽義德·齊亞，已經準備接替首相職務。[35]兩個月後，他又再次向倫敦方面保證，穆沙迪克的政府非常脆弱、即將垮台，唯一問題就是誰來取而代之。[36]燃料部考慮向他的繼任者提出新計畫。[37]外交部同樣警告道，雖然「我們等待並努力讓穆沙迪克垮台」，但我們應該說服美國持續支持我們反對國有化。[38]

如果真要說服美國，英國也不需要花甚麼力氣。早在穆沙迪克當選之前，美國助理國務卿麥基就趕往德黑蘭，建議英國「提出慷慨的方案」，以避免發生如「國有化」這種「不樂見的後果」——「無論是甚麼樣的國有化」。[39]他向英國大使保證，他來德黑蘭是為了「幫助對抗國有化觀念」。[40]他在回憶錄中承認：「我們和英國都想避免將英伊石油公司的利權國有化。這對伊朗和英伊石油公司而言都有壞處。這將會危及美國、英國以及全世界其他公司持有的利權。」[41]數年後，法勒承認美國人時常公開對伊朗以慷慨的語調發言，但「卻無法承受做出一項協議，因為這項協議將重啟與全世界其他產油國大量的一連串談判」。[42]

穆沙迪克當選後數週，英國駐華盛頓大使表示美國的態度與英國非常接近，因為兩國「在這件事上有共同利益」。「麥基先生，」他說，「建議接受這託詞以及國有化的『表象』，同時維持實際控制權。」[43]在其他報告中，他以「幌子」取代「門面」。他又說麥基同意「無論做出甚麼決定，都應該由英國施行控制權，」而且「問題的根本是如何對『國有化』這種情緒上的觀念給予讓步，但還是讓英伊石油公司控制石油工業運作。」[44]麥基在回憶錄中解釋，顯而易見的解決方案為接受國有化「表達了伊朗人民的渴望」，但同時「維持英伊石油公司的控制權」。[45]他推測「建立伊朗部分所有權，但實際上不減少英國對該公司的實際控制權，或許是可行的。」[46]他從未解釋如何辦到這一點。

同時，麥基告訴包括沙烏地阿拉伯國家石油、波斯灣石油、美孚石油以及紐澤西標準石油在內的美國各大石油公司代表，為了「挽救」營運合約和「保障世界上其他國家的利權」，接受某種類似國有化的條件或許是權宜之計。但他向他們保證，美國不會毫無保留接受國有化，因為此舉將會「對其他產油國造成不利的後果」。紐澤西標準石油的代表敦促他更直接了當譴責國有化運動，理由是任何相關的言論都可能使美國人不想「承擔世界各地的經營權」。美孚石油代表建議使用武力，理由是他們不能失去這項至關重要的資產。[47] 波斯灣石油的代表則認為，讓伊朗淪入鐵幕背後，也好過穆沙迪克得勢。[48]

美國各石油公司都表示，他們「擔心美國在單方面取消利權方面的軟弱立場可能會削弱它們在中東和其他地方的地位。」[49] 美孚石油的董事告訴英伊石油公司主席，他認為「國有化」等同於單方面「撤銷」，並稱這種行為對「國際投資」、「文明國家」和「世界人民的福祉」造成危險。「英伊石油公司，」他做出結論，「對於其他人的生命與福祉至關重要。」[50] 這些大公司持續向英伊石油公司保證，只要危機持續，他們就不會從伊朗購買一滴石油。[51] 一九四四年對伊朗石油產生興趣的赫伯特·胡佛後來承認，如果穆沙迪克的石油國有化成功了，他將對遠至委內瑞拉與沙烏地阿拉伯的美國石油利益構成重大威脅。[52]

倫敦《泰晤士報》讚揚《紐約先驅論壇報》（*New York Herald Tribune*），因為後者明白「如果伊朗通過這以國有化為名的徵收，那麼美國在沙烏地阿拉伯的投資將會不保……整個中東不穩定的平衡將被破壞，無可挽回。」[53]

與各美國石油公司的董事長談過之後，英伊石油公司董事長威廉・弗雷澤爵士自信滿滿，他告訴英國國防部長，「如果波斯目前的石油國有化運動僥倖成功，包括美國在內的其他石油公司已愈來愈憂心此事對其他國家產生的影響。他們明白，對英伊公司有利的狀況也適用於他們國家的狀況。受波及的不只是石油公司〔原文如此〕；例如埃及人或許認為此事開了先例，讓他們將蘇伊士運河國有化。」[54]

英國外交部也很有自信，認為「各國主要石油公司都把英伊石油公司的這場仗當作他們自己的。」[55]它解釋某位石油公司重要主管「對於波斯目前情勢對美國利益構成的威脅深感震撼，乃至於他特地去了一趟紐約與華盛頓，確保官方充分理解其中含意。」[56]英國外交部又說道：

> 殼牌石油董事長要求會見弗雷澤〔英伊石油公司與伊拉克石油公司董事長〕，以便召開聯席會議，形成共同的立場。當然，其他石油公司也對波斯發展極感興趣，因為這些發展對他們在世界其他地方的利益有不容小覷的影響。此外，單方面終止有生產力的利權是一件嚴重的事情，可能會對石油以

外的其他領域產生不利影響，例如智利硝酸鹽與巴勒斯坦的碳酸鉀等等。殼牌石油的董事長來見我……他嚴肅看待波斯局勢。他的公司擁有科威特和伊拉克石油公司的股份，在委內瑞拉的持股比例也很高。科威特的酋長已經提出50／50的持股要求，而委內瑞拉政府正對波斯局勢發展抱持異常的關注……美國石油公司，特別是那些波斯灣的石油公司，也感到相當困擾。[57]

即便是之前批評英伊石油公司的美國人，也一致反對伊朗石油國有化。伊朗雇用的石油顧問松柏格不贊同《補充協議》，但也堅決反對國有化。在一份給穆沙迪克但卻洩漏給英國人的機密備忘錄中，他堅持伊朗無力支付賠償金，缺乏經營石油工業的技術知識，因此國有化是冒著使其他石油公司團結一致形成「反國有化集團」的風險。[58]在英國施壓下離開伊朗後，松柏格開始走遍北美各地闡述他的看法。他不只找上海外作家論壇（Overseas Writers Forum）與《時代雜誌》的亨利・魯斯（Harry Luce），也拜訪當時深具影響力的名人，如石油大王尼爾森．洛克斐勒*、羅斯福夫人†、國務卿迪恩．艾奇遜、當時的中情局局長華特．比德爾．史密斯將軍（Gen. Walter Bedell Smith）、未來的中情局局長艾倫．杜勒斯（Allen Dulles）、國際銀行總裁尤金．布萊克（Gene Black）、替有影響力的參議員鋪路的前資深外交官薩姆納．威爾斯（Sumner Welles）以及前紐約州州長埃夫里爾．哈里曼（Averell Harriman），不久之後杜魯門總統就指派他擔任伊朗與英國之間的特派調停人。[59]

另一位伊朗的美國顧問華特．李維（Walter Levy）重複同樣的警告。聲稱石油工業將在六個月內「瓦解」的他，點出所有可能的難題：大石油公司的龐大勢力，油槽短少，以及設備運作的技術複雜度。曾經受雇於標準石油公司的李維已在德黑蘭的英國大使館建立人脈，但他不讓伊朗政府知道。[60] 喬治．麥基知會英國外交部，唯有經過美國政府同意，李維才同意替伊朗工作；而唯有英國政府同意，美國政府才會同意。他還說「波斯絕不應該私下知道這個計畫」，而且李維「由衷關切我們的利益」。[61] 英國外交部很肯定李維「百分之百站在我們這邊」，「認同英國依舊有必要掌握營運控制權」，甚至主張沒收所有離開港口的石油，因為這是「遭竊的財產」。[62] 伊朗政府拒絕接受李維反對國有化的建言，他還是繼續收取薪資，但卻私下告訴英國大使，穆沙迪克的顧問是「一群瘋子」，在將他們「剷除」之前，他無能為力。伊朗人很有理由對這種顧問們的建議持保留態度。

在這場危機之初，美國駐德黑蘭大使亨利・葛瑞迪（Henry Grady）即便公開表現反英與親伊朗情緒，私下卻毫不保留譴責國有化。他告訴松柏格，穆沙迪克的顧問是「歹徒與恐怖分子，時候到了必須加以對付，就好像我們在芝加哥〔對付的那些人〕」。[63] 一九五一年七月他一退休，立刻就在《週六晚間郵報》（*Saturday Evening Post*）上發表一篇文章，文中他主張「國有化不符合該國利益」，因為伊朗無法管理石油工業與販賣石油。他較為贊成的計畫是，伊朗名義

---

* 譯註：Nelson Rockefeller，美國政治家，曾擔任紐約州州長與副總統，為石油大王約翰・洛克斐勒的孫子。

† 譯註：即羅斯福總統之妻安娜・艾蓮娜・羅斯福（Anna EleaNo. Roosevelt），她活躍於政壇，在各方面都深具影響力，並於二次世界大戰後出任駐聯合國大使，主導並起草聯合國的「世界人權宣言」。

上負責石油工業的營運，但實際的管理還是由英伊石油公司加以輔助。他把發生「不必要悲劇」的錯怪在英伊石油公司和英國頭上：前者不該拒絕在《補充協議》裡加上50／50方案，而後者「愚昧」與「不切實際」的態度勾起人們對「維多利亞殖民主義」的回憶，無法「考量像伊朗這樣的前殖民地或半殖民地的民族主義暨獨立情緒升起的浪潮」。文中繼續描述穆沙迪克在伊朗擁有百分之九十五的支持度，他「有著豐富的知識與智慧，受過良好教育；他是一位有教養的波斯紳士」。「他讓我想起，」葛瑞迪寫道，「已逝的聖雄甘地。他是位體弱的小老頭，但對於他視為人民最大利益之事卻有著鋼鐵般的意志與熱情。」文章最後控訴英國試圖拐騙美國一起加入打倒穆沙迪克的計畫。「我聽說計畫主軸是，」葛瑞迪寫道：「乞丐需要錢，經濟壓力經常拖垮他們，就像是留聲機跳針卻又沒人移開唱針一樣，不斷重複某個片段。」他也順便怪罪自己的政府無法在拉茲馬拉需要時無法給予慷慨金援，導致他的悲慘命運。[64]

英伊石油公司邀請前英國大使布拉德爵士出馬，平衡葛瑞迪的意見。布拉德回應道，葛瑞迪的文章雖然相當重要，它卻在許多方面誤判情勢。布拉德主張，穆沙迪克並非要尋求更好的交易條件，而是（但願不會發生這種糟糕透頂的狀況）

使伊朗在冷戰中「保持中立」。英伊石油公司最初的提議非常慷慨，比50／50的條件更好，因為它保證當時機不好、公司利潤可能暴跌時，補償伊朗。英伊石油公司在將員工波斯化的方面已經邁了一大步。與穆沙迪克談判是「白費唇舌」，因為他無意妥協。「伊朗需要的，」他主張，「不是錢，而是面對現實，捲起袖子工作，而不坐在原地抱怨。」在討論十九世紀歷史的冗長離題之後，布拉德的結論是，伊朗應該感謝大英帝國從帝俄與蘇聯手中拯救該國，協助其獨立。[65] 布拉德毫不掩飾地表達出維多利亞式的偏見。他常形容伊朗人「有惰性」、「不誠實」、「膽怯」和「不正直」。「波斯人」，他寫道，「和印度人的個性差不多。他們的心理極度扭曲，從不接受任何對行動顯而易見的解釋，無論它是多麼簡單明瞭。」[66]

英國與美國外交官之間的爭執，造成美國同情伊朗石油國有化理想的錯誤印象。繼亨利．葛瑞迪之後的美國駐德黑蘭大使羅伊．韓德森（Loy Henderson）所做的結論，最能表現美國對穆沙迪克與石油國有化的態度。協助策劃一九五三年政變的韓德森曾經擔任美國駐伊拉克大使，因此他抵達伊朗時對石油議題已有豐富經驗。在二十年後的回憶錄中，他承認：

我覺得穆沙迪克很有魅力。我的意思不是他很英俊。他身材高瘦但舉止笨拙。他長得像老鷹一樣的臉有著悲劇性的輪廓，與他對談的人很容易同情他。他很有幽默感，但有時會有些尖酸刻薄。雖然他頑固而堅持己見，卻是位高尚的共事對象。我們很想與他打好關係，但並不會以同意取消英國石油利權為代價。我們不相信徵收石油工業符合伊朗、英國或美國的基本利益，而是有可能破壞國際貿易繁榮所需的互信……最後我的結論是，只要穆沙迪克掌權的一天，石油問題就得不到解決。[67]

雖然在機密文件中，「控制」一直是個關鍵詞，英美政府以及英伊石油公司卻小心翼翼地避免公開使用這個詞。多年後經濟學家查爾斯・伊薩維（Charles Issawi）回憶起石油工業是如此固執，以致於象牙塔裡的學者根本不可能理解該企業的困難與複雜度。但是當他草擬一份石油工業的文件時，對方唯一不同意處就是他用了「控制」這個詞。[68] 石油公司更愛以「擁有」一詞取而代之。他們強烈反對他如下的陳述：「這些公司控制美國與蘇聯集團以外將近百分之九十的石油產量，以及將近百分之八十的煉油產能。」[69] 在二十八個月的危機當中，西方發言人很小心地避免使用這個禁忌的字。反之，他們強調願意「妥協」、「解決」、「談成公平的交易」、「簽署公正的利權」以及當然了，接受「國有化原則」。

在解釋談判為何破局時，西方國家很容易訴諸「國家性格」，特別是穆沙迪克的「個性」。他們認為伊朗人「不理性」、「剛愎自用」、「令人厭煩」、「頑強」、「暴力」、「三心二意」、「反覆無常」、「不滿現狀」、「沒效率」、「自大」、「仇外」、「幼稚」、「不願意承認事實」、「令人不解的感情用事」、「缺乏常識」、「容易受情緒左右」以及「缺乏正面心態」。一篇《紐約時報》社論宣稱：「〔伊朗人〕有著無比的耐心，魅力無窮且風度翩翩，但正如我們所見，他們也有著捉摸不定的性格，相當情緒化，被激怒時會有暴力行為。」[70] 美國和英國外交官很愛建議彼此去讀《愛麗絲夢遊仙境》，當作是瞭解伊朗最好的方法。

同理可證，在他們眼裡穆沙迪克也是「不可理喻」、「無可救藥的不理性」、「歇斯底里」、「有彌賽亞特質」〔原文如此〕、「戲劇化」、「怪異」、「情緒化」、「病懨懨地」、「精神不穩定」、「不正常」、「瘋狂」、「言語浮誇」、「激動」、「荒謬」、「一意孤行」、「像《老人與海》裡的老人」、「像《魯賓遜漂流記》裡的魯賓遜」，此外他也「過於陰柔」，「詭計多端且有東方特質」。就算在危機徹底爆發前，《時代雜誌》也形容穆沙迪克是「有著大學學位的苦修僧」，經常穿著睡衣，有時候會穿細條紋西裝，「因疾病與莫名的信仰激情而形容枯槁」，「心靈受創」，並且「威脅」要剝奪自由世界不可或缺的石油。文中引述一位英國外交官的話：「我們能應付一名值得信賴的惡棍。但你要怎麼應付一名誠實的狂熱分子？」[71]

法蘭西斯．薛佛不使用任何外交辭令，他形容穆沙迪克「狡猾、滑頭，不擇手段。他不會給人好印象。他很高，但一雙腿又短又彎，因此走起路來像熊那樣搖搖晃晃。他的樣子很像是匹拉馬車的馬，耳朵有點聾。」[72] 薛佛的代辦、也就是之後取代他成為駐德黑蘭大使的喬治．米德爾頓的說法多少比較委婉。他形容穆沙迪克「心裡想的跟我們不一樣」，而且「是民族運動的狂熱領袖，無法區分實體與幻影，因此拼了命地抓住後者，還以為那是前者。」[73] 許多年以後，米德爾頓才承認他「非常敬愛」穆沙迪克，奉他為「相當有教養的紳士」。他形容穆沙迪克是「有魅力的保守農夫」和「良善的鄉下人，像是典型的托利黨人」。[74] 同時，薛佛在他一九五一年的年度報告中替近來談判破裂做出如下解釋：

錯誤應歸咎到一個人身上，那就是穆沙迪克博士。他很誠實但會被人誤導，而且往往是愚蠢的愛國；他的煽動本能，他的一意孤行，和他完全缺乏建設性的想法，都使得他藉此得勢的高漲民族情感難以發展成真正的民族復興。甚至不願承認錯誤或做出讓步的穆沙迪克煽動民族自尊心，使之成為偏執狂；煽動宗教復興，使之成為狂熱主義；以及煽動更大程度獨立的欲望，使之成為頑固的孤立主義與仇外心態。習於貧窮的波斯人民或許在未來將遭受更大的苦難。[75]

為散布此種觀點，德黑蘭的英國外交部媒體專員向華盛頓的英國外交部媒體專員「定時提供對英國廣播公司來說太過惡毒的合適毒藥」。根據駐華盛頓媒體專員的報告，美國專欄作家「善用了這毒藥」。[76]他吹噓自己甚至還幫他們寫了些談論伊朗的文章。[77]德高望重的美國新聞界大老，也是《華盛頓郵報》的首席專欄作家德魯．皮爾森（Drew Pearson）散播了一篇完全捏造的文章，內容是有關穆沙迪克的左右手法特米如何涉及多項貪污與賄賂陪審團的罪名。他以誇張的口吻問道：「美國人是否想要這樣一個騙子繼續在幕後操縱整場中東石油危機？……這男人終將決定美國是否要實行石油配給，抑或美國人民是否要參加第三次世界大戰。」[78]

史都華・阿爾索普（Stewart Alsop）和他弟弟約瑟夫（Joseph）倆人都是《紐約先驅論壇報》的主要專欄作家，他們提出警告，除非美國人堅定立場，「世界各地的所有小穆沙迪克將會蠢蠢欲動，出來惹事。」[79]在與約瑟夫・阿爾索普的一場對話之後，英國外交部表示他同意穆沙迪克「不可理喻」，「在過去四十年來只聽自己的話，此外甚麼也沒做」。他也同意「所有受過教育的波斯政治人物都缺乏現實性與理解力。」[80]《時代雜誌》選穆沙迪克為封面人物*，名為恭維，實際的用意卻是挖苦他，在文中形容他「頑固」、「狂熱」、「險惡」、「柔弱」、「容易預測」、「易怒」，以及「如同一幅駭人的政治家漫畫」。「事實是，」它做出結論，「伊朗人接受穆沙迪克的自殺性政策，是一種憎恨在中東的西方人的手段，其中以憎恨英國人為最……因此說來悲哀，住在山裡的這個老巫師，榮登一九五一年的風雲人物。」[81]駐華盛頓的英國媒體專員還散布謠言，說穆沙迪克身上瀰漫著鴉片味，「濫用」這毒品，想藉此「嚇壞」美國大眾。[82]他誇口說美國媒體協助英國不遺餘力。[83]

英國駐華盛頓大使也贊同這位媒體專員的吹噓。他寫道，美國的《生活》、《紐約時報》、《華盛頓郵報》與《華爾街日報》等媒體對這情況的看法與英國相去不遠；美國石油公司在與國務院的討論中警告，伊朗民族主義者對美國在世界各地的石油利權構成威脅。[84] 在美國的英國官員也盡其所能反駁「依舊普遍的陳舊觀念，也就是做為帝國主義國家的英國對伊朗有著自私的計畫」。[85] 他們主張，英國在一九〇六年的政變中協助伊朗；胎死腹中的一九一九年協議其實是一項領先其時代三十年的七年計畫；一九三三年協議是自由談判下的產物；以及《補充協議》內容再慷慨不過。他們也強調，在穆沙迪克漫長的一生中，他一次也懶得造訪阿巴丹。他們很快就放棄這說法，因為有人指出費雪在擔任英伊石油公司董事長的漫長任期內只去過伊朗一次，而且時間很短。同時，英國外交大臣向他內閣中的社會主義同僚保證，「在中東的公司之中，英伊石油公司的員工教育程度數一數二。真正的問題是波斯政府和有錢的地主階級，他們沒能善用數目龐大的專利權以發展經濟。」[86]

---

* 譯註：該期於一九五二年一月七日出刊。

當然，英國報紙在詆毀穆沙迪克時比美國人更勝一籌，那些自詡高文化水準的報紙也不例外。《觀察家》（*The Observer*）雜誌形容他是「清廉的狂熱分子」，是「糊塗但熱情的老人」，「對常識性的論點與權宜之計不為所動」，也是「迷惘而且短視近利的政客，在他那巨大的腦袋裡只有一種政治理念。」[87]他們一下子把他貼上「悲劇性的法蘭根斯坦」*的標籤，一下子又說他是「上了年紀的羅伯斯庇爾」，或許也可以是「失敗的克倫斯基」。

倫敦《泰晤士報》也好不到哪去：「就一般意義而言，他不是個勇敢的人，或許還很膽小。但當提到波斯、情緒大受刺激時，他也可以很勇敢。他有著殉道者的莽撞，精神不穩定，並且會因此流淚。」[88]在可能是由英國伊朗史學家蘭姆頓教授所寫的一系列未署名文章中，以「波斯人性格」和他們往往「把自己的缺點怪罪給他人」的理由來解釋這整場危機。文中聲稱，在窮人與富人、地主與農民、城市與鄉村以及首都與行省間的國內矛盾，導致伊朗人將憎恨投射給「假想敵」，尤其是英國人和石油公司。[89]「舊秩序，」這些文章說道，「由於統治階級的愚蠢、貪婪與缺乏判斷力，已在崩毀邊緣。」簡而言之，這場危機跟對抗石油公司的真正不滿情緒無關。它反倒是與「統治階級」找外國人當「代罪羔羊」，並且「將國內的不滿轉移到國外，從經常與統治者脫不了關係的剝削、乃至於有時從中獲益的管理不良中脫罪。」保守的《泰晤士報》輕易就訴諸馬克斯主義的階級理論來解釋整場危機。報社編輯或許沒有察覺其中的諷刺意味。

此種解釋成為人們奉為圭臬的真理，即使英國在伊朗的主要盟友正是同一個「剝削」階級。危機一爆發，英國駐德黑蘭大使就要求英國廣播公司將波斯語服務增加一倍，還把一名伊朗不願合作的記者換掉。它也要求英國廣播公司將前媒體專員、現在公開批評英伊石油公司的埃爾威爾—薩頓教授列為黑名單。[90] 在之後的好幾年，他都因為「反英、反殖民與反伊朗國王」名列黑名單。[91] 他的著作《波斯石油》至今依舊是研究這場危機的最佳書籍之一，在當時的英國卻找不到願意替他出書的書版商。[92] 發動「宣傳」戰爭的英國廣播公司一再強調伊朗石油國有化將會因為經營煉油廠、授權給無能的人、嚇跑技術人員、權利金耗盡，以及收入流入貪污的政府官員口袋等原因，不可避免地造成國家的貧窮。[93] 只要媒體的說法偏離此種官方腳本，英國外交部就強烈抱怨——尤其當媒體暗示

---

* 譯註：小說《科學怪人》中的科學家。

「石油遊說團體」在美國國務院施加影響力。[94]

在一篇標題叫做〈波斯與亞洲民族主義總體比較〉的冗長文件中，薛佛大使試圖在兩者之間劃分清楚的界線。[95]他主張，伊朗缺乏「真實性」與「建設性能力」，由於錯失被殖民強權國統治的機會，現在「需要鐵腕統治……或許是以和海地一樣的二十年占領期的方式。」最後一點顯然是替美國讀者量身打造。他將伊朗比為「一個很清楚自己應該去看牙醫但卻又害怕去的人，而且只要有人說他牙齒不好，他就生氣」。這份文件在世界各地的英國大使館印製並廣泛流傳。在其他備忘錄裡，薛佛表示穆沙迪克「顯然精神錯亂」，理由是他迴避「閣下」的頭銜，拒絕開部長專用的汽車，而且關鍵的一點是，他「有個住在瑞士精神病院的女兒」。[96]其他英國外交部文件也樂得把問題訴諸此種性格特徵。其中一份文件坦白的說：

伊朗人大多內向。他們想像力豐富，天生喜歡看事物愉悅的一面；他們喜愛詩，也喜歡討論抽象概念。他們情緒強烈，而且容易感情用事。但他們一直無法以現實檢驗其想像力，也無法讓情緒臣服於理性。他們缺乏常識和分辨情緒與事實的能力。他們出了名的愛說謊與其說是刻意選擇謊言，不如說是毫不在乎真相。過剩的想像力與厭惡事實，使他們無法專注於細節。如果找不到夢想中的世界，他們往往就會故態復萌，又懶惰了起來，不願堅持不懈。他們宗教裡的宿命論又加重了上述傾向。他們極端崇尚個人主義，但這個人主義的意思比較是追求個人利益，而不是希望在不接受他人幫助獨立做事的高貴情操。幾乎所有階級都熱衷於追求私人獲利，為了金錢差不多甚麼都可以去做。他們缺乏社會良知，不打算犧牲個人利益去追求群體利益，他們虛榮又自滿，不願意承認自己可能犯錯。他們隨時準備責怪他人。[97]

另一份標題為〈波斯人的個性〉備忘錄聲稱：

> 雖然波斯人看似披上西方文明的外衣，然其個性依舊來自於長久的專制統治歷史與伊斯蘭宗教背景。他們的主要特質，包括有時會演變為過度自負的強烈民族自尊心；敏銳的知識、機智，還有廣泛的幽默感和渴望與人進行有學識的交談；毫不掩飾的不誠實；宿命論觀點和對苦難的冷漠態度；以及友善

與好客的天性。波斯人通常很虛榮，沒原則，老是承諾他們沒有能力或不打算去做的事，愛拖拖拉拉，缺乏精力與孜孜不倦的毅力。除此之外他們還喜歡耍詭計，只要有那麼一點點獲得私人利益的可能性，他們立刻拿出支吾其詞和不誠實的把戲。儘管言談中可以成功騙過別人，但他們也不指望別人會相信自己。[98]

上述對波斯人的文化誹謗，不該如某些文化研究者往往認為的那般，被當作談判失敗的根本原因；它反而應該是談判失敗的副產品。根本原因是英國人拒絕放棄對石油生產的控制權；而在此同時，伊朗又決定取得同一項工業的控制權。換句話說，談判走向死路一條不是因為文化或種族偏見，而是因為民族主義復活與舊式帝國主義之間的經濟衝突。

英國的宣傳攻勢是如此發揮神效，以致於到了六十年後的今天仍舊有歷史學家老調重談，表示英國很樂意達成公平協議，而美國也提出了許多這樣的協議。研究石油議題的第一把交椅，著有《獎賞》（*The Prize*）一書的丹尼爾·耶金（Daniel Yergin），毫不猶豫將過錯直接推給伊朗人——他們的「過分執著」、「戲劇化」和「捉摸不定」〔原文如此〕；他們的「狂野」、「暴力」和「誇張的情緒」；他們對英國「偏執的仇恨」；以及他們「愛麗絲夢遊仙境」式的政策。[99]在他談論伊朗的冗長章節中，他長篇大論敘述「老莫西」（Old Mossy，穆沙迪克的暱稱）的長鼻子和睡衣，然而對於禁忌的「控制」一詞卻隻字未提，即便這本書的副標題是《石油、金錢與權力之大探詢》（*The Epic Quest for Oil, Money, and Power*）。這個字的遺漏令人倍感驚訝，因為他宣稱在近期歷史中的許多轉捩點，例如在二戰期間德國人入侵俄國以及日本人席捲南太平洋，都是來自於取得石油生產控制權的欲望。「石油輸出國組織成員，」他承認，「不想只當收稅員。問題不僅在於獲得更多租金。對輸出國而言，更大的問題在於是否擁有本國天然資源的主權。其他一切都是根據此一目標來衡量。」話雖如此，耶金還是小心翼翼避免承認穆沙迪克與伊朗可能有同樣的目標，那就是控制他們的天然資源。

美國—伊朗關係的重要專家貝瑞・魯賓（Barry Rubin）聲稱英國與美國「接受國有化」，美國抱持「親伊朗傾向」的「中立態度」，談判破裂是因為穆沙迪克「無法妥協」。「他」，魯賓強調，「發現自己無法做出必要的妥協，因為他害怕支持者會將他撕成碎片，而且或許真的是就字面上的意思來說。」[100]他將他的書名定為《徒有善意：美國經驗在伊朗》（*Paved with Good Intentions: The American Experience in Iran*）。* 劍橋大學東方學系教授彼得・艾弗里（Peter Avery）將穆沙迪克描述為一個任性的孩子，對於把全世界帶進一場重大國際危機感到沾沾自喜。他在著作中提到這場危機，該章的名稱叫做〈一人能做之事〉（What One Man Can Do）。[101] 牛津大學伊朗研究學系教授禮薩・謝赫・霍爾斯拉米（Reza Sheikholeslami）的說法反映出西方一貫的陳腐觀點，以理性、務實與冷靜等詞形容英國與美國的政策決定者，卻將穆沙迪克形容成被寵壞、怪異、愛說謊、捉摸不定、不知感恩；更糟的是，他是個獨裁者。[102] 但最令西方世界滿意的，就是伊朗人自己也替這種說法背書。在最近一本名為《伊斯蘭與西方的未來》（*The Future of Islam and the West*）的著作中，希琳・杭特（Shireen Hunter）宣稱穆沙迪克「失敗了」，因為「頑強拒絕接受協議方案」。[103] 意料中的是，受雇於英國石油公司的歷史學家羅納德・費里爾（Ronald Ferrier）主張談判失敗是穆沙迪克的「不安全感」以及「伊朗政體的的基因」所致。[104]

即便同情穆沙迪克的學者也往往對這說法買單。山姆・法勒在承認穆沙迪克很受歡迎，石油公司過於吝嗇，而且美國和英國一樣害怕國有化之後，結論卻說穆沙迪克終將垮台，因為他不像甘地那樣「理性」。[105]喬治．麥基曾經促成一樁穆沙迪克願意接受、但遭英國首相艾登拒絕的交易，他引用迪恩．艾奇遜的話總結他的「伊朗傳奇故事」，他說穆沙迪克「惡有惡報，因為他是個有錢的反動分子，是個受到狂熱仇英心態鼓舞、有著封建思想的波斯人」。[106]半個世紀之後，中情局威爾伯文件外洩，這時《紐約時報》寫道「穆沙迪克受困於他自己提倡的石油國有化，因此無法達成石油協議」。[107]馬克．加西歐羅斯基曾訪問許多名涉及政變的密探，他堅持英國已經接受伊朗石油國有化政策，美國也已提出合理的妥協方案，但穆沙迪克一概拒絕。[108]最後，在一本讚美穆沙迪克的著作中，史蒂芬．金澤（Stephen Kinzer）聲稱石油談判最終破局，是因為穆沙迪克「抱持什葉派追求正義的理想，甚至到了殉教的地步」，以此支持他奉承的描述。[109]換句話說，真正的過錯在於伊朗，而不在西方。

想當然爾，對於「美好昔日」的後革命式懷舊情緒很容易就強化了上述解

* 譯註：書名出自一句諺語：通往地獄的道路皆由善意鋪成（The road to hell is paved with good intentions），意指徒有善意卻不付諸行動是無濟於事的，反而遭致惡果。

釋。例如前王妃法拉赫·蒂巴（Farah Diba）在最近出版的回憶錄中聲稱，談判終究破局的原因是穆沙迪克「不肯妥協」和「拒絕接受英國的提議」。[110] 曾替伊朗國王做傳、並在書中對國王讚譽有佳的阿巴斯·米拉尼（Abbas Milani）暗指穆沙迪克是所有解決方案的主要障礙，理由是杜魯門總統稍早已經斷言「國有化是個已成定局的結論」。[111] 同樣地，在另一本讚美國王的傳記中，戈拉姆·禮薩·阿夫哈米（Gholam Reza Afkhami）確切表示邱吉爾與杜魯門接受國有化，但是伊朗的「仇外心態」卻阻撓協商方案。[112] 然而，由這一整章所闡述的說法可看出，幕後談判的問題核心在於英國與美國都不願意在國有化這一艱難的議題上退讓。他們才是談判破局的主要障礙，而不是伊朗。錯綜複雜的細節，造成了無法收拾的問題。

## —海牙（五月至六月）—

伊朗接管石油設施，促使英國政府向位於海牙的國際法庭（Court of International Justice，常稱為世界法庭，World Court）正式對伊朗提出申訴。一戰後由國際聯盟設立的這個國際法庭，在二戰後隨即成為聯合國的主要司法機構。

英國的簡報內容長達三十七頁，標題為〈英伊石油公司案〉。[113] 文中承認做為一主權國家的伊朗有權將本國的經濟體國有化，但主張在這案例中它基於三項罪狀違反國際規範。首先，伊朗單方面取消一份正式簽署的國際合約，也就是《一九三三年石油協議》；協議中規定任何一方在任何情況下都不能取消利權，如有申訴，該方有義務尋求仲裁與修訂協議，而非取消協議。其次，伊朗「歧視」與「針對」的只有英國財產。第三，伊朗沒有提出「公平的賠償」。在另一份備忘錄中，英國政府指出它認為「公平的賠償」指的是合約期間的總利潤。既然一九三三年簽訂的合約有效期還有四十二年，那麼於一九四九年至一九五〇年間英國累積的毛利是四千八百三十萬英鎊，加總後是龐大的二十億又二千八百萬。之後英國外交部私下承認，英國必須提出一筆「天文數字」才能讓伊朗無力支付，導致必須放棄控制「營運權」與「世界石油市場處置權」。[114] 研究這場危機的歷史學家往往粉飾這個不是那麼重要的議題。

簡報中進一步主張，英國政府有權代表石油公司，因為政府是「國民在外交上的保護者」，而且英國政府和伊朗政府一樣是一九三三年協議的締約方。它更進一步主張國際法院對此案有管轄權，不僅因為國際聯盟的一位報告員曾出席一九三三年的談判，也因為一九三三年的協議涉及英國政府以及英國石油公司。英國更在一份機密的照會文件上說：「我們無法接受〔該〕議題與英國政府無關的論點……石油工業是英國政府的命脈，它不僅是收入的主要來源，也是提供經濟發展的必要資金。整體而言它對英國和自由世界至關重要。」[115]

除了提供法律論點，英國政府還發動一場大型宣傳活動。它聲稱英伊石油公司已經投資了「龐大金額」，用來「將沙漠變成城鎮」。它很願意提供針對一九三三年協議的「慷慨」補充方案；如果伊朗採用這些方案，就能解決該國的財務問題。該公司「自願」建造主要港口、設備與城鎮；鋪設許多道路和油管；建造成千上百的房屋、橋樑、診所、學校、體育場和足球場。[116]當然，它也沒有忘記蓋游泳池。在一九三四到一九五〇年間，它已經將員工換成波斯人，將資深伊朗員工從二十五人增加至九百四十一人，基層員工從七百零二人增加至四千五百四十九人，工匠從一千七百五十九人增加至一萬七千三百八十人。石油公司堅持公平的《補充協議》之所以無法簽訂，只是因為「暴力的民族主義者」從中阻撓。

伊朗政府反駁道，國際法院對此案沒有管轄權，因為爭執不是發生在兩國之間，而是在一個主權國家和一個私人公司之間。它主張伊朗做為一個主權國家，有權將本國資源國有化，無須尋求國際機構的許可。它重覆支付「公平賠償」的提議。它也主張一九三三年的協議無效，因為伊朗是被迫接受，也因當時伊朗受一名獨裁者統治，並且石油公司本身無法遵守同一份協議。它未能將伊朗人提升到高階主管的職位。它未能開立公司帳戶給伊朗官員。它未能避免干涉伊朗內政。伊朗政府也發動宣傳活動，指控石油公司剝削伊朗，做兩份帳簿，虐待勞工，表現得就像是典型殖民強權國。

海牙國際法院快速發布了一項臨時裁決。它提議在達成最終裁決之前，英伊石油公司在伊朗的營運應由一個五人委員會監督——英國與伊朗各派出兩名委員，由第三國擔任第五名委員。英國迅速接受，而伊朗拒絕接受，理由是該裁決侵犯國家主權，與國有化法相矛盾，並且是以「新形式」恢復舊的英伊石油公司。事實上，在十三個月之後也就是一九五二年七月，國際法院發布最終判決，它完全站在伊朗這邊。在一份九票對五票的裁決中，英國法官以多數票通過，法院裁定該案不屬於其管轄範圍，因為它不涉及兩國之間的爭端。它同意穆沙迪克的說法，這是私人公司與主權國家之間的個人爭端。伊朗的「瘋子們」打贏了海牙國際法院的案件。

就在海牙國際法院辯論此案時，英國也正採取強有力的措施。英伊石油公司採取「停止」營運的行動，指示許多員工辭職。為威脅那些替伊朗國家石油公司工作的人，英伊石油公司警告他們，收到的薪水無法兌換成英鎊。在六週內，伊朗的國旗就飄盪在英伊石油公司辦公室上方，二千零九十四名歐洲人——所有英國員工，加上一千六百五十三名巴基斯坦人和印度人——都大搖大擺地走了，有些還搭乘皇家海軍模里西斯號（HMS Mauritius）離開。[117] 此外為了嚇阻其他人遞補空出的職位，英國人對歐洲各國政府施加壓力。例如，當四百名德國人申請替伊朗國家石油公司工作時，德國政府拒絕了他們的工作許可，聲稱他們在伊朗無法受到妥善的保護，因為西德在伊朗沒有官方代表。[118]

此外，英國政府還凍結伊朗在倫敦共二千五百萬英鎊資產；限制伊朗其他資金兌換成美元；停止支付權利金；找出繁瑣僵化的行政問題，以便限制鐵、鋼、馬口鐵、糖、潤滑油、和備用零件的出口；草擬英國與伊朗之間日用品交易的詳細清單；警告各公司不要和伊朗做生意；以及最重要的是，威脅要扣押所有裝載「偷竊」石油的油輪。能源部信心滿滿，因為據它計算，七姊妹石油公司擁有或控制全世界一千五百艘油輪之中的大部分。[119]蘇聯只有十艘。

英國外交部也確信「特殊獎金」可以說服獨立油輪不要冒險駛進伊朗港口。當一艘由希臘企業委託、掛著宏都拉斯國旗的油輪試圖突破禁運時，就被英國海軍禁止進入紅海，扣留在葉門的亞丁港（Aden）。據英國外交部報告，英伊石油公司的官員以及許多姓名未知的其他人都保持警戒，以防外國人「掠奪」石油。包括義大利、日本和德國在內的一些政府向英國保證，他們不會核發從伊朗進口石油的許可證。[120]在一則歐威爾式*掩蓋真相、含糊其詞的談話中，英國外交部宣稱：「我們的行動無論如何不應該被解釋為經濟制裁或壓力。」[121]在多年來堅持伊朗人不具備經營石油工業的專門技術之後，英國人很快就必須承認（儘管是在私底下）伊朗國家石油公司能夠讓油井和煉油廠繼續運作，但卻正因為英國對伊朗石油的禁運而找不到出口管道。[122]美國大使葛瑞迪警告華盛頓，說英國人決心藉由這些經濟制裁摧毀穆沙迪克，而他們希望美國加入；但如果與英國一個鼻孔出氣，此刻針對倫敦而來的諸多敵意就會指向美國。[123]

---

* 譯註：意指著有《一九八四》的英國作家喬治．歐威爾（George Orwell）。

同時英國軍隊也擬定一份占領阿巴丹的詳細計畫。[124]代號名為「海盜」（Buccaneer）的這份應急計畫詳細說明六個營只需要二十四小時就能從伊拉克入侵伊朗，占領阿巴丹煉油廠。然而英國首相艾德禮一直沒有啟動該計畫。之後的首相邱吉爾也沒有這麼做，雖然他樂得指控他的前任「沒擔當」。這項作戰計畫「風險太大」。[125]它可能誘使蘇聯侵略亞塞拜然，也可能引發另一次大罷工，還可能導致對煉油廠和油田的破壞行動。但這項行動卻不能保證英國取得油管和油田的控制權。它可能使其他地方的英軍資源吃緊。它可能導致英鎊擠兌——之後在蘇伊士運河危機中確實發生了這種狀況。一位英國國防部官員哀嘆道：「當今發動軍事行動的困難，幾乎完全在於我們已無法動用印度軍隊。」[126]前印度總督英國海軍大臣蒙巴頓（Lord Admiral Mountbatten）強調，入侵行動有可能促使蘇聯做出回應，對煉油廠當然會是「一場災難」。他建議接受國有化原則做為削弱伊朗的手段，同時要求大筆賠償金，導致伊朗將來毫無選擇只能配合英國，特別是在販賣石油給英國海軍一事上。[127]

美國也反對「海盜」計畫。他們和英國一樣不贊成伊朗石油國有化，但杜魯門政府傾向談判而非軍事行動。它假定他們能說服穆沙迪克放棄對石油工業的實際控制權，只要穆沙迪克看來在名義上贏得國有化運動。為促成此種解決方案，杜魯門宣布他將派遣私人特使埃夫里爾・哈里曼前往德黑蘭擔任英國與伊朗之間公正的調停人。英國內閣斷言，他們「無法承受在這樣的議題上與美國撕破臉的後果。」[128]

## 一哈里曼任務（七月）一

埃夫里爾・哈里曼是一名百萬企業家，也是前美國商務部長，他因擅長排解糾紛而出名。他曾經擔任羅斯福總統派往英國與蘇聯的特別公使，也是杜魯門總統的馬歇爾計畫（Marshall Plan）發言人。英國外交大臣先警告駐伊朗大使薛佛，雖然哈里曼「基本上對我們態度友好，」他卻「不擅言詞」、「含蓄冷淡」，而且有「強烈的虛榮感」。「根據以往經驗，」他又說，「顯示操弄這項弱點會帶來最好的結果。」[129]喜歡和談判對象開玩笑的穆沙迪克，覺得哈里曼一點幽默感也沒有。

哈里曼自稱他的任務是找出對美國的兩個「友邦」都能接受的「妥協方

案」。然而他真正的工作，卻是說服穆沙迪克國有化不必然代表直接的「控制」，而是「主權的擁有」。他要「教育」他國際石油企業的複雜性，例如對照波斯灣及墨西哥灣的原油價格為何、不同用途的各種煉油技術、油輪短缺、「上游」和「下游」之間的差異、錯綜複雜的利潤計算方式，以及主要生產者和獨立生產者之間的關係等等。[130] 哈里曼以及顧問華特．李維試圖用價格、利率、市場波動和投資報酬率等事實和數據讓穆沙迪克招架不住，然而穆沙迪克卻試圖把雙方的討論重新導向關鍵問題：誰會來控制伊朗石油的生產和銷售？哈里曼與李維所稱的「教育」，在穆沙迪克眼中是「掩蓋事實」與「哄騙欺詐」。他們離去時抱怨穆沙迪克只能以概括空泛的方式思考，而穆沙迪克則懷疑他倆試圖欺騙他。

聯合國的英國代表事後寫道，哈里曼在啟程前往伊朗之前，在國務院與美國石油工業的代表們召開了許多會議。在伊朗危機中，後者心急如焚地想要維持「強硬的政策」並設法結為「共同陣線」。他們關切「波斯擁有太多利權」將會對包括委內瑞拉在內的「其他產油國造成不利後果」。他還說，哈里曼與李維前往伊朗「堅決支持」英伊石油公司必須保留「控制權」以及50／50利潤分配原則這兩種方案。[131] 50／50交易方案已經被提升到某種神聖的程度。華盛頓的英國大使館向倫敦保證雖然哈里曼在公開場合保持沉默，但他和李維私底下百分之百支持英國。[132]

哈里曼於七月十五日抵達伊朗，大眾黨剛好在這一天慶祝一九四六年的大罷工。就在哈里曼的飛機降落在德黑蘭機場時，在國會廣場聚集的大眾黨人遭到伊朗勞動黨和伊朗國家社會主義黨（SUMKA，英文為 the Iranian National Socialist Party）攻擊，後者是一個納粹團體。多年後才揭露出這起攻擊事件是由美國中情局所鼓動。[133] 政府當局未能採取預防措施，導致了歷年來最嚴重的街頭傷亡，有十六人被殺，二百八十人以上受傷。[134] 政府必須動用坦克車才能恢復秩序。一名伊朗的英伊石油公司代表通知大不列顛之家，表示這場暴力行動與大眾黨無關，而是由巴卡伊博士底下的「不良少年」所為。[135] 穆沙迪克認為警察局長兼內政部長札赫迪將軍必須為這場流血事件負責，因此以伊朗黨的阿米爾—阿萊取代他的職位，並設法以民事法庭追究其責任。然而國王卻保護他，以軍事法庭讓他受審，軍事法庭判他暫緩監禁一個月。[136]

雖然大眾黨的集會與哈里曼沒什麼關係，美國和英國報紙卻將整件事塑造成一起專為破壞他這次任務而設計的共產黨暴力行動。然而英國大使館卻解釋道，穆沙迪克出於對憲法的承諾，不願意禁止大眾黨的集會並加以取締。「伊朗首相，」大使表示，「在思想與背景上都反對任何形式的鎮壓。他上台時恰巧是五一勞動節，他做的第一件事就是取消當天對示威者的禁令……他也將〔大眾黨領袖於一九四九年被控暗殺國王的〕審判移交到民事法庭。」[137]民事法庭推翻原本由軍事法庭所做的判決，並下令重啟審判。

哈里曼帶著五名隨行人員抵達伊朗：他的妻子、李維、一位監督他人身安危的空軍上將、一位國務院中東問題專家，以及會說法語的陸軍情報官弗農．瓦特斯上校（Col. VerNo. Walters），他負責擔任哈里曼與穆沙迪克會面時的正式翻譯員。在接下來的幾個月的大部分時間裡，瓦特斯一直負責這項職務。哈里曼抵達的第二天，曾與英國人為敵的美國大使亨利．葛瑞迪宣布退休。他覺得他的職務被總統特使搶走。薛佛大使詆毀他「虛榮」，而且「和許多美國人一樣，在入險境之時顯得笨手笨腳。」[138]接替葛瑞迪的大使羅伊．韓德森曾經在二戰時的莫斯科擔任哈里曼的左右手。他也曾擔任駐伊拉克的美國大使，出了名的清楚如何「對付」中東產油國。成為一九五三年政變推手的他一直待在伊朗，直到一九五六年擔任蘇伊士運河公司董事為止。許多年後他在一次訪談中承認，自己希望與伊朗保持良好關係，但並不想以接受接管石油工業為「代價」：「我們不相信這樣的徵收符合伊朗、英國或美國的基本利益。此種舉動往往破壞國際貿易興盛所需的共同的信任。」[139]

哈里曼的任務持續進行整整四十天。在針對這次任務的報告中，他寫道在與穆沙迪克的討論中，他清楚表明美國接受「國有化」，但是堅持要有「一間在伊朗由外國擁有的公司，做為伊朗國家石油公司負責營運的代理人」。他繼續說，「我們說得很明白，伊朗的石油公司必須在有效率的基礎上營運，而這一點唯有藉由外國擁有的公司在日常管理中自由營運才能達成，儘管這間公司是根據政府或伊朗國家石油公司制訂的〔一項〕政策原則做事。[140]他抱怨道，穆沙迪克回嘴說，這樣的計畫只不過是給予英國和其他外國公司新利權的「偽裝」。毫無進展的哈里曼和薛佛一起趕往倫敦，孤注一擲試圖親自說服英國內閣與穆沙迪克重啟直接談判。他告訴瓦特斯上校，「我單純只是不習慣失敗。」[141]

還留在英伊石油公司的經理諾曼．賽登（Norman Seddon）對倫敦方面的大膽形式抱持懷疑態度。他回報大不列顛之家，說伊朗人「認為他們可以打垮我們」，然而態度強悍才是對付他們最好的方式，達到「令人滿意的和解方案絕無可能」，以及賽義德・齊亞和蓋瓦姆都向他保證穆沙迪克的首相當不了太久。他又說哈里曼和李維「相當成功地讓波斯人明白無可改變的事實」。他的結論是，「我還是非常懷疑只要目前政府存在的一天，我們是否可能達成任何協議」。142

## —史托克斯任務（八月）—

在一番敦促之下，英國內閣派出掌璽大臣* 理查・史托克斯爵士（Sir Richard Stokes）前往伊朗直接與伊朗政府談判。史托克斯是有著社會主義者信念的百萬企業家，他也以如何與大型企業交涉聞名。離開英國前，內閣對他下達嚴格的指導原則。「最終目的」，指導原則中規定，「是藉由英國公司的控制繼續生產石油」，「保障英國國際收支平衡」，「不損害英國在其他國家的利益」，以及「防止波斯人干涉英伊石油公司機器的運作」。他被告知穆沙迪克「不聽明」，「頑固」，因此「不會從原本的態度做出退讓」。他也被告知穆沙迪克不可能掌權太久，因為反對力量逐漸增長，尤其是來自伊朗國王和「一般大眾的意見」。143

此行史托克斯帶著一位軍情六處的上校當波斯語翻譯，以及一位在英國監督近期國有化運動的同僚，以便「教育」伊朗人石油公司營運的複雜性。一行人在哈里曼的陪同下於八月三日抵達伊朗，一直待到八月二十二日為止。薛佛與他的大使館顧問也加入英國代表團，與伊朗代表團召開八次冗長的會議。率領伊朗代表團的是馬丁—達夫塔里和他的綜合委員會成員，主要代表是沙耶根、桑賈比、薩利赫和哈塞比。雙方邀請哈里曼和李維參加一次重要的會期。某個不具名的英伊石油公司消息提供者向威廉．威廉．弗雷澤報告，說英國代表試著「煮一鍋湯」讓所有人都喝得津津有味。他建議公司保持「低調」，因為英國公司在伊朗的地位等同「賤民」。但是他向弗雷澤保證，史托克斯和「美國人很努力在協助我們」。他強調他們決心「達成不會擾亂中東其他地區的協議。」144

史托克斯不比哈里曼更成功，因為兩人的目標並無二致。他願意在「主權」上退讓，但是他謹守內閣的指示，拒絕放棄「控制權」。另一方面，穆沙迪克願意討論補償金，如何銷售石油給英伊石油公司，以及重新雇用英國技術人員，但

---

* 譯註：Lord Privy Seal，為保管英國國璽，起草並頒布重要政令的古老職位，一般由內閣成員擔任。今日掌璽大臣已無實權，不負責特定事務。

卻拒絕在控制權的關鍵議題上讓步。史托克斯的計畫是將「整體主權」交給伊朗，但是將「執行管理權」授予登記在英國底下，做為英國公司的一個營運組織。這個組織將持有探勘、鑽油、煉油以及在國際市場上出售石油的所有權力。它將雇用營運所需的技術人員和油輪，在接下來的二十五年內保有完整的經營管理權，但承諾加快將員工替換成伊朗人的過程。

然而在被問及相關的問題時，如：英國如何決定近期在英國國有化的煤、鐵和電力工業的「公平補償」？是誰指派這些國有化企業的董事？之前在英伊石油公司的技術人員為何不能替伊朗國家石油公司工作？有關這些問題，史托克斯和他的國有化專家的回答卻是曖昧不明。他們只能回答英伊石油公司的員工堅決不肯替伊朗工作。「他想明確表示」，史托克斯說，「無論是他或是任何人都不能讓員工做他們不想做的事。正如他在第一次會議中說過的，員工不會替他們認為看來沒有技術資歷和管理經驗的資方工作。石油工業的日常經營管理必須由英國人負責……簡而言之，波斯有石油，英國有經營石油工業與分配和銷售石油的知識。」[145]

史托克斯不只和官方代表開會。他也分別兩次去見穆沙迪克和伊朗國王。國王也詢問英伊石油公司的技術人員為何不能替伊朗國家石油公司工作。「我回答」，史托克斯寫道，「員工堅持公司必須由英國控制與管理日常事務。」[146]他首次與穆沙迪克的會面並不順利。軍情六處的翻譯被逮到在違背穆沙迪克指示的情況下做摘要，於是瓦特斯接手翻譯。第二次會議也同樣沒有成果。史托克斯試著「教育」穆沙迪克石油工業的複雜性；穆沙迪克卻試著把對話帶回控制權問題。穆沙迪克斷然拒絕「營運組織」的提議，理由是這種計畫不只削減伊朗的「經營管理權」，也會「讓之前的英伊石油公司換個樣子恢復營運」。[147]史托克斯也找時間和以下等人會面：卡沙尼、賽義德．齊亞、齊亞的財務贊助者、上議院與下議院的議長及二十名參議員、助理王室部長、一名《宇宙報》*編輯，以及反大眾黨主要工會首領。這些會議使得伊朗人更加懷疑英國不斷地干涉伊朗內政。

正當史托克斯四處開會時，韓德森在一次私下對談中探詢伊朗國王「替換」首相穆沙迪克的可能性。國王回答，無論他多麼清楚知道穆沙迪克的政策「讓伊

---

* 譯註：《宇宙報》（*Kayhan*）為德黑蘭報社，號稱「全伊朗最保守的報紙」。

朗走向毀滅」，它卻不能違背勢不可擋的民族情感。韓德森在此次對談的書面照會中總結伊朗國王在整場危機（以及遠不僅止於此）的悲劇性角色：

我告訴他，伊朗的情勢一天比一天絕望，到最後或許必須訴諸最後手段。國王回答，「英國人告訴我，應該要有（一位）強人採取堅定的態度，但是這些所謂的強人，例如我父親、希特勒、史達林等，是在知道背後有民族情感支持時，才會採取堅決大膽的行動。他們從未違背人民的基本情感。在這次事件中，民族情感反對英國，而這些情感被煽動人士燃起：無論我希望自己態度多麼強勢堅決，我都不能做出違憲的舉動，違背強烈的民族情感之所向……我深信對我而言，此刻（任何）嘗試除去穆沙迪克的舉動，都將使他的朋友和我的敵人有機會讓大眾相信，國王已經自甘墮落成為英國的工具，身為國王的名譽將蕩然無存。眼前可見的唯一希望，要不就是穆沙迪克變得更冷靜理性，要不就是他犯下太多錯誤，乃至於負責任的諸位伊朗領導者會在議會中推翻他。」[148]

如果悲劇的定義是一齣戲的主角意識到大難臨頭，也知道如何避免災難發生，但卻無能為力，因為各種力量超出他能力所能控制——那麼在這場危機中，伊朗國王的命運就可以被視為一齣重大的悲劇。

史托克斯在伊朗期間，德黑蘭正因所謂的「賽登檔案」（Seddon Files）而沸沸揚揚。警察聲稱賽登干預政治，前往他家中抄查，並發現大量與英伊石油公司的書信往來。這些大部分都是處理日常事務的信件，但媒體卻將其理解為石油公司干涉伊朗內政的證據。不只如此，有人（可能是巴卡伊的伊朗勞動黨）在檔案中加入據推測可能是英伊石油公司和大眾黨之間經過竄改的書信。[149] 這件事更讓人深信，英國和蘇聯在對抗伊朗方面有共同利益，此外英伊石油公司和大眾黨合作發起一九五一年的大罷工。這替右翼提供抨擊左翼的宣傳材料，無論是民族陣線的內部或外部皆是如此。

實際觀察史托克斯任務的薛佛大使寫道：

> 哈里曼與史托克斯的任務一無所獲。波斯人從頭到尾都顯示他們無法理解石油公司營運的基本需求，也不願意承認以許多方式和來自不同來源呈現在他

們眼前的事實。事後看來，波斯人似乎沒有準備好聆聽理性與常識性的指導，而是在很大程度上隨情緒與恐懼起舞。因為如果承認放在他們眼前的論點和解釋是令人信服的，他們可能就等於背叛國家利益。目前他們的頑固和一連串幾乎令人難以置信的錯誤，已經在五個月內摧毀五十年建立起的一項工業。150

在單獨發給外交部的電報中，薛佛又說，「我個人的觀點是，當前與穆沙迪克達成合理協議的機會比以往任何時候更少，我們試圖推翻他的時刻已經來臨……談判破局表示我們再也沒有（重複「沒有」）與目前波斯政府達成合理協議的希望。哈里曼先生離開伊朗，顯示調停無望。」151 英國能源部官員也同樣直言不諱，但他們更誠實：

如果穆沙迪克博士辭職或被換下，我們就有可能避開毫不保留的國有化……給予波斯更大的石油營運控制權無疑是危險的。雖然必須在計畫中多用些波斯元素妝點門面，但我們絕不能忘記，當波斯人宣稱我們的最終目的事實上不過是用其他方式包裝英伊石油公司時，這說法雖不中亦不遠矣。在這一點上不可能做出真正的任務。如果以穆沙迪克的條件達成協議，我們不只危及英國、也危及美國在全世界的石油利益。我們將會對國際法造成致命的打擊。我們有義務留下來，以武力保護我們的利益……我們必須逼迫國王推翻穆沙迪克。[152]

英國政府對史托克斯任務失敗做出的回應，是向聯合國安全理事會提交正式控告，聲稱伊朗將危及世界和平，並斷然拒絕之前由海牙國際法院做出的臨時裁決。

## ——出使聯合國與美國的代表團（十月至十一月）——

英國向聯合國提出控告，促使穆沙迪克親自向聯合國安理會呈交伊朗案。他於十月八日抵達紐約，隨行代表包括他的國際法首要顧問馬丁—達夫塔里、副首相法特米、石油專家哈塞比、伊朗黨黨員桑賈比、伊朗勞動黨的巴卡伊，以及伊朗駐美國大使薩利赫。此行也是由一項外交失誤所促成。杜魯門總統發了封電報給英國首相艾德禮，邀請他造訪華盛頓。一份邀請函送抵德黑蘭大使館，那裡的職員以為這是給伊朗首相，因此就把邀請函拿給穆沙迪克。為了遮掩這起尷尬事件，國務院立刻宣布邀請本來就是要送給兩位首相。穆沙迪克覺得這錯誤很好笑，但他還是接受意料之外的邀請。

穆沙迪克在聯合國重申在海牙國際法院提出的論點，但更強調政治立論，較少拘泥於法條。[153] 他以法語發言。在冗長演說進行到一半時他愈來愈虛弱，因此把講稿拿給薩利赫繼續唸。他主張國際法院和聯合國安理會沒有管轄權，因為此案是主權國家與私人公司之間的爭執。他控訴英國威脅要以入侵伊朗、集結戰艦與實施制裁等方式將問題提升至國際危機的危險行徑。他說如果他將戰艦停在泰晤士河上，他會立刻承認危及世界和平的罪名。他控訴英國老套的「帝國主義」，亦即對他的國家強加不公平的限制，干涉他國家的內政，並貪婪地開採其自然資源。他主張縱使印度、巴基斯坦、印尼及其他許多國家都已獲得獨立地位與合法權利，英國還是以令人想起過去東印度公司典型的殖民手法對待伊朗。「英伊石油公司，」他表示，「在伊朗是個惡名昭彰的『殖民剝削公司』。」它將帳戶資料保密；逼迫工人住在悲慘的環境中；拒絕訓練我國人擔任需負責任的職位；以及在超過六千二百萬英鎊的年度利潤中，只分給伊朗少得可憐的九百萬英鎊。他再次強調伊朗很願意給予「公平的補償金」，重新雇用英國技術人員，販賣石油給一般客戶。他的結論是，「我們無意做出經濟自殺或殺雞取卵之事。」英國的聯合國大使要求倫敦政府提供資料，以反駁穆沙迪克的利潤統計數字。倫敦政府做出回應，但指示他要將資料保密，尤其是不能讓穆沙迪克和美國石油公司看到。[154]

無法在聯合國安理會得到足夠票數的英國「因勢利導」，接受由法國提出一項顧全其顏面的「妥協」方案。這項方案再次將雙方討論時間延後，直到海牙國際法院做出最終判決為止。伊朗認為這結果是穆沙迪克的一大勝利。蘇聯當然也從一開始就反對英國的解決方案。至於以印度和厄瓜多爾為首的聯合國非會員國，也拒絕隨英國起舞。[155] 美國外交史學家詹姆士·古德（James Goode）寫道：「穆沙迪克的論點令第三世界代表們動容；他們的國家也曾經歷殖民主義或其他形式的帝國主義……延期代表穆沙迪克的勝利，他在國內的聲譽也隨之攀升。」[156] 英國抱怨聯合國不盡責，但聲稱至少這問題還能討論。在紐約期間，穆沙迪克接受完整的身體檢查。負責的正是那位替伊朗國王動手術的醫生，他也剛好是未來美國中情局局長艾倫·杜勒斯的密友。

在安理會報告之後，穆沙迪克立即前往華盛頓，瓦特斯上校繼續擔任他的主要翻譯員。他與麥基、艾奇遜和杜魯門進行冗長的討論。國務院向杜魯門簡報，說穆沙迪克「見聞廣博」，「誠實而且懷抱理想」，「警覺、機智而且友善」，然而他也「滔滔不決、情緒化、不切實際又不注重現實」。也有人告訴他「大多數人支持他反對外國干預的態度」。有人建議他讓對話偏離特定主題，朝向模糊的泛泛之論，如「共產主義的危險」、「美國對伊朗的友誼」以及「我們對石油危機的無私關切」等。[157]

令人驚訝的是，和之前的談判不同，在華盛頓的討論有些進展。三十年後麥基透露，他曾經整理出穆沙迪克似乎能接受的一套方案。伊朗國家石油公司可以擁有克爾曼沙赫煉油廠和所有油田的管理權，也就是說它能控制原油的探勘、製造和運送。但是阿巴丹的煉油廠要賣給一個英國以外的公司，最好是荷蘭公司；該公司會訓練伊朗人，並雇用它自己的技術人員。阿巴丹煉油廠銷售石油產生的利潤總和歸英伊石油公司所有，做為「補償金」。伊朗國家石油公司在接下來的十五年內，每年要賣給英伊石油公司至少三千萬噸原油。伊朗國家石油公司董事會要由三名伊朗人和四名非伊朗人組成。它還是用英鎊交易，不過也接受瑞士和荷蘭幣。在麥基和穆沙迪克擬定這項提案時，艾奇遜還是向英國保證他繼續充分支持他們的兩項基本原則：「在波斯生產的石油必須由英國控制與分配」以及「不能做出擾亂世界石油市場的安排」。[158]

在美國敦促之下，穆沙迪克延長訪問時間，先是等待英國大選結果出爐，接著是等到唐寧街十號的主人從艾德禮換成邱吉爾。他遊歷費城，在華特．里德醫院（Walter Reed Hospital）做完整的身體檢查，然後麥基在華盛頓郊外的紳士農場*，穆沙迪克在農場裡和當地農夫交換種植作物的訣竅。麥基承認，美國當局有錯誤印象，認為英國即將上台的保守黨政府會比較有彈性。事實上，邱吉爾與新的外交大臣艾登在競選期間曾不留情面地折磨工黨，指責他們毫無骨氣的軟弱「模樣」。大學時修過波斯語，自詡為「東方思維」專家的艾登，很快就親自負

---

* 譯註：紳士農場（gentleman's ranch）指的是由富有地主擁有的農場，主要是供休閒用，並非地主的主要收入來源，因此地主本人並不務農。

責處理「石油問題」，以他自己的部長委員會（Ministerial Committee）取代「能力不足」的波斯石油工作小組。

毫不意外地，艾登斷然拒絕麥基的方案，認為它「完全讓人無法接受」。他堅持「沒有協議都比糟糕協議來得好」。[159] 雖然他很驚訝穆沙迪克願意放棄阿巴丹煉油廠，艾登卻堅持英伊石油公司不僅應該回到伊朗，也要能重新取得油田控制權。他的同僚附和他，聲稱麥基的這套方案「不切實際」，而且「打擊我方在其他地區的投資」。他們也聲稱殼牌石油會拒絕接受阿巴丹煉油廠，除非它能控制油田；而西方技術人員也不會替伊朗國家石油公司工作，因為伊朗人「不可靠、無能，又不願意聽顧問的話」。[160]

隨後大石油公司也替艾登撐腰。分別來自殼牌、標準石油、美孚——真空石油和其他石油公司的各國代表都支持英國的看法，也就是認為與穆沙迪克「達成協議」違反他們的利益，以及如果國有化在伊朗「開花結果」，將對其他國家造成災難性的影響。[161] 外交史學家古德寫道，「英國政府將不接受威脅其海外投資的解決方案，即使後果會是伊朗成為共產主義國家。我們不能允許穆沙迪克接收英伊石油公司的財產因而從中獲利，也不能允許他羞辱或歧視石油公司。」[162]

英國擱置談判，等著穆沙迪克要不是被國王，就是被議會趕下台；他們深信此事不可避免會立即發生。他們的策略直接了當：「我們會與下一個政府談判，但不會與穆沙迪克談判。」[163]艾登對邱吉爾的建議是，「我認為我們應該頑強堅持，即便局勢略微升溫。」[164]他公開的立場顯得更虔誠：「耐心來自上帝。倉促來自魔鬼。*」[165]薛佛發現英美兩國有著極細微的「差別」：前者深信如果「石油議題沸騰一陣子」，德黑蘭的伊朗政府一定會被換下來；而只要是能維持50／50原則，不要過度擾亂國際石油交易，那麼後者願意犧牲英伊石油公司。[166]麥基寫道：

> 當艾奇遜結束與安東尼．艾登那頓決定命運的午餐，回到我們的巴黎大使館時，我以及其他幾位曾經密切參與談判過程的人，都等在國務院的通訊辦公室裡。艾奇遜在巴黎的專線上說，艾登不會買單，他很感謝我們所做的努力，但他不能接受我們的提議，也不想進行任何進一步的談判。他要我們告

* 譯註：Patience is from God. Haste is from the devil。大概是「欲速則不達」的意思。

訴穆沙迪克此事一筆勾銷。明白我們已經失敗的事實後，現場一片寂靜。對我而言那簡直是世界末日——我把這樣協議看得很重，我真心以為我們提供了英國人一個基礎。

我要求與穆沙迪克會面，當我進入他在蘇塞克斯的濱海索爾海姆（Shoreham-by-Sea）的臥房時，他只說，「你是來送我回家的。」「沒錯，」我說，「我很遺憾必須告訴你，我們不能彌補你與英國之間的鴻溝。我們相當失望，相信你也是。」那是我永遠也忘不了的一刻。他默默接受這結果，沒有回過頭來控訴英國。[167]

這起一般歷史敘述往往完全略過不提、鮮為人知的事件，證明了以下這個習以為常的概念是錯誤的，那就是英國與伊朗不同，它向來願意妥協。雖然英國不同意這個方案，弗農·瓦特斯上校在回憶錄中卻宣稱華盛頓的談判之所以失敗，只是因為穆沙迪克「不覺得自己處在接受任何協議的地位。」[168]同樣地，艾奇遜也在回憶錄中聲稱穆沙迪克不能妥協，因為「他做事欠考慮，因而釀成大禍」：

> 穆沙迪克弄巧成拙的性格，使他從不停下腳步看看支持他的熱情反倒限制了他選擇的自由，只可能留下極端的解決方案。或許我們太慢明白，他基本上是個富有的反動分子，是個心態封建的波斯人；對英國人的瘋狂恨意，以及渴望不計一切代價將所有英國人和他們的成果全數驅逐出伊朗的心態，刺激了他。他是個很好的演員和賭徒。[169]

艾奇遜在他的機密備忘錄裡說得沒那麼不誠實。他寫道如何告訴「受傷的獅子」邱吉爾，英伊石油公司無法回到伊朗，以及阿巴丹煉油廠必須交給荷蘭，這就和要美國「為支持瓜地馬拉而退到一邊去」是一樣的意思。[170]

杜魯門總統透過所謂「第四點計畫」（Point IV）開發方案，提供一筆二千三百萬美金貸款給穆沙迪克做為臨別禮物。穆沙迪克於十一月十八日離開華盛頓，回國途中他在開羅停留，受到當地人盛大歡迎。興奮的群眾扛著他的車走在一條以他命名的大道上。埃及正在將英國與法國持有的蘇伊士運河公司國有化。穆沙迪克受到比在伊朗更喧騰的歡呼。在對國會的報告中，他解釋英國的策略是取回對石油工業的控制權，假裝接受國有化原則，在他們推翻他的政府之前按兵不動。[171]他利用這個時機重組內閣，取得全體一致通過的信任投票，訂定即將到來的第十七屆國會選舉日期。

內閣重新洗牌，穆沙迪克把司法部長的職位給了阿米爾—阿萊；薩利赫擔任教育部長；留法的伊朗大學社會學家古拉姆—胡笙・薩迪基博士（Dr. Ghulam-Hussein Sadiqi）擔任通訊部長；留法年輕農藝學家卡雷爾・塔里干尼（Khalel Taleqani）擔任農業部長；留法律師易卜拉欣・阿勒米（Ibrahim Alemi）擔任勞工部長，在英國人眼中他對穆沙迪克「卑躬屈膝」；年長的職業軍官莫爾塔扎・雅茲丹潘將軍（Gen. Morteza Yazdanpanha）擔任戰爭部長；留法貴族，前實業銀行（Industrial Bank）總裁阿里・阿米尼（Ali Amini）（又名阿敏・道萊，Amin al-Dawleh）擔任經濟部長。阿米尼恰巧也是穆沙迪克的遠親，他長期以來對國王抱持批評態度。

穆沙迪克所組的第一次內閣是「右傾」內閣；第二次則顯然是左傾內閣，阿米爾—阿萊、薩利赫、薩迪基和塔里干尼等四位部長都來自伊朗黨。在一場國會的冗長演說中，穆沙迪克承諾舉行自由選舉，提醒聽眾他一直以來倡議選舉改革，並誓言在石油問題解決之前都會堅守首相一職。[172]羅伊・韓德森向薛佛透露，穆沙迪克受人民歡迎的程度已經到達新高點，伊朗國王「比起怕他掌權，更怕與他作對」。[173]韓德森奉命將內容為販售石油給鐵幕下各國的「戰役法案」（Battle Act）讀給穆沙迪克聽。[174]

在他固執己見的冗長備忘錄中，薛佛承認穆沙迪克依舊受人民愛戴，但又說英國最好能堅持拖延下去，因為「反對勢力有可能在短期內推翻他」：

很清楚的是，在精明的政治宣傳幫助之下，穆沙迪克先生已經在相當程度上擄獲波斯人民的想像力。關於這一點有非常好的理由，唯有以對波斯人的歷史與性格的知識才能加以理解。首先，和一九二三年以來的所有首相不同，穆沙迪克不是直接由國王或另一個龐大的勢力提名。其次，他做了一件總是深得民心的事：他藐視龐大勢力與龐大外國利益的權威，而且他成功破壞了前者的聲譽以及後者的經濟繁榮……

雖然穆沙迪克最初的負面成就大受歡迎，再加上他病痛衰弱的形象，對許多依然有感傷神祕主義傾向的波斯人產生了效果，但我相信做為一場運動，民族陣線主要缺乏正面的內容，它只能牢牢抓住一小部分人的心。[175]

薛佛的代辦喬治・米德爾頓也重申上述觀點。他預測穆沙迪克的地位將不可避免地被以下因素削弱：來自軍方的敵意、經濟困境（由以市集為最）、美國大使最喜愛的「一刀兩斷」作法，以及最重要的一點是，參議院和即將召開的伊朗國會兩方都有逐漸升高的反對聲浪。[176] 一九五二年二月，一場討論伊朗危機的英美高峰會在倫敦召開。會議紀錄已在事後銷毀。[177]

## —第十七屆伊朗國會—

在伊朗，大部分選區都是有名無實的「腐敗選區」。小城鎮與鄉村選區的一部分選舉，由以地主和部族首領為主組成的地方財閥所決定，這些人把他們的農民和租戶趕去投票；另一部分選舉則是由各省長官把持，軍隊指揮官也包括在內；他們組成選舉委員會，監督投票過程，並宣布結果。多年來穆沙迪克一直提出法案試圖增加都市議員名額，建立大學席次，讓選舉委員會更有獨立性。然而由於他的改革法案遭到擱置，他只好在現有的選舉制度下舉行新一屆選舉。

在鄉村與小城鎮選區的選舉結果可想而知。和英國掛勾的地主與商人如謝赫．哈迪．塔赫里（Sheikh Hadi Taheri）與哈謝姆．馬利克—馬達尼（Hashem Malek-Madani）等人在家鄉選區連任。這兩人慷慨援助賽義德．齊亞。英國形容塔赫里「對我們非常友善」，「是最實在最可信賴的代表」，以及「一位愛國的人，但不容許他的愛國主義不適當地干預他的個人利益」。犯下錯誤讓穆沙迪克當選首相的國會主席賈邁爾．丁．伊瑪米（Jamal al-Din Imami）代表霍伊（Khoi）選區當選。他發現自己沒有在德黑蘭選區連任，於是前往這個位於亞塞拜然的選區競選；亞塞拜然從一九四六年以來就在戒嚴令的管制下。身為德黑蘭的主麻日教長以及高等法院大法官的賽義德．哈桑．伊瑪米（Sayyed Hassan Imami），在漫長的職業生涯中一直負責保護王室地產，不讓之前的地主沒收；他贏得同樣在一九四六年宣布戒嚴令的馬赫阿巴德（Mahabad）選區席次。《宇宙報》編輯阿布杜—拉希姆．法拉瑪齊（Abdul-Rahim Faramarzi）當選德黑蘭附近選區維拉明（Veramin）的議員，王室家族和賽義德．齊亞在此地擁有大量地產。俾路支人（Baluchi）首領莫拉德．易卜拉欣．里吉（Morad Ibrahim Rigi）當選俾路支坦省（Baluchestan）議員。同樣地，位於東亞塞拜然四位來自左爾法加里思（Zolfaqaris）

部族的首領，也都當選他們家鄉省分的議員。

城市的選舉比鄉村更競爭激烈。但與其說是保王派和民族陣線的競爭，不如說是民族陣線的兩個派系之爭。一方是伊朗黨和穆沙迪克的世俗擁護者；另一方是卡沙尼的穆斯林聖戰士和巴卡伊的伊朗勞動黨，兩者受到伊斯蘭敢死隊的零星支持。雙方都耍手段派出候選人，在選舉期間頻頻更換部長的內政部取得影響力。在德黑蘭的這兩派人馬設法擬出一份耀眼的聯合競選名單，包括馬奇、卡沙尼、哈塞比、哈伊里薩德赫、巴卡伊、納里曼和沙耶根。

然而兩方在各省城市推派出不同候選人。伊朗黨的領袖如拉札維、桑賈比和默阿澤米都分別在家鄉克爾曼、克爾曼沙赫和戈勒派耶甘贏得席次。同時，卡沙尼推派的候選人也在沙赫魯德（Shahrud）與塔不里士贏得席次。庫姆的競選演變為三方角力，卡沙尼、民族陣線和當地神職人員的勢力集團都分別推出各自的候選人。

在競選活動中，一名伊斯蘭敢死隊的十六歲年輕人指責法特米是異教徒（Kafer），因而開槍射傷他。這名刺客活了下來，成為伊斯蘭共和國國會可敬的議員。密切關注選舉的英國大使館評論道：「卡沙尼和穆沙迪克之間的紛爭在本週浮上檯面。卡沙尼對穆沙迪克和內政部的不滿逐漸升高，因為他們沒有幫他讓他的候選人贏得國會的席次；他也意識到他兒子們對選舉提出造謠中傷的『建議』已經嚴重損害他本人的名譽。」[178]穆沙迪克擔心城市裡的選舉競爭會失去控制，而鄉村的選舉則會產生保守的集團，因此在大約共一百三十六名議員中僅選出七十九名議員時，他就暫時中止選舉。這個數字只能讓新的國會有足夠的法定人數。

一九五二年四月召開的國會，使得英國和美國有機會推翻伊朗政府。穆沙迪克可以掌握二十五票；卡沙尼有十票；國王有二十票；其他人例如卡什卡伊*兄弟霍斯洛（Khosrow）和穆罕默德—胡笙（Mohammad-Hussein）宣布他們兩人獨立於其他黨派與勢力。換句話說，若穆沙迪克可以留住卡沙尼和其他獨立議員的支持，他就能占優勢。過分誇大的賽義德·齊亞吹噓說，至少有二十五位議員祕密支持他。[179]英國大使館報告表示，有清楚的跡象顯示國王試圖與卡沙尼達成

---

* 譯註：Qashqayi，指說突厥語的伊朗人，主要分布在法爾斯省、胡齊斯坦省和伊斯法罕省。

某種協議，後者已經指示他的擁護者停止批評王室家族。[180] 深受宮廷與英國人信賴的前胡齊斯坦總督阿布杜－胡笙．哈札齊將軍（Gen. Abdul-Hussein Hajazi），向後者保證前者打算一旦伊斯蘭會議召開，就立刻「推翻」穆沙迪克。

英國不耐地表示，他們在哈里曼與史托克斯出使伊朗和穆沙迪克訪美國之後都聽過這種保證，他們已經受夠了。[181] 他們要的是更實質的成果。米德爾頓向倫敦方面保證，國王想要穆沙迪克垮台，但比較希望他能在失去「人民的」支持之後默默離開。[182] 一位倫敦的英國外交官在一份德黑蘭報告的頁面空白處寫道：「我傾向認為穆沙迪克依舊擁有某種程度的大眾支持，這支持比某些親近友人要我們相信的還多……政變或許就是唯一答案。」[183]

國會一開始就對穆沙迪克預示惡兆。哈桑．伊瑪米以三十九票勝過默阿澤米的三十五票，當選議會主席。英國報告說宮廷進行反對默阿澤米的遊說，聲稱後者是個「狡猾、不值得信賴的假社會主義者，是議會中出了名的有錢人。」[184] 議會也延遲討論穆沙迪克提出的一項法案，以便給他持續六個月處理經濟禁運的特殊權力。同時，參議院拖延對新內閣的信任投票。英國大使館評論道：「參議院的反對，或許加強了穆沙迪克在平民大眾眼中的地位。政府採取將參議院塑造為一個反動、嗜血、完全屈服於外國利益組織的宣傳方式相對簡單。」[185]

更不祥的是，哈桑・伊瑪米和馬利克—馬達尼代表蓋瓦姆在幕後遊說，宣稱他是唯一能解決石油危機的政治家。薛佛和韓德森迫不及待要推銷這樣的想法，尤其是韓德森在與蓋瓦姆進行了一次長時間私人會面之後。韓德森完全同意薛佛所說「毫無希望與穆沙迪克做生意」。[186]他告訴華盛頓方面，「伊朗是個病態的國家，總理是其中最病態的一個領導人。因此我們無法正常看待伊朗或其總理。」[187]言談間偏袒蓋瓦姆的韓德森主張，穆沙迪克的「退休」是達成解決方案的絕對前提，既然他或英國都不願意做出任何讓步。[188]英國大使館報告說，韓德森在結束與蓋瓦姆的三小時祕密會面之後，「對這老人印象深刻」，相信他就是穆沙迪克「最好的接班人」。[189]外交大臣艾登指示他的大使支持美國大使，敦促伊朗國王不要浪費時間用蓋瓦姆取代穆沙迪克。[190]但是美國在這齣大戲到底扮演何種角色，依舊難以用文獻證明。這一部分內容在《美國外交文件》裡，出現了內容相隔幾週長時間不連貫的情況。[191]

英國大使館聽到有謠言傳出巴卡伊、馬奇和哈伊里薩德赫對這解決方案很動心，特別是他們自從一九四〇年代就與蓋瓦姆共事。英國大使館的報告裡也說巴卡伊為了重新支持蓋瓦姆，因此收取美國人的資金。[192]之後報告又說，在蓋瓦姆的私人物品中有一封令人尷尬的信，內容是巴卡伊承諾支持他。[193]有些伊朗勞動黨的普通黨員之後憤怒地發現，他們的領袖雖然在言詞上比誰都慷慨激昂，卻和蓋瓦姆以及國王舉行祕密會議。[194]於一九四六年被逮捕、因而與蓋瓦姆有私人恩怨的卡沙尼建議王室部長阿拉以其他候選人取代穆沙迪克。[195]伊朗國王本人不願意幫助蓋瓦姆，因為兩人過去意見不一。正如他告訴哈桑·伊瑪米：「讓蓋瓦姆掌權非常好，但當我們想除去他時又該怎麼辦？」[196]在此同時，就是這位伊瑪米向英國人要錢，好說服一些神職人員議員。外交部祕密評論道：「比起其他信仰，顯然伊斯蘭的輪子需要更多潤滑劑。」[197]大使館報告道，伊朗國王默默以金錢援助哈桑·伊瑪米，讓他削弱穆沙迪克的勢力。[198]它還說王室議定的目標是「在議員中拼命努力想除掉穆沙迪克」，但是心中沒有明確的候選人。[199]雖然做出以上報告，英國人還是深信伊朗國王可以任意將穆沙迪克免職，甚至解散國會：

> 沒有國王的支持，穆沙迪克很容易被推翻……或許穆沙迪克有些什麼神奇的

事可以當作把柄，以便在每次他的政府有可能被推翻時，用來勒索國王。我熟識的波斯人（一些但並非全部）提出的另一個可能性是，國王一直沒有原諒我們罷黜他的父親。他最近所有行為都可以追溯到一股幾近瘋狂的報復心態。做為長期政策，有必要時我們似乎應該試著剝奪國王的所有權力，甚至把他送上和他那優秀父親同樣的一條路……我們很難用西方人的心態理解觸動伊朗國王的動機何在。200

英國還是無法承認，國王不敢為了公開反對穆沙迪克和民族主義運動而賭上他所有的愛國證明。

耳聞這些陰謀的穆沙迪克策劃了一次憲政危機。他引用憲法條文，條文中規定君主應該進行名義上而非實質上的統治，包括戰爭部長在內的所有內閣成員都應該對國家負責，而不是對君王負責。他也強調軍隊應該對人民負責——因為內閣對議會負責，而議會則是只對國家負責。然而國王習慣把軍隊當成他自己的私人財產，將所有政治家拒於門外，包括蓋瓦姆在內。控制戰爭部長這件事，可以說是自禮薩國王在一九四一年遭罷黜之後，伊朗長久以來的憲政問題。米德爾頓的報告說，國王毫不猶豫就拒絕了穆沙迪克對戰爭部長的要求，因為「實際掌控軍隊，是他影響國家的主要資源」。[201]

藉由提出這項議題，穆沙迪克直接針對大眾發言，不只跳過國王，也跳過國會和參議院。他呼籲大眾在他和國王之間、在他和國會的反對派之間、以及做為國家發言人的他和英國擁有的石油公司之間做出選擇。史上第一次，他公開批評國王違反憲法，阻礙民族鬥爭。他強調只要軍隊和戰爭部長持續干預選舉，國家就不能享有真正的自由。他對全國的辭職演說包括以下爆炸性的發言：「在最近的幾起事件中，我已經明白我需要一位值得信任的戰爭部長，才能將由伊朗人民發起的民族鬥爭帶向成功的結局。既然國王陛下拒絕我的請求，我會辭職，以便讓王室信任的人組成新政府，執行國王陛下的政策。就目前的情況，伊朗人民發起的民族鬥爭無法得到最終勝利。」[202] 事實證明他的這次出擊空前成功，造成在伊朗歷史上留名的「四月三十日」（Siyeh-e Tir、30 Tir 或七月二十一日）——或簡稱七月起義。★

## —七月起義—

穆沙迪克於七月十六日遞出辭呈。在一次閉門會議中（該次會議遭到穆沙迪克的支持者杯葛），議會立刻將首相一職給了蓋瓦姆。他得到四十票，有兩票棄權。這四十票可能包括巴卡伊、馬奇和哈伊里薩德赫。蓋瓦姆很快就接受了首相職位，並諮詢英國大使館如何組成他的內閣。他也提議再次展開石油談判。[203] 在對全國的一次廣播演說中，他吹噓自己已經在一九四七年開啟石油國有化運動。接著他承諾要以「更有彈性與更審慎的態度」盡快解決這個問題。最後他譴責製造麻煩者、煽動者、街頭政客和「以打擊共產黨極端主義者當作幌子的偽君子，這些人破壞憲法，加強黑暗的反動以及過時的迷信」。有謠言傳出他曾援助美國，也有謠言說他對卡沙尼發出逮捕令。蓋瓦姆的顧問哈桑・阿爾桑賈尼（Hassan Arsanjani）承認他的演說是一大錯誤，逼得卡沙尼重回穆沙迪克的懷抱。[204] 理所當然，卡沙尼加入民族陣線和市集行會，號召大眾集體抗議。他宣稱「外國勢力利用蓋瓦姆破壞國家的宗教、自由與獨立」。[205]

大眾黨也支持卡沙尼的號召。這是大眾黨第一次出面支持穆沙迪克。它呼籲

＊譯註：西元一九五二年七月二十一日，是伊朗伊斯蘭曆一三三一年四月三十日。

進行全國大罷工，敦促支持者湧入街頭。英國大使館估計大眾黨內有超過百分之九十有組織的勞工關注黨的號召，尤其是在工業界。[206] 在起義之後，卡沙尼立刻感謝大眾黨協助「帶來對抗英國帝國主義的勝利」。[207] 無論如何都很難被形容為親大眾黨的法泰赫和阿爾桑賈尼兩人，稱讚大眾黨在整場起義中扮演關鍵角色。[208] 這種態度反應出大眾黨政策上的重大改變。在這之前，極左派分子占據領導者地位，且往往把穆沙迪克貼上「阿諛奉承」親美人士的標籤。然而從這時開始，以努爾丁．基亞努里（Nuraldin Kianuri）為首等較為務實的領導者占中央委員會成員的大多數，並將穆沙迪克視為「反帝國主義的愛國者」。[209]

這場危機於七月二十一日到達高峰。在三天間歇性抗議與罷工（尤其是在市集內）之後，大多數城市都在那天受到大罷工與群眾示威抗議的波動。當天的德黑蘭流露出不祥的沉默氣氛，幾乎所有辦公室、商店、市場、工廠、巴士和計程車都停止活動。即使在較富庶的北邊商圈的商店都沒有營業。到了將近中午，來自南邊工人階級街區和中央市集的示威者聚集在國會廣場。他們被軍隊、卡車和坦克車團團圍住。整整五個小時，首都陷入一團混亂。國王的其中一個兄弟差點遭私刑處死，因為他的司機轉錯了彎開進憤怒的群眾中。一座禮薩國王的雕像被人推倒。某個國會的議員試圖說服群眾問題可以和平解決，卻被人丟擲石頭。一名坦克車軍官宣布他絕對不會服從對民眾開槍的命令。一輛軍隊的吉普車被人縱火。獄卒脫掉制服躲藏起來，讓數百名之前因示威而被拘留的人衝破監獄。許多軍官遭人攻擊受傷。蓋瓦姆的住處遭人洗劫。一名中年婦女坐在示威者的肩膀上，向國會外面的大批群眾發表演說。示威的主要口號是：「穆沙迪克萬歲」，「打倒蓋瓦姆」，「打倒國王」以及「打倒英美帝國主義者」。英國大使館很訝異在整場起義中「很少有打劫或財物損毀的事件」。[210]

到了下午兩點，國王害怕過於濫用一般士兵的忠誠度，因此下令軍隊返回軍營。他拒絕蓋瓦姆解散國會與宣布戒嚴令的要求。米德爾頓抱怨在這次危機中阿拉從頭到尾一直向國王提出「糟糕的建議」，國王自己也「缺乏道德勇氣」。[211]蓋瓦姆在下午五點遞出辭呈，躲藏起來。米德爾頓報告說，他和韓德森已經盡全力「堅定國王的意志」但沒有成功，因為「暴動摧毀他僅存的最後一絲勇氣」。[212]他又說，「國王，事實上是整個王室，顯然全都恐懼得動彈不得。阿拉堅持唯有蓋瓦姆辭職，才能平息輿論。我回答如果允許暴民發號司令，國家的所有主權，包括君王的職位在內，將受到致命傷害。」[213]然而米德爾頓卻承認「勝利的群眾歡欣鼓舞，城市處在極度興奮的狀態」。在年終總結報告中，米德爾頓說穆沙迪克變成「暴民的偶像，可以利用聲望嚇阻所有反對他的政治人物……國王那致命的軟弱性格，再次注定失序的力量獲得勝利。波斯深受這份軟弱與穆沙迪克身價高漲的後果所害……看來現在已無機會用憲政手段取代穆沙迪克」。[214] 多年後米德爾頓承認，如果軍隊繼續朝民眾開槍，這場危機可能很容易就變為「另一次一九一七」。令人費解的是，他也承認他認為蓋瓦姆「太過瘋狂」，以為自己能掌控大局。[215]

蓋瓦姆辭職的第二天，國會以壓倒性票數通過恢復穆沙迪克的首相職位。議會也投票通過讓他有權任命戰爭部，也就是有權指派參謀長，而參謀長有權指派高階將領。這是史上第一次巴勒維王朝與軍隊的關係遭到破壞。大批群眾聚集在國會外面慶祝此次起義。群眾由大眾黨、民族陣線和卡沙尼共同資助，此事掩蓋卡沙尼之後聲稱他害怕共產黨奪權的說法。碰巧海牙國際法院做出有利於伊朗的最終裁決，判定國際法院在石油爭議一案上沒有管轄權。穆沙迪克獲得雙重勝利。米德爾頓在年終報告中寫道：

次日〔暴動的第二天〕國會必然地投票支持穆沙迪克博士。同時國際法院於七月二十一日做出的判決傳到德黑蘭，所有人都知道了。國際法院判定它沒有資格解決石油紛爭，這樣的判決自然被人解釋為替波斯石油爭議案背書，並讚揚穆沙迪克博士的勝利。國王屈服於他的要求，批准他擔任首相，指派他為戰爭部長，並接受他提名的參謀長人選。現在國會投票賦予穆沙迪克有權力以六個月的時間制訂「改革方案」。[216]

米德爾頓還說「穆沙迪克對暴民極盡諂媚之能事，以此做為他的權力來源，因此我擔心下一任首相不可能以正常的憲政方式驅逐他」。[217] 山姆・法勒寫道，起義第二天，米德爾頓開始思考如何「不擇手段」也要除掉穆沙迪克。[218] 一週後，韓德森與穆沙迪克進行兩小時「精疲力竭且令人沮喪的」會談。他試圖說服穆沙迪克，美國與蓋瓦姆的選舉毫無關係。穆沙迪克對此表示懷疑，韓德森的結論是穆沙迪克「神智不太清楚，所以應該把他當小孩子遷就他，而不是跟他講道理」。[219] 會議終了，穆沙迪克取笑韓德森聲稱美國處處想幫助伊朗的說法。韓德森表示，「穆沙迪克說如果美國真的想用空口說白話以外的方式幫助伊朗，那我們倒是把有所助益的事情隱藏得很好。」

根據受指派調查起義始末的國會委員會的報告，最血腥的事件發生在市集，特別是布商、雜貨商和金屬工所在地；在火車站附近的工人階級聚集的街區；當然，還有國會廣場。這份報告列出德黑蘭有二十九人死亡，包括四名工人，三名卡車司機，兩名工匠，兩名店主助手，一名小販，一名裁縫，一名學生和一名理髮師。[220] 然而其他人聲稱真正的死人亡數高達三十二人，有三十六人受傷，九十六人失蹤。[221] 曾經建議必須行事謹慎的王室部長阿拉告訴國王，「街頭血跡斑斑」，已有五百多人被殺，「整座城市瀕臨革命邊緣」。[222]《每週新聞》說有一百多人受傷，六百多人遭到逮捕。[223] 類似抗議活動也撼動了其他城市，尤其在伊斯法罕、阿巴丹、設拉子、克爾曼沙赫、阿賀瓦茲、拉什特和哈馬丹（Hamadan）等地。伊朗國會讚頌死者為「民族殉道者」，稱「四月三十日」為民族起義（Qiyam-e Melli）。然而西方媒體卻譴責抗議人士是「暴力的烏合之眾」。[224] 例如在英國外交部媒體專員協助下，《華盛頓之星報》（*Washington Star*）發表了一篇標題為〈伊朗暴民〉（The Mob in Iran）的社論：

> 穆沙迪克迅速重新掌權後，最令人沮喪的事情之一，就是此事由暴民風氣促成。雖然他的政策將伊朗帶往毀滅的邊緣，以致於到了可以想像共產主義大眾黨將策動政變時，至少在德黑蘭，大部分的人都挺他，這些人在過去幾天以來都帶著歇斯底里的意圖，致力於摧毀自己與他們的國家。從來沒有一個多數黨是如此不明智，也從來沒有那個大眾表現出的熱情顯得如此醜陋。這群暴民（這是最恰當的稱呼）的動機與常識沾不上一點邊。由各式各樣殺人狂帶領……伊朗已經變成一個最不穩定的地方。225

在這場勝利之後，穆沙迪克接著對伊朗國王展開一連串重擊。除了將指派戰爭部長的權力留給自己，他還將戰爭部改名為國防部，削減百分之十五的軍事預算，指派調查委員查核過去的武器交易，讓一百三十五位高階軍官退休——到了一九五三年初，退休軍官俱樂部（Retired Officers Club）裡已經有四百多名會員——還有最重要的是，指名穆罕默德·塔基·里亞希（Gen. Muhammad Taqi Riyahi）將軍擔任參謀總長。里亞希畢業於法國的聖西爾軍校（St. Cyr），與伊朗黨關係密切。接著穆沙迪克與里亞希任命他們自己的人擔任警察局長、憲兵隊長和海關警衛首長。他們也指示這些首長跳過國王直接與內閣和參謀總部溝通。長久以來，這些軍事單位每週和國王面對面開會，不但越過內閣，也越過參謀總長。[226]

此外，穆沙迪克還削減王室預算和分配給王室家族的津貼；限制國王接觸各國大使；逼迫國王的母親和她的雙胞胎妹妹離開伊朗，因為兩人與反對派密謀；把王室部長阿拉換成阿布杜・卡西姆・阿米尼（Abdul Qassem Amini，阿米尼對王室多有批評挑剔）；最嚴重的一件事是，穆沙迪克將國王繼承自父親禮薩的龐大皇家地產移轉給國家，返回一九四一至一九四九年的狀態。如此穆沙迪克狠狠地一舉大幅削減國王享有的恩寵系統。不只如此，他還趕走保王派的國會議長哈桑・伊瑪米，從國會取得六個月的特殊權力，以便執行不只財政，還包括經濟、法律、教育與選舉的種種改革。這些改革必須在六個月結束後取得國會的准許。

穆沙迪克更進一步進行內閣洗牌，帶入更多他信賴的部長。賈汗吉爾・哈格什納斯（Jahanger Haqshenas）、謝弗拉・默阿澤米（Sheifullah Moazemi）、巴格爾・卡澤米和卡雷爾・塔里干尼成為道路與城市發展部、通訊部、財政部與農業部部長，這些人都是伊朗黨的技術官僚。留法社會學家也是伊朗黨員的薩迪基成為內政部長。法特米被任命為外交部長。之前在紐約從商的留法律師阿里—阿克巴・阿哈維（Ali-Akbar Akhavi）被任命為經濟部長。在醫學院任教的留法醫生邁赫迪・阿扎爾（Dr. Mehdi Azar）被任命為教育部長。擔任司法部長的阿布杜—阿里・盧特菲（Abdul-Ali Lutfi）是憲政改革元老。雖然接受伊朗傳統教育，盧特菲卻是一位嚴格的立憲主義者，他傾向成立民事法庭而非軍事法庭。也是伊朗黨員與留法律師的易卜拉欣・阿勒米有著無懈可擊的清廉聲譽，他被任命為勞動部長。此外還有擔任醫療部長的留法醫師薩巴・法爾曼法爾馬楊（Dr. Saba Farmanfarmayan），他是穆沙迪克的親戚。長久以來第一次，伊朗內閣中沒有來自王室的部長。也是第一次有這麼多位部長都是新官上任，他們沒有正式禮服，在就職典禮上只能穿著一般平民服裝出現在國王面前。米德爾頓發現國王沮喪得考慮退位。[227] 艾奇遜斷言，自從一九五一年四月石油國有化開始，現在的穆沙迪克比起其他任何時候，「顯然在面對國王、議會與大眾時都處在更強勢的地位」。[228]

掌握為期六個月權力的內閣起草了一系列令人印象深刻的法案，包括將選舉權擴大至婦女，增加城市的議員代表，並且在地方議會選舉中限制只能將票投給識字的人；提供媒體更強大的保護；加強最高法院的獨立性；針對金額龐大的財產徵收百分之二的稅收（這是首次真正徵收財富稅）；提供健康保險給工廠工人；以及最重要的是，增加農民百分之十五的收成份額。米德爾頓評論道，地主自然表示反對，認為農民會把錢浪費在酒和鴉片上。[229]為駁倒參議院的反對聲浪，在參議院於一九四九年創立後從未接受這個組織的穆沙迪克，說服國會將參議院議員任期從六年縮短為兩年，因此事實上也等於立即解散參議院。不希望被人當作參議院一員的卡沙尼也同意解散。

在一次七月起義的親自勘查中，米德爾頓宣稱，要不是國王「被恐懼牢牢攫住」，就能控制住抗議活動。他懼怕蓋瓦姆，懼怕卡沙尼，最重要的是，他「懼怕將自己暴露在憤怒的平民面前」。米德爾頓主張，「我只能重複之前我對國王性格的描寫。他痛恨做決定，我們也無法信賴他會堅持他所做的決定；他沒有道德勇氣，會屈服於恐懼……這種態度是此次危機的主要特徵。我們早就知道他的猶疑不決與膽怯，但我們沒有想到這恐懼徹底戰勝他的理性，使他看不見不支持蓋瓦姆的後果。」[230]

但是米德爾頓聲稱這場風暴本來應該能平安度過的說法，卻被其他報告證明是一則謊言——許多報告都來自米德爾頓本人。在同一天，大使館堅持國王不應該放棄原則，它承認來自其他城市的報告指出「各省的混亂情勢比外界所猜想的更嚴重」，而且示威群眾已經控制伊斯法罕，「死傷達數百人」。米德爾頓承認的人數也一樣多，他形容暴動是「波斯歷史上的一次轉捩點」。「舊體制一直是由一小撮統治階級提名歷任首相，國王多少擔任仲裁的角色，只是方式略有變化。我懷疑這種模式是否能再重複進行。暴民成功挑戰維持安全的部隊，從現在開始暴民將是判斷任何一個未來政府是否能被人民接受的決定性因素。」[231]

更重要的一點是，米爾頓提到，他和韓德森兩人此時都深信，解決這場危機的唯一方式就是發動「武裝政變」。[232] 韓德森告訴他的國務卿，未來已經「毫無機會」進行石油談判，因為穆沙迪克繼續堅持取得「控制權」，而英國也斷然拒絕考慮任何以此前提為基礎的解決方案。[233] 在一封最高機密的電報中，英國外交部知會駐華盛頓英國大使館，現在美國的決策者希望伊朗能有一位類似不久之前領導埃及發動政變的穆罕默德．納吉布（Muhammad Neguib）將軍。[234] 在此同時，英國陸軍部要求其軍事專員著手擬定一份緊急報告，說明軍隊忠誠度、發動政變的能力，以及誰可能會扮演納吉布將軍那樣的角色。[235] 軍事專員立刻提供四位將軍的名字，但又附帶說明這四人在軍中都沒有顯赫的聲望，因此「政變必須要以伊朗國王的名義進行」。[236]

# 3

# 政變

在石油議題塵埃落定之前，我拒絕提供任何幫助。事態在八月到達緊要關頭，三天來一直由共產黨支持的穆沙迪克，看來是伊朗難以壓制的獨裁者……幸而忠誠的伊朗軍隊以及人民對共產黨的恐懼扭轉了局勢。

——節錄自美國總統艾森豪一場名為

〈帶著正義的和平〉（Peace with Justice）演說

## 準備

讓駱駝穿過針眼，都比歷史學家取得美國中情局和英國軍情六處收藏的伊朗政變檔案來得容易。雖然困難重重，仍可從以下幾種來源拼湊出這場政變的梗概：來自英國外交部與美國國務院的檔案——某些美國機密文件無意間出現在英國人的檔案中，因為英伊關係於一九五二年十月破裂之後，華盛頓與倫敦方面共同擁有來自伊朗的重要報告；來自美國國務院出版的《美國外交文件》年度報告中的定期通訊；來自詳閱當時的報紙，尤其是由德黑蘭記者撰寫的報導；來自伊朗以及西方出版的訪談與回憶錄，尤其是出版於一九七九年伊朗伊斯蘭革命之後的資料；以及來自軍情六處與中情局特務如克米特．羅斯福與唐納．威爾伯等人撰寫的紀錄。至今威爾伯提供的檔案最為重要，包括他給中情局的深入分析，呈現行動的計畫，概述這場政變，以及事後剖析報告做出結論。當然了，所有資料都必須逆向閱讀，持保留態度，並且以常識和間接證據填補中間的空隙。

美國及英國長久以來仰賴政治手段，尤其是伊朗國王與國會，以便驅逐穆沙迪克，但是在七月起義之後，他們斷言唯有藉由一場毫無保留的政變才能剝奪他的權力。雖然一直到一九五三年初整場計畫才收尾，英美兩國早在穆沙迪克於一九五二年中重新光榮掌權之後，就立刻開始以政變的方式思考大局。他們提供各自特定的優勢，但是並沒有向對方透露所有資料。

英國人帶來五項重大優勢。首先，他們擁有在伊朗工作經驗豐富的專家，這些人懂波斯語，也和舊時代的菁英培養出密切的私人關係。這些專家包括蘭斯洛．派曼（Lancelot Pyman），過著與世隔絕生活的他，自從一九三〇年代以來就在英國外交部負責伊朗事務（國王深信他父親被迫退位，和派曼脫不了關係）；諾曼諾曼．達比希爾（Norman Darbyshire），他是軍情六處官員，二戰的大部分時間他都派駐在伊朗；傑佛瑞．惠勒上校（Col. Geoffrey Wheeler），他也是軍情六處的老手，自一九二〇年代就頻頻進出伊朗；羅賓．札納（Robin Zaehner）是英國媒體專員，他是神祕主義方面的專家，之後將成為牛津大學的東方宗教與倫理學教授（結果在意想不到的事態發展中，札納之後據說成了蘇聯國家安全委員會〔KGB〕的「間諜」〔mole〕）；札納的助理山姆．法勒，主要負責處理年輕政治家；前媒體專員安．蘭姆頓，他從一九五一年四月以來就持續建議外交部不要對穆沙迪克做出任何讓步，而是想辦法除掉他。[1] 軍情六處在伊朗行動的實際負責人是克里斯多福．蒙塔格．伍德豪斯（Christopher Montague Woodhouse）（人稱「蒙提」〔Monty〕），他本身不是伊朗專家，但在最近的希臘內戰中有許多特務經驗。在《孤注一擲》（*Something Ventured*）這本回憶錄中，他留下大量經過自我審查但卻十分有用的內容。

其次，英國在伊朗軍隊中有非正式的網絡。這追溯至二戰的網絡由大多來自貴族的保守軍官組成：前參謀長哈桑．阿爾法將軍（Gen. Hassan Arfa），自從對手拉茲馬拉逼迫他離職之後，他就退隱到德黑蘭郊外的維拉明；索拉雅王后（Queen Soraya）的堂兄弟泰莫爾．巴赫蒂亞爾上校（Col. Teymour Bakhtiyar）；在英國受訓的飛行員，也是國王的副官希達亞特．吉蘭沙赫上校（Col. Hedayat Gilanshah）；駐守德黑蘭的旅長胡笙—古力．阿什拉非上校（Col. Hussein-Ghuli Ashrafi）；以及最重要的人物哈桑．阿哈維上校（Col. Hassan Akhavi），他多年來擔任伊朗陸軍情報機構G2的首長。伊朗國王權力核心之一的胡笙．法爾杜斯特（Hussein Fardoust）事後形容阿哈維是政變中伊朗這一方「真正的首腦」。[2] 阿哈維上校的兄弟阿里—阿克巴是伊朗經濟部長，一直到最後一刻都對穆沙迪克忠心耿耿。

由阿哈維與阿爾法帶頭的軍中親英網絡提拔自己人，排擠其他人，並且盡其所能將左派分子排除在伊朗駐軍之外。[3] 某次英國軍事專員形容阿爾法「全心全意配合我們」，但是「太過於什麼事都以間諜的方式來思考」。[4] 拜這網絡之賜，英國軍情六處熟知伊朗軍中所有人的情況，這是美國中情局極為欠缺的情報。[5] 根據唐納．威爾伯的說法，倫敦方面在準備發動政變時，大量研究了這些個人資料。中情局從整個伊朗經驗中學到的明確教訓之一，就是美國有必要替其他國家編纂類似檔案。用威爾伯自己的話來說，中情局迫切需要收集個人資訊，「無論是多麼瑣碎」，以便確切得知「誰是軍官，他行事背後的性格動機，誰是他的朋友，諸如此類……十分重要的是，針對可能涉及相關問題的軍事人員，取得其盡可能詳細的個人資料，包括他們的敵人與朋友在內。」[6]

第三，軍情六處擁有長久以來的平民網絡，以從商的三兄弟為首：阿薩杜拉．拉希迪安（Assadullah Rashidian）、賽義弗拉．拉希迪安（Saifullah Rashidian）與卡德拉圖拉．拉希迪安（Qadratullah Rashidian）。他們的父親與英國人關係密切，因此遭禮薩國王監禁。他們有一項重要的生意，表面上是進口英國電影，實際上這是將軍情六處的資金送給包括賽義德・齊亞與他的民族意志黨（National Will Party）在內等伊朗當地支持者的門路。穆沙迪克自由的態度讓他們有機會時常前往倫敦，以及在德黑蘭招募客戶。據伍德豪斯估計，拉希迪安兄弟每個月挹注一萬英鎊給不知名的客戶、記者和以國會議員為主的政客。山姆・法勒曾不經意提到，他定期與拉希迪安兄弟進行早餐會議，不是某一位就是另一位。[7] 政變之後，英國外交部委婉地讚揚拉希迪安兄弟「介入安排最近推翻政府的活動」，是「我們真正忠誠的友人」。他形容他們三個有位高權重的「朋友」，尤其是阿什拉夫公主（Princess Ashraf）、巴赫蒂亞里上校（Colonel Bakhtiyar）和禮賓司長索萊曼・貝赫杜迪（Soleiman Behdudi）。[8] 他們或許也吸收了大眾黨中階幹部埃赫薩姆・蘭卡拉尼（Ehsam Lankarani），他在偽裝身分被識破後隨即遭到暗殺。

拉希迪安兄弟背後的主力來自於德黑蘭市集，包括肉販、麵包師傅與糕點麵包師傅的行會、蔬菜批發商、當地傳統體操館的路提，以及同情伊斯蘭敢死隊的低階教士，例如霍賈特・伊斯蘭・穆罕默德・塔吉・法爾薩菲（Hojjat al-Islam Muhammad Taqi Falsafi）。[9]* 伊斯蘭敢死隊試圖暗殺法特米後不久，羅賓・札納在篇幅極長的分析文章中語帶神祕地寫道，英國和伊斯蘭敢死隊沒有理由不能

「繼續」合作，對抗民族陣線。[10] 他又說雖然齊亞公開與英國交好，伊斯蘭敢死隊還是與他有工作上的關係。畢竟，札納解釋，齊亞是一位賽義德（意即源自先知穆罕默德家族的後代），他篤信伊斯蘭教，並承諾實施伊斯蘭律法。他進一步解釋道，既然伊斯蘭敢死隊最關切的就是嚴格執行飲酒、賣淫與戴面紗的相關法令，而英國人根本就不太在意這幾件事，因此雙方沒有不能合作的理由。他承認這或許聽來「不可思議」，但卻可行。根據美國大使館的報告，在企圖暗殺法特米的事件之後，以《訊息日報》、《宇宙報》、《正義》、《火》（*Atesh*）以及《圖魯》（*Tolu*）等為首的「敵對」報紙立刻「收編」伊斯蘭敢死隊，利用它做為「對抗政府的武器」，提供「同情它的報導」。[11] 某次約旦阿拉伯軍團（Arab Legion）的英國指揮官格魯布將軍（General Glubb）傳遞了一則來自埃及穆斯林兄弟會（Muslim Brotherhood）的訊息，表示願意運用其影響力協助在伊朗的英國人。[12] 政治活動顯然提供同床異夢的夥伴。†

---

* 審校註：霍賈特伊斯蘭意指「伊斯蘭之證明」（proof of Islam），也是宗教界的頭銜。

† 譯註：這句格言字面意思是「政治使陌生人同床共枕」（Politics makes strange

拉希迪安兄弟透過兩個鼎鼎大名的「路提」與傳統體操館攀上關係：夏阿邦．貝莫爾赫（Sha'aban Bemorkh）（意思是「愚笨的夏阿邦」）和塔耶布．哈吉．雷札伊（Tayeb Haj Rezayi）。對許多人而言，「路提」就是割喉者、惡棍與騙子的代名詞。愚笨的夏阿邦「保護」夏赫普爾廣場（Shahpour Square）的蔬菜批發市場；塔耶布則保護蘇丹清真寺廣場（Sultan Mosque Square）附近的水果批發市場，兩者井水不犯河水。他們有各自的健美團和宗教集會，特別是禱告會（rouzehkanehs）和穆哈蘭姆月的鞭笞遊行（dastehs）這兩者。他們就像大多數的「路提」，頻繁進出監獄。愚笨的夏阿邦年老後出亡比佛利山莊，他聲稱自己「這輩子從沒拿過刀子」。[13] 雖然這兩個「路提」在即將到來的政變中扮演重要角色，之後他們卻走上不同的路。塔耶布在一九六三年領導示威抗議活動，隨後立即被處刑。愚笨的夏阿邦繼續在鄰里間經營財源滾滾的運動俱樂部，直到一九七九年革命為止。由於他在一九五三年扮演的角色，愚笨的夏阿邦被人封上「造王者」（King Maker）*的稱號。

第四，英國大使館一直以來與諸多深具影響力的伊朗政治人物定期會面，如下：國王在瑞士的兒時玩伴恩內斯特．佩倫（雖然索拉雅王后反對，佩倫還是永久居住在宮廷中）；禮賓司長艾哈邁德．休曼（Ahmad Human）；來自印度德里的瑣羅亞斯德教徒夏赫普爾．瑞波特（Shahpour Reporter），他擔任倫敦《泰晤士報》駐德黑蘭特派記者（政變後他立刻被封為爵士）；老資格的國會議員謝赫．哈迪．塔赫里（Sheikh Hadi Taheri）與哈謝姆．馬利克—馬達尼；當然還有賽義德．齊亞，他在定期訪問中報告他每週與伊朗國王會面的情況。他也針對偶爾前往造訪的阿亞圖拉卡沙尼提出報告，他鼓勵後者挺身而出對抗穆沙迪克，「尤其是當推翻他的時刻已經到來。」[14]

此外，英國大使館也時常與在一九〇六年憲政革命中扮演重要角色的教士的兩個兒子定期會面：阿亞圖拉．穆罕默德．禮薩．貝赫貝哈尼，以及賽義德．穆

---

bedfellows），引伸為現實的政壇中沒有永遠的敵人或朋友，政客為了利益可以見風轉舵，與不同政黨或政治傾向的人「同床異夢」都不奇怪。典故出自莎士比亞戲劇《暴風雨》（*The Tempest*），原文為「苦難使人與陌生人同床共枕」（Misery acquaints a man with strange bedfellows）。

* 譯註：該詞指對特定情勢與事件有著決定性影響力的第三方。

罕默德．薩迪克．塔巴塔巴伊（Sayyed Muhammad Sadeq Tabatabai）。前者以輸送對抗穆沙迪克資金的理想管道自居。[15]事後英國大使館讚揚他「在政變中扮演重要的角色」以及注意到他「定期收取支付給他的服務費用，特別是來自國王的金錢。」[16]伊朗國王宣稱自己是一位「有勇氣的政治家」，有能力領導一個新的政府，並且宣稱穆沙迪克「患有癲癇症，腦部感染的梅毒逐漸惡化。」[17]然而這些定期召開的會議卻在一九五二年十月唐突結束，因為穆沙迪克指控英國大使館介入伊朗內政，甚至密謀軍事政變，於是將英國大使館關閉。最後離開的其中一位外交官山姆．法勒在幾年後寫道，即便在這場危機最嚴重的日子裡，他和他的同僚從來都不覺得自己受到騷擾或威脅。[18]

最後一點，英國早在一九五一年十月就與法茲盧拉．札赫迪將軍接上線，當時札赫迪在錯誤處理哈里曼暴動而被解除內政部長職務之後，曾經自詡為理想的政變領導人物，並且吹噓他在軍中有大批追隨者。事後證明他的自誇是空穴來風，然而年長軍官之中確實有人支持他。有些人，例如納迪爾．巴特格瑪利區將軍（Gen. Nader Batqamalich）和巴卡伊將軍，都曾經在二戰期間與他和卡沙尼監禁在一起。現在這成為一項優勢，因為他們不能被人認為與英國是一丘之貉。退伍軍官協會（Association of Retired Officers）中有些人支持札赫迪，尤其是被拉茲馬拉和穆沙迪克整肅的那一百三十五人之中的某些人。就在七月起義和英國外交部要求取得領導政變的可能人選僅僅數天之後，英國外交部軍事專員就已經送出一份名單，上面有札赫迪以及另外三位將軍的名字：阿爾法將軍；來自已解散的哥薩克騎兵旅的七十歲退伍軍人穆罕默德·沙赫巴赫特（Muhammad Shahbakht）；以及在一九四六年石油罷工中博得英伊石油公司好感的阿布杜—胡笙·哈札齊將軍。[19] 英國人立刻選中札赫迪。他很快就擬出一份由與英美兩國友好的技術官僚、記者與政治家組成的「影子內閣」名單。[20]

然而札赫迪主要的力量來自民族陣線中的宗教派系：他有卡沙尼、穆斯林聖戰士領袖庫納塔巴迪以及巴卡伊、馬奇和哈伊里薩德赫等三位國會中直言不諱的代表。根據英國外交部軍事專員的報告，在草擬影子內閣成員時，札赫迪答應讓卡沙尼在未來的政府中「握有權力」。[21] 在與宮廷中間人某次的定期會議之後，羅賓·札納隱晦地表示：「佩倫慷慨激昂地替國王『機靈的』政策辯護。他聲稱國王已經成功讓卡沙尼、馬奇與巴卡伊離開穆沙迪克，也因此多虧了國王，民族陣線實際上已經不存在。我沒有對此事提出質疑，不過會註記說明卡沙尼和馬奇的離去有完全不同的因素，而這些都是由拉希迪安兄弟一手主導。」[22]在另一份報告中，他又說「卡沙尼的兩個無賴兒子」穆斯塔法（Mustafa）與阿布·馬利（Abul Maali）弄了一間辦公室，表面上的目的是為了方便做生意，不過真正的目的卻是走私違禁品。他估計他們在幾週內通關的非法交易就高達二百萬伊朗里亞爾（rial）。[23]他也說卡沙尼私底下四處尋找更多資金。[24]

在七月革命的兩週後，山姆·法勒提出報告：「昨天我見到札赫迪。他的精神出奇地好，而且看來對他握有的機會充滿希望。心懷不滿的民族陣線成員，也就是馬奇、哈伊里薩德赫和巴卡伊，以及由卡沙尼直接派去的使者，都曾經與他祕密會面。看來這些訪客大多反對穆沙迪克博士，因為他們在政府中沒有充分的發言權。我知道他也與美國人來往。」[25]英國大使館之後又說，「支持者由哈伊里薩德赫、巴卡伊與舊日右翼反對派人士等各方人馬組成的札赫迪將軍，已經確立其地位，成為放眼望去唯一的首相候選人。他成功的機會主要仰賴他未來拉攏卡沙尼所取得的進展。」[26]正是在英國大使館試圖爭取卡沙尼的支持時，有人主張在石油議題上與穆沙迪克「達成協議已無希望」，因為穆沙迪克「完全在卡沙尼的影響之下，後者坦承其目標就是要把所有外國人與外國影響力趕出波斯。」[27]仙境裡的愛麗絲在英國大使館裡一定很輕鬆自在。

至於美國人也將他們的資產放上檯面，其中最重要的就是大使館本身。位於設拉子、伊斯法罕、馬什哈德阿賀瓦茲、霍拉姆沙赫爾和克爾曼沙赫的英國領事館於一九五一年十二月關閉，在這之後美國大使館的重要性逐漸上升。一九五二年十月，伊朗與英國外交關係破裂，英國駐德黑蘭大使館關閉，美國大使館變得更加重要。根據英國外交部的計算，美國大使館有五十八名職員，他們全都有充分的外交地位。蘇聯大使館只有二十一名職員；法國大使館有九名；而英國大使館在關閉之前有二十一名職員。[28]

在執行第四點計畫以及三項分別的軍事任務之後，美國外交地位在伊朗更形重要。第四點計畫主要是一項農業計畫，它雇用一百三十八名美國人，這數字比整個阿拉伯世界加起來還多。[29] 計畫總部就在穆沙迪克住家對面。根據一名外國記者的報導，第四點計畫最初提供的金額是「杯水車薪」，但在一九五三年突然增加到四千四百萬美元。他又說大眾普遍懷疑該計畫是「為了掩護間諜」。[30] 札赫迪將軍的兒子阿爾達希・札赫迪（Ardasher Zahedi）負責執行第四點計畫，他在美國人和躲藏的父親之前來回傳遞訊息。

替美國陸軍、憲兵隊和空軍執行的三項軍事任務中，有一百二十三名美國顧問。這三項軍事任務從一九四二年啟動，一九五二至一九五三年由自韓國趕來的「心理戰」專家羅伯特．麥克盧爾將軍（Gen. Robert McClure）主導。美國顧問每天與野戰軍官聯繫，特別是針對坦克指揮官。自從一九四六年起，五角大廈就一直提供伊朗為數不多但數量穩定的輕型M3李式坦克（M3 Lee）與M4謝爾曼坦克（M4 Sherman）。光是一九五二年，美國就送了四十二輛坦克到伊朗，還把多達三百名軍官帶往美國訓練。[31] 一九五二年，美國大使館很滿意地報告，即便由穆沙迪克精挑細選的軍官，也「對美國顧問態度友好」，於是[32] 麥克盧爾將軍及其同僚在政變前夕大膽試探穆沙迪克最信任的忠誠參謀長、穆罕默德．里亞希的意向。[33] 一九五三年一名來自印度的訪客表示，「在德黑蘭，第一件叫人驚訝的事就是美國人的數量之多。沒有人公布確切數字，不過美國人在伊朗的人數比任何一個中東國家都多。光是德黑蘭就至少有一千名美國人。」[34]

中情局有兩位研究伊朗的主要學者：唐納．威爾伯和理察．科塔姆（Richard Cottam）。常被形容為「紳士間諜」的威爾伯是專業情報員。從一九三〇年代開始，他就以考古學家與藝術史學家身分為掩護，頻繁進出中東。他之前的功績，是使得在蘇聯流亡的著名波斯詩人拉胡蒂（Lahuti）差點被殺害。威爾伯假造拉胡蒂的「回憶錄」並將其出版，聲稱回憶錄是被人偷運出蘇聯。幸好在史達林的妄想症下，拉胡蒂還能逃過一劫。離開中情局之後，威爾伯替古董商人辨識偽造的手稿，以及撰寫有關伊朗藝術、建築和當代歷史的書籍。在伊斯蘭革命後，就在羅斯福出版他的政變記述時，威爾伯立刻想出版他自己對政變的說法，但是中情局把他的書稿編輯成短短的四頁。[35] 為此他留下一份一九五四年與朋友們一起替中情局撰寫的官方敘述，以便在他死後的某個適當時間點出版。

另一位科塔姆是前摩門教徒，他是德黑蘭大學「傅爾布萊特計畫」*的學者。後來他擔任美國匹茲堡大學政治學教授。在德黑蘭，他不只收集大眾黨的資訊，也大方分享這些資訊給英國人，更收集巴卡伊的伊朗勞動黨以及亞利安黨（Arya Party）與伊朗國家社會主義黨的資訊。分別穿著黑色與灰色襯衫的後兩個

* 譯註：「傅爾布萊特計畫」（Fulbright）是根據美國阿肯色州參議員威廉．傅爾布萊特的提案於一九四六年設立，旨在由美國出資推動國際間的文化、教育與學術研究交流活動。

團體競相模仿德國納粹，譴責猶太人和共產黨人。亞利安黨於一九四六年由二戰期間被軟禁的激進理論家哈迪・塞佩赫爾（Hadi Sepehr）成立。亞利安黨從阿爾法將軍和他的隨行軍官那裡得到一些協助。伊朗國家社會主義黨於一九五一年由留德的古伊朗語言學家達沃德・蒙希扎德赫博士（Dr. Davoud Munshizadeh）成立。它替第三帝國（Third Reich）做廣播宣傳員時，在空襲中失去一條腿。在他看來塞佩赫爾是個「半文盲的呆子」。蒙希扎德赫的夢想是在伊朗這個純種亞利安人的土地上重新建造第三帝國。雖然是兩個邊緣團體中較大的一黨，伊朗國家社會主義黨在極盛時期也只有不超過三百個黨員。[36] 英國懷疑中情局以及伊朗國王金援伊朗國家社會黨和亞利安黨。[37] 根據英國大使館的報告，王室部長胡笙・阿拉定期與塞佩赫爾會面，而巴卡伊則與這兩個黨密切合作。英國大使館進一步說，科塔姆與他們分享他在德黑蘭大學的同事們的政治態度。[38] 如果伊朗政客就像是《愛麗絲夢遊仙境》中的角色，那麼英美外交官簡直就像從布萊希特與魏爾（Brecht and Weill）的《三毛錢歌劇》與《馬哈貢尼市的興衰》* 中走出來的人物。

中情局有三名當地「特工」（operative）：阿巴斯・法爾桑德根上校（Col.

Abbas Farzandegan）；以及兩名經驗豐富的探員西利（Cilley）與奈倫（Nerren），羅斯福以當時流行的巧克力牛奶品牌博斯科（Boscoe），暱稱他們為博斯科兄弟。多年來身為參謀的法爾桑德根早已認識許多駐紮在德黑蘭的野戰指揮官。他也結識加茲溫（Qazvin）駐軍的指揮官瓦利亞拉．卡拉尼上校（Col. Valiallah Qarani）。一九五二年，法爾桑德根趕往美國接受祕密通訊的特別訓練。晚年他被任命為國際電話與電信公司（International Telephone and Telecommunications, ITT）的董事，做為獎賞。

博斯科兄弟的名字是法洛赫．凱凡尼（Farrokh Keyvani）與阿里．賈拉里（Ali Jalali）[39]，他們的真實身分甚至對軍情六處都保密到家。這兩人其實並非兄弟。凱凡尼是律師，與德國漢堡有生意上的往來。賈拉里是記者，他曾斷斷續續替

---

* 譯註：尤根．貝特霍德．費德里赫．布萊希特（Eugen Bertholt Friedrich Brecht）為德國劇作家，庫特．尤利安．魏爾（Kurt Julian Weill）為德國作曲家。《三毛錢歌劇》（*Threepenny Opera*）與《馬哈貢尼市的興衰》（*Rise and Fall of the City of Mahagonny*）皆為批判社會的諷刺喜劇。

《美聯社》（*Associated Press*）、《每日電訊報》（*Daily Telegraph*）、《訊息週刊》、《梅罕・帕雷斯坦》（*Mehan Parestan*）與《德黑蘭插畫》（*Tehran Mosavar*）等媒體工作。羅斯福寫道，他們在一九五〇年被中情局吸收，並帶往美國接受調查，結果發現他們在更早就有「神祕的」諜報活動。[40] 這之前的經歷可能是來自納粹德國。兩人把錢弄到市中心給「路提」和「傳統體操館」，主要是送往皇冠運動俱樂部（Taj Sports Club）。他們也送錢給以下報紙：《伊朗國》（*Mellat-e Iran*）、《我們的國家》（*Mellat-e Ma*）、《火》、《正義》、《伊斯蘭之星》（*Setareh-e Islam*）、《青年的亞洲》（*Asiya-e Javanan*）、《塞佩赫爾之聲》（*Neday-e Sepehr*）以及《阿拉姆》（*Aram*，以瑣羅亞斯德教的神祇命名）。羅斯福順帶提到，在哈里曼來訪當天，策劃攻擊行動的就是博斯科兄弟。他沒有說的是，由伊朗國家社會主義黨、亞利安黨和伊朗勞動黨教唆的這場攻擊行動，造成了重大傷亡。對於這一類向美國大眾以及美國參議院揭露會太過尷尬的細節，威爾伯也往往加以掩飾。

最後，美國人不斷向卡沙尼獻殷勤，尤其是在七月起義之後。一個接著一個的美國訪客訪問卡沙尼，包括來自《紐約先驅論壇報》與《紐約時報》的記者，美國國會議員，以及據稱對伊斯蘭教與穆斯林——基督教關係有興趣的學術界人士。他們吹捧他是整個穆斯林世界的真正發言人。他也分別在三個不同場合與韓德森會面，這些場合全都是不對外開放的會議。某場會議持續一個半小時，會議紀錄至今仍保密。據英國報導，卡沙尼私下向美國人透露，他傾向讓札赫迪接替穆沙迪克的首相職位。[41] 美國大使取得了一個明確的訊息，那就是卡沙尼斷言「唯有一場政變才能解救伊朗」。[42] 到了一九五三年初，中情局告知美國總統，卡沙尼是「在德黑蘭推動支持伊朗國王街頭示威的關鍵人物」。[43]

## 經濟壓力

就在中情局與軍情六處替政變做準備時，英美政府也在幕後合作，加強對伊朗施加經濟壓力。他們透過國際銀行公開提出一項最終的「妥協方案」；他們明知道穆沙迪克不會接受。藉由這些談判，美國國務院與英國外交部調查由國際銀行發表的所有聲明。[44] 根據該「妥協方案」，美國將提供伊朗一千萬美元貸款；英國將「接受」石油國有化，並且解除經濟制裁。伊朗則應同意讓一個國際專門小組決定支付給英伊石油公司的「公平補償」費用。然而穆沙迪克卻堅持這項協議應該具體說明「公平的補償」將以石油設備現值為基準，於是談判陷入僵局。他懷疑補償金的標準將會被訂得極高，使得伊朗「在未來的二十五年中都備受束縛」；如此一來就無法達到國有化的目的。[45]

他的懷疑其來有自。英伊石油公司的「公平補償」概念不是基於現值，而是以一直到一九九三年的利權最終預期利潤為基準。該公司正考慮開價一億英鎊之多，並預計未來四十二年半的年收入為四千六百五十萬英鎊。[46] 連迪恩．艾奇遜都疑心英國人想提出「天文數字」。[47] 穆沙迪克懷疑英國人「一直在原地打轉，等著摧毀他」。[48]

在機密的聯合會議中，英國外交部與美國國務院都同意國際銀行不應該破壞「50／50原則」，因為這麼做將「對其他地區造成實質的破壞」。[49] 參加與國際銀行談判的英國代辦喬治．米德爾頓多年後承認，英美兩國有著石油國有化不論在任何情況下都不能成功的共識：「眾人相當害怕這個壞榜樣將會在其他地方產生不良後果。我們已經有墨西哥的先例。我們可不想看見它再發生十次。」[50]

政變之後，某位石油專家承認，與國際銀行談判失敗的原因是，英國堅持其補償金必須是預期的未來長期利潤。「如果這想法傳開來，」他寫道，「石油利權可能在沒有補償的情況下被破壞，中東的君王和政客會立即證明他們也是主權國家。」[51]美國總統也親口告訴美國國家安全委員會（National Security Council），他們無法考慮任何「可能嚴重破壞美國其他地方的石油利權」的交易。[52]軍情六處在德黑蘭的長官事後承認，英國沒有認真看待談判，因為英國政府絕對不打算與穆沙迪克和解。[53]美國人拒絕承認穆沙迪克對於「公平補償」的定義，成為動搖戰略穩定性的重要因素。七月十一日，也就是艾森豪簽署中情局政變計畫的同一天，美國國務院公開聲明「補償金不應該只按照設備現值計算」，藉此給予伊朗「心理衝擊」。[54]換句話說，美國接受英國對公平補償的定義。

這「最後的出價」是為了誤導大眾，使人普遍認為整件事最大的障礙是德黑蘭政府，而不是倫敦政府。打算摧毀穆沙迪克的政客立刻接受了這個結論。甚至連某些穆沙迪克的支持者也接受這種說法。某位支持穆沙迪克的顯赫學者聲稱「拒絕國際銀行調停的這項決定，就算不是穆沙迪克政治生涯最大的錯誤，至少也是他在首相任期間最大的錯誤。」[55]這種誤解一直持續至今。

就在做出這不被接受的提案同時，英國和美國加重對伊朗的經濟壓力。美國人進一步縮減經濟支援，將其限制在第四點計畫和三項軍事任務。在更新軍事任務時，穆沙迪克對一名美國上校說，他希望他們不要太過提升伊朗軍力，以致於到了軍隊能推翻他的程度。[56] 美國總統在一封私人信件中明白表示，在石油議題解決之前，他不會延長對伊朗的援助。韓德森警告穆沙迪克，富含石油的國家不能期待會得到美國納稅人的援助。國務卿甚至禁止美國進出口銀行（Import-Export Bank）與伊朗代表會面，討論緊急貸款事項。不僅如此，國務院還警告所有購買伊朗石油的美國公司，都有冒著「被英伊石油公司提告」的重大風險。

至於英國，則是更嚴格執行禁運。他們關閉帝國銀行；增加出口限制與英鎊轉帳；積極遊說並成功嚇阻獨立公司購買伊朗石油；並且威脅要扣押所有離開伊朗的油輪。他們還提出警告，如果伊朗成功突破禁運，會有甚麼長遠的含意：

> 如果外國公司介入此事，准許國內進口波斯石油……將迫使主要石油公司的石油價格降低至與竊取的石油相同的價格水準…降低的價格將會以權利金與稅金的形式回到中東國家，造成石油公司與中東各國政府間的混亂（在原文中強調）——到達如此程度的混亂，中東石油供給對世界貿易的有效性將大受影響，其他同樣嚴重的情況也可能會發生在中東國家境內。[57]

一九五二年六月，英國皇家海軍在公海上扣押（有人會形容他們是像海盜般劫掠）了一艘由義大利一間小石油公司委託從阿巴丹載運石油的巴拿馬油輪。從一九五二年直到政變的這十八個月間，伊朗只出口了十一萬八千公噸石油，僅相當於一天的產量。幾年後，很想協助伊朗國家石油公司的義大利石油部長恩里科・馬泰（Enrico Mattei）死於一場空難，有謠言傳出他膽敢挑戰七姊妹——這是他本人創造出來的詞——因而付出了代價。到了一九五三年初，儘管煉油廠沒有全力生產，伊朗國家石油公司還是每個月支付員工薪水，因此損失慘重。「封鎖行動」，一名外國記者評論道，「已經重創伊朗，但還沒有使它癱瘓。」[58]中情局做出類似結論：

即使石油沒有帶來大量收入，也缺少外國經濟援助，一九五三年間伊朗或許還是能有足夠的出口（非石油產品）以支付必要的進口貨物，除非有作物嚴重歉收或有出口貿易逆差。政府或許能從石油公司的營運獲得資金。通貨膨脹的情形將會發生。資本開發將會縮減，城市生活水準降低。然而我們不相信經濟因素本身會導致民族陣線在一九五三年遭到推翻……英國相信，缺少石油收入會使伊朗經濟與政治情況惡化，然而它顯然並不認為共產黨會立刻接管伊朗政權。[59]

為因應禁運問題，穆沙迪克擬定一份「無石油預算」。他削減國家薪資，取消資深官員由司機駕駛的專車，延後開發計畫，限制奢侈品進口，發行國家債券，用盡黃金與外匯存底，印製鈔票，並逐漸降低幣值——美金的黑市價格從三十一里亞爾升值到九十七里亞爾，英鎊從八十九里亞爾升值到二五六里亞爾。他也繼續進行由拉茲馬拉將軍開始的談判，以便從蘇聯取得做為戰時占領補償金的黃金。英國並沒有真正預期能以經濟壓力摧毀伊朗政府，但卻希望藉此加深伊朗國內的衝突。早在一九五一年，他們的商業專員就提出警告，表示貿易制裁對於一個仍以農業為主的國家沒有太大影響。[60]

然而，對巴卡伊、馬奇和哈伊里薩德赫以及卡沙尼與庫納塔巴迪，更別提保王派和親英議員而言，經濟困境正是加強他們對穆沙迪克攻擊的好機會。到了一九五三年初，成立民族陣線的二十人當中有九個人背叛他。他們指控穆沙迪克用沒有價值的鈔票淹沒國家，破壞憲法，徵收所得稅因而侵犯財產權，還擾亂地主與農民間的關係，設立國營烘焙坊，並且威脅要將公車與電話公司國有化。「伊朗，」馬奇呼喊，「很快就會像蘇聯一樣，政府擁有一切，人民一無所有。」[61]他們進一步指控他把重要的職位都指派給伊朗黨。「現在，」哈伊里薩德赫聲稱，「我們是伊朗黨一黨獨大的國家。」之後法特米透露，在草擬選舉名單時，巴卡伊一直堅持他的勞動黨候選人人數應該與伊朗黨一樣多。[62]伊朗黨反擊道，這些批評已經「背叛了理想」，無異是與外國人以及腐敗的上流社會同流合汙。伊朗黨重申其對國家獨立、中立主義、社會主義和維護憲政體制的諾言。[63]

反對派進一步鎖定教育、司法與衛生部長，指控他們吸收左派分子，與大眾黨合作。卡沙尼之前曾經吹噓他是最早簽署受共產黨啟發的斯德哥爾摩和平宣言（Stockholm Peace Declaration）的其中一人，現在他突然發現教育部長的兄弟從一九四六年起就流亡蘇聯。他和他的同僚指控穆沙迪克點燃「階級鬥爭」，與「統治階級」合作。他們聲稱他拒絕在一九五二年七月的流血事件中將卡瓦姆繩之以法是因為卡瓦姆是他的親戚。卡沙尼還開始用他已經廢止的貴族頭銜薩爾坦納（al-Saltaneh）稱呼他。他們甚至指控穆沙迪克賣酒，支持男女同校、保護外國學校——尤其是以聖女貞德為校名的法語高中，將資金從宗教基金會轉移到國家教學機構，還考慮將投票權擴大至婦女。形容女人最應該待在家裡的卡沙尼疾呼「他不明白男人做錯什麼事，必需受到讓他們的女人去投票的懲罰。」[64]不只如此，他們還發現穆沙迪克三十五年前在瑞士寫的博士論文贊同世俗法律。[65]之後穆沙迪克回憶起他的對手曾故意誤解他的博士頭銜，使他成為世人眼中「褻瀆上帝」的人。[66]美國國務院意有所指地評論道，這些國會議員「為了首相職位而打扮自己」。[67]

馬奇把穆沙迪克和希特勒劃上等號。意料中的是，國會開會往往被打鬥中斷。巴卡伊的公開譴責最後使伊朗勞動黨分裂。與他關係密切的伙伴們大多來自他的家鄉克爾曼的勞工幹部，他們依舊忠心耿耿。但是以卡雷爾．馬爾基為首的年輕人和知識階層脫離勞動黨，形成叫做第三勢力（Niru-ye Sevom）的新黨。震驚的巴卡伊發現之前他的知識分子同事都是馬克斯主義者。卡雷爾．馬爾基也同樣震驚地發現巴卡伊在許多方面都已「腐敗」。伊朗勞動黨成為最大聲疾呼反對穆沙迪克的團體之一。第三勢力黨仍舊和伊朗黨同為穆沙迪克堅定的支持者，即便第三勢力黨強烈反對他容忍大眾黨。卡雷爾．馬爾基向穆沙迪克保證，「那怕是一路往地獄之門而去，我們都將追隨你。」不想把所有雞蛋都放在同一個籃子裡的中情局分別送錢給巴卡伊和卡雷爾・馬爾基。博斯科兄弟中的賈拉里持續出席第三勢力的會議。[68]這項投資在政變當天得到了回報。

　　這些反對派政客獲得了廣泛的關注，部分原因是他們將國會作為講台，另一部分原因是他們得以利用伊朗三大主要媒體——《訊息日報》、《宇宙報》與《好讀週刊》（*Khandaniha*）；也因為他們自己就擁有許多有影響力的報紙，包括巴卡伊的《目擊者》（*Shahed*）、庫納塔巴迪的《我們的國家》以及伊斯蘭敢死隊的《國家戰場》（*Nabard-e Mellat*）。西方媒體經常附和穆沙迪克是「獨裁者」的指控。若真如此，他必定是頭一個容忍各種各樣的反對派議員與報紙的獨裁者。

　　雖然許多反對派政客與市集有關連，但市集裡大部分普通老百姓還是忠於穆沙迪克。中情局的科塔姆寫道，穆沙迪克當權時代「最大的教訓」之一，就是在穆沙迪克與卡沙尼必然的分道揚鑣時刻來臨之時，「市集毫不猶豫地選擇穆沙迪克」，將他視為「民族主義」真正的象徵。[69]此外，許多與卡沙尼意見相左的教士，在阿亞圖拉古魯伊（Ghoruyi）和波奎伊（Borquei），以及霍賈特・伊斯蘭・阿布—法茲爾・贊加尼（Hojjat al-Islam Abul-Fazl Zanjani）和馬哈茂德・塔里干尼（Mahmud Taleqani）的領導下，繼續支持穆沙迪克。他的魅力與民族主義理想勝過了其他議題。

穆沙迪克與卡沙尼的關係破裂，在七月起義僅僅十天之後浮上檯面。穆沙迪克要求將他的六個月特殊權力延長至一年時，卡沙尼譴責了他的要求。穆沙迪克懷疑王室有陰謀，暗示國王應該到國外度假，這時由愚笨的夏阿邦率領的卡沙尼支持者與保王派聯合，在宮廷外抗議。約有三百人封鎖宮廷大門，懇求國王不要離開伊朗。他們也威脅恰巧被困在現場的穆沙迪克；當天稍晚抗議人士以陸軍吉普車衝破他的花園大門。穆沙迪克深信他受邀進入宮廷，就是要讓事先安排好的群眾能威嚇他。[70] 在一場向全國人民發表的冗長廣播演說中，穆沙迪克宣稱出國的想法是由國王提出，而不是他；王室家族成員干預政治，尤以國王的母親為最；他以《古蘭經》發下侍奉國王的神聖誓言；攻擊他家的惡人，是要殺掉他的「外國陰謀」的一部分。他以那句熟悉的格言做為演說的結尾：「君王君臨天下，但不統治國家。」[71] 多年過去，在伊斯蘭革命之後，馬奇在某次訪談中表示，他在這事件當中他曾警告國王，就算三百人聚在一起，也不能代表全國。[72]

伊朗政府發布逮捕札赫迪將軍的命令，指控他策劃政變，緊張情勢進一步升高。身為國會主席的卡沙尼在國會裡保護他，陪同他的有巴卡伊、庫納塔巴迪與卡沙尼的一個兒子。在某次難得前往國會時，卡沙尼前去探視他們。親穆沙迪克的議員們打算剝奪卡沙尼的主席職位，於是他譴責首相穆沙迪克「不再能代表國家」。他也譴責他建立「比一九四一年之前更獨裁的政權」。政變前幾週，他的支持者幾乎每天都與親穆沙迪克的示威者在他家外面發生衝突。某個示威者被殺，他的兩名家人被逮捕。卡沙尼的子孫之後把這件事從他們的歷史中抹去，以便盡量降低他們與穆沙迪克敵對的程度。最後，當穆沙迪克呼籲舉辦全民公投，要求支持者辭去議會職務，才能以改革後的選舉法成立新國會時，卡沙尼指控他踐踏憲法，帶領國家走上獨裁之路。這時至少有三分之一的議員都領了中情局和軍情六處的薪水。[73] 穆沙迪克直接向大眾回應：

伊朗人民——唯有你們，沒有其他人——有權裁決這個議題。因為是伊朗人民使我們的基本法律、憲法、國會與內閣制度得以成立。我們必須牢記，法律是為了人民所創造，不是人民為了法律而存在。國家有權表達其觀點；如果國家願意，也可以修改法律。在一個民主與憲政國家中，國家擁有主權，地位至高無上。[74]

在瑞士接受律師訓練的穆沙迪克時常引用憲法反對伊朗國王，但現在它卻越過同樣的法律，直接訴諸公共意志*的理論。在過去主要訴諸中產階級的自由派貴族，現在卻要吸引一般大眾。甚至曾經提議只讓識字的人投票的溫和改革者，現在卻公開尋求受壓迫民眾的支持。穆沙迪克這位孟德斯鳩的仰慕者，這時附和的卻是盧梭。為確保贏得公民投票，他把「贊成」與「反對」的票箱放在不同地點。穆沙迪克如預料中獲得壓倒性的支持，在全國二百零四萬四千六百票中，贏得二百零四萬三千三百票。[75]這場公民投票或許誇大了他的支持度，但毫無疑問的是他留住了群眾對他的支持。根據《紐約時報》的報導，人們為慶祝七月起義週年，在德黑蘭舉行盛大的集會，不過卡沙尼的支持者顯然缺席。[76]這次活動的特色還包括一場全國大罷工。[77]

## 政變計畫

唐納．威爾伯筆下的政變始末敘述從一九五二年十一月底開始講起，[78]如此他就能方便地避而不談羅伊．韓德森和喬治．米德爾頓在七月起義後立刻得出的結論，那就是除掉穆沙迪克的唯一方法就是軍事政變。他也沒提英國外交大臣艾登稍早提出「要以更有想像力的方式處理」的要求，以及一九五二年為應付當時情勢所召開的中情局—軍情六處聯合會議，未來的中情局局長艾倫·杜勒斯也出席了會議。[79]他們會議紀錄至今依舊是機密文件。

威爾伯首先按照如下順序，列出推翻穆沙迪克的六項理由：①他「拒絕」接受石油協議——威爾伯直接把責任歸咎給他；②他的「赤字財政」——根據這項邏輯，許多政府都該被推翻；③他「感情用事」的政治活動，對「個人權力」的欲望，以及他「徹底的破壞性與魯莽的態度」；④他「延長任期」，「漠視憲法」——很少人會想到中情局如此在意伊朗一九〇六年制訂的憲法；⑤他打倒伊朗國王與軍隊；以及⑥他「與大眾黨合作」，並招募大眾黨員入閣。威爾伯沒有把大眾黨形容為立即的威脅，但卻給讀者一種印象，如果現存政策持續下去，他們在未來的某一天很有可能構成嚴重威脅——一九四八年的捷克斯洛伐克正是如

* 譯註：公共意志（general will）由盧梭提出，曾出現法國大革命的「人權和公民權宣言」第六條中，主張「每位公民皆有親自或透過代表制訂法律的權利。」

此。威爾伯強調，美國國務院和英國外交部於一九五二年十一月開會，要求中情局與軍情六處準備一項推翻穆沙迪克的聯合計畫。

這項計畫最初於四月在華盛頓草擬，四月底在賽普勒斯的英國軍事基地進行微調；六月初在貝魯特進一步修改；最後六月底在倫敦定案；七月一日由美國國務卿和英國外交大臣簽署，七月十一日由艾森豪和邱吉爾簽署。政變計畫在八月中執行。他們在政變的計畫階段諮詢羅伊·韓德森；稍後才讓札赫迪將軍加入。通訊辦公室設在德黑蘭、賽普勒斯首都尼科西亞（Nicosia）和華盛頓。

克米特·羅斯福被指派擔任現場行動負責人。雖然不會說波斯語，也不具備足夠的伊朗知識，他卻有其他擔任這項任務的資格。二戰早期他有在芬蘭顛覆俄國的密探經驗。他也有一些石油產業知識，一九四〇年代福斯特·杜勒斯*曾經延攬他進入海外顧問團（Overseas Consultants），替伊朗石油利權進行遊說。[80]此外，他可以利用他顯赫的名字代表美國與伊朗國王交談。為增加資歷，羅斯福前往伊朗的途中先去拜訪邱吉爾，取得他的全力支持。離開華盛頓之前，羅斯福被告知穆沙迪克是一個「脾氣暴躁、性格古怪的老農夫，一直遊走在責任與現實邊緣，但還是從自己情緒化的角度來判斷所有問題。」[81]中情局和軍情六處將他們的聯合行動稱為「阿賈克行動」（AJAX）。一位英國歷史學家說「阿賈克行動」不過是之前一個叫「靴」（BOOT）的軍情六處計畫的擴充版。[82] 這兩個名稱充分透露出英美情治單位的心態。†

該計畫有兩部分：一是以動亂讓伊朗政府陷入不穩定的狀態，二是推翻政府的傳統軍事政變。威爾伯個人負責心理戰術「神經戰」（war of nerves）。他的專長是「白色」與「黑色宣傳」，前者是真實和其來有自的訊息；後者是虛假和刻意誤導的訊息。他吹噓他的任務是「盡可能在各方面削弱伊朗政府」，並且「將反對穆沙迪克的公眾輿論煽動到最高點」。

計畫的關鍵部分是強調所謂的共產黨威脅，將大眾黨與民族陣線相連，誇大大眾黨的力量，膨脹大眾黨員人數，捏造文件「證明」大眾黨滲透伊朗政府，聲

---

* 譯註：Foster Dulles，曾在艾森豪總統任內擔任國務卿，為共和黨內強硬的反共主義者，在冷戰時期扮演重要角色。他是當時中情局長艾倫·杜勒斯的哥哥。

† 譯註：阿賈克（Ajax）是美國的清潔劑品牌，因此 Operation Ajax 引申為把穆沙迪克清除掉的行動。Boot 則有驅趕、踢開之意。

稱它準備發動政變，並提出警告，說伊朗終將與蘇聯陣營合作，而穆沙迪克會有意或無意地為此事鋪路。美國、英國和伊朗報紙都刊出這種論述脈絡的文章。既然這些文章符合當時的公眾談話，多數報紙都樂意刊登。美國與英國的每一家主流報紙，都曾至少刊登一篇據說伊朗將在一九五三年夏天受到共產黨威脅的文章。

雖然美國和英國的政策制訂者喜歡在公開聲明中以共產黨威脅為例，在私下討論時他們對此卻半信半疑。在美國國務院與英國外交部的第一次聯合會議中，雙方一致同意「目前的局勢不包括蘇聯的煽動成分，不應該主要被視為立即短期『冷戰』問題的一部分。」[83] 英國工黨不情不願地接受伊朗石油國有化原則的同時，它抱怨美國人的反共產主義「滔滔雄辯」把他們自己「沖昏了頭」。[84] 英國駐華盛頓大使抱怨，美國過分強調「共產主義的角度」。[85] 英國外交大臣對美國國務卿強調，對穆沙迪克而言「共產主義不是唯一的選擇」。[86] 艾奇遜之後寫道，「艾登不覺得有重大危機或有必要猶豫，因為對他而言共產黨的統治不是唯一選擇。」[87] 根據羅斯福的說法，艾奇遜本人即便在一九五三年夏天也沒有把共產黨的威脅當一回事。[88]

雖然駁斥共產主義的危險性，英國外交部還是指示其官員，「我們必須對美國人強調，穆沙迪克掌權愈久，共產主義的危險就愈大。」[89]準備政變期間，英國聲稱唯有軍隊能從共產黨手中拯救伊朗。軍情六處探員蒙提．伍德豪斯（Monty Woodhouse）——如果真有「冷戰鬥士」這種人，那麼他就是——在回憶錄中承認，在他橫越大西洋的交易中，他刻意強調共產主義威脅，淡化「取回石油控制權的需要」。[90]多年後，喬治．米德爾頓也承認他總把大眾黨看成「妖怪」，不是真正的威脅，因為整個社會結構「不利於共產黨奪權」。[91]反之，艾奇遜、麥基和哈里曼等人經常引述共產黨的危險性，好讓英國人和他們在同一陣線，然而在後來的回憶錄中，他們卻很少將政變和這所謂的危險性相連。

共產黨威脅太常被提出，以致於穆沙迪克忍不住要取笑這種做法。在為賠償金所做的最後談判中，羅伊．韓德森抱怨他絕對無法將穆沙迪克的計算方式推銷此英國人。穆沙迪克諷刺道：「你可以告訴他們，你要把伊朗從共產黨手裡救出來。」韓德森太熟悉穆沙迪克的幽默感，他聽得懂穆沙迪克在嘲笑他。但是不熟悉其中諷刺意味的歷史學家們卻聲稱「這種利用冷戰的態度，決定了穆沙迪克的命運」。[92]穆沙迪克在受審時駁斥了共產主義危險性的言論，他認為提出此種說法是為了轉移人們對真正問題的注意力。「我並不擔心大眾黨，」他主張，「因為他們連一輛坦克或一架機關槍都沒有……有了未來的石油收入，我們就能減輕經濟問題，因而降低社會對他們的支持。」[93]後來他在監獄裡的筆記中重複同樣的看法。[94]基於幾點理由，他並不擔心大眾黨。他知道他們缺乏推翻他的力道。他對遭反對派斥為「滲透者」和「同路人」的部長們有信心。他信賴的姪子也是他的鄰居阿布・納司爾・阿佐德（Abu Nasr Azod）每天都向他確認，大眾黨沒有政變的計畫，甚至連想法都沒有。[95]有「紅王子」（Red Prince）之稱的阿佐德曾經有一段短暫的時間是大眾黨員，他還和某些之前的同僚保持聯絡。

還有其他沒有憑表象把共產黨當成威脅的理由。正是這批被懷疑「滲透」民族陣線的「同路人」，沒多久就獲准移民美國。如果上述懷疑屬實，這將違反移民法。在一九五三年三月召開的美國國家安全委員會高層會議中針對伊朗危機進行許多層面的討論，但幾乎沒有觸及共產主義。[96]就在政變前夕，韓德森向華盛頓方面保證，「只要安全部隊不受大眾黨影響，那麼這些部隊再加上非共產黨的人，就能向穆沙迪克提供除了共產黨以外的其他選項。」[97]值得注意的是，在威爾伯報告中提到「後座力」（中情局用來形容失敗成本的行話）可能性的章節中，隻字未提共產黨奪權，反而花許多篇幅談論發掘整個軍情六處地下組織的可能性。威爾伯文件沒有詳述建立共產主義政府的可能性，倒是列出在進一步煽動部落反抗穆沙迪克政府情況下的因應計劃。[98]

不僅如此，中情局對於大眾黨的優缺點有相當實際的評估。從它自己的資訊，再以伊朗G2的情報加以補充，中情局得知大眾黨有一萬五千名至兩萬兩千名黨員；同情該黨的人是黨員的四倍；在德黑蘭它可以得到二萬五千票之多；它有一連串掩護機構，由和平黨人（Peace Partisans）與打擊帝國主義石油公司協會（Society to Combat the Imperialist Oil Companies）兩者為首；更令人訝異的是形形色色與大眾黨相關的工會，其中百分之六十的平民都是工人，有些是女性，但大多數「有學養的人都穿著得體的西式服裝」；此外七月起義週年時，大眾黨可以在德黑蘭號召約五萬三千人，而《紐約時報》將人數誇大至十萬人。[99]古拉姆—胡笙．薩迪基之後抱怨，卡雷爾．馬爾基堅持民族陣線和大眾黨有各自獨立的集會，但這一點卻讓反對派有機可乘。[100]

但是中情局也知道這些數字不必然能解釋為政治實力。大眾黨沒有軍隊，在軍隊的黨員也已經被邊緣化。它沒有談論革命，而且既沒有打算起義、也沒有準備進行軍事鬥爭。[101]它主要的目標就是支持穆沙迪克，創造統一陣線。[102]英國人不明白大眾黨為何沒有「利用七月的騷動角逐權力」。[103]一份中情局的報告指出，「民族陣線政府會在一九五三年間持續掌權。該政府有能力採取有效的鎮壓行動，制約群眾暴力與大眾黨的煽動……大眾黨不能控制政府。無論是反對民族陣線的團體和大眾黨，都不可能發展出推翻民族陣線的力量。」[104]另一份中情局報告表示，「大眾黨沒有擬定任何大規模軍事行動的計畫……它指示黨員『保護』政府，對抗可能發生的政變。大眾黨不相信情勢有利於自己奪權。」[105]政變前夕，英國外交部報告指出，大眾黨將活動侷限在鞏固勞工組織，「難以預見它會在何種情況下試圖發動政變」。[106]報告中繼續說，伊朗軍隊能夠處理此種意圖。英國外交部也在無意間承認，真正的問題是伊朗人「對所有外國人根深柢固的不信任感」，難以「分辨美國與蘇聯目標的差異」，因此他們對「中立主義」有強烈的「幻想」。[107]換句話說，真正的問題不是共產主義，而是中立主義。與在聖希爾（Saint Cyr）軍校受訓的伊朗人保持密切關係的法國軍事專員也確認上述中情局的實際評估。在拜訪這名軍事專員之後，英國大使在喀布爾的報告中指出：

博伊斯（Bois）上校（於一九五三年六月造訪喀布爾）表示，穆沙迪克的權力仍相當穩固，擁有大多數人民的支持。他似乎不認為大眾黨在不久的將來有任何機會掌權。他說他們的力量隨著穆沙迪克與他們合作或反對他們而起落。他的策略顯然是操弄大眾黨和極右派，讓雙方對立……他預期伊朗很快就會像埃及一樣成為共和國。[108]

著名的歷史學家威廉・羅傑・路易斯以「諷刺」一詞解釋政治宣傳和現實評估之間的差異。他寫道，「這傳聞的荒謬，有一部分來自於穆沙迪克仍舊是和平主義者、民族主義者和反共產主義者。穆沙迪克依舊是觸及伊朗民族主義基調的大人物。他擁有來自廣大群眾的支持，部分原因是他的社會改革現在已經開始扎根。」[109]

除了大肆宣揚共產主義威脅，中情局與軍情六處也定期提供資金給以下對象：約二十到三十名議員，數目多達每週一萬一千美元；二十多家定期刊登來自倫敦與華盛頓文章的報紙；將於一九五三年二月發動部族叛變的巴赫蒂亞里部族酋長們；不知名的「恐怖分子團體」，最有可能是伊斯蘭敢死隊，好讓他們「對穆沙迪克與其隨行人員採取直接的行動」；伊朗國家社會主義黨、伊朗勞動黨和亞利安黨；並且藉由阿亞圖拉貝赫貝哈尼給伊朗南方的傳教士與「路提」幫派。他們認為這些幫派比右翼小黨的規模更大。一九五三年流通各處的資金，人稱貝赫貝哈尼元。

安排刊登在報紙上的許多篇文章中，有一篇聲稱法特米是同性戀，他不但改信基督教和巴哈伊教，還因為偷錢被教會學校退學。[110] 這是公開煽動謀殺，因為上述罪名在伊斯蘭基本教義派的眼中會讓他遭受三次以上的死刑。事實上，不過就在一年前，一名伊斯蘭敢死隊成員就大喊「殺死伊斯蘭教的敵人」，然後對法特米開槍，使他身受重傷。曾訪問參與政變中情局探員的馬克．加西歐羅斯基發現，政治宣傳戰還包括散播穆沙迪克有猶太祖先的謠言。[111] 中情局與軍情六處不能因為沒有跳出框架思考而受到指責。

威爾伯捏造文件，以「證明」穆沙迪克「反宗教」、「被權力腐化」和「被不擇手段的顧問包圍」，贊成「分離運動」，以及與大眾黨「祕密合作」。他也捏造顯示大眾黨已經滲透民族陣線的文件；並計畫殺害宗教領袖——一位阿亞圖拉的房子遭人炸毀，許多神職人員收到威脅信，信中高呼立刻建立「人民的民主共和國」。中情局也製造偽鈔，打算以「仿冒貨幣」淹沒伊朗；然而迄今並不清楚偽鈔計畫是否付諸實行。

該計畫進一步約定，媒體（尤其是西方報紙）要強調「共產主義的危險」，並且對「穆沙迪克對於大眾黨的容忍態度表示關切」。美國高層人士將做出「粉碎所有援助希望的官方聲明」。八月初，美國國務卿在環遊中東之旅時特別聲明他不會停留伊朗。同時，美國國務院將美國總統稍早給穆沙迪克的私人信件洩露出去，信中他通知穆沙迪克，他不可能對於像伊朗這樣富含石油的國家提供進一步援助。在美國「渡長假」的韓德森於克拉嗤停留，拜訪杜勒斯，路透社引用韓德森的話，說美國「絞盡腦汁」都無法解決英國與伊朗間的爭端。《時代雜誌》形容這是「休克療法」。[112]《紐約時報》在標題為〈玩火自焚的穆沙迪克〉的一篇文章中警告，「我們知道他對權力的飢渴，他的個人野心，他是無情的煽動家，蔑視自己人民的自由。他支持大眾黨，追隨讓共產主義愈來愈危險的政策。」[113]這篇社論可能是親自由威爾伯所寫。

破壞穩定的最嚴重行動發生在四月，在這一起由軍情六處積極參與其中的行動中，巴卡伊的支持者綁架肅清武裝部隊的軍官也是警察局長馬哈茂德·阿夫沙爾圖斯將軍（Gen. Mahmoud Afshartous），並將他凌虐至死。他殘破的遺體被人丟在德黑蘭郊外，藉此向所有人表明政府連最高層人士都無法保護。警察發出巴卡伊、札赫迪與十五名相關人士的逮捕令，包括《目擊者》的編輯和五名退休將軍。其中一名犯人之後加入情報與國家安全組織（SAVAK，全名 Sazman-e Ettela'at va Amniyat-e Keshvar），一九七九年革命後因為涉及阿夫沙爾圖斯將軍的謀殺案被處以死刑。[114] 某參與計畫的軍情六處探員事後告訴一名記者，他們不打算殺掉阿夫沙爾圖斯將軍，但其中某個綁匪情緒失控，射殺了他。[115] 但這無法解釋屍體為何看來慘遭凌虐。《紐約時報》聲稱「穆沙迪克試圖利用阿夫沙爾圖斯將軍事件讓所有反對人士名譽掃地」。[116]

政變的實際軍事組成要素，主要仰賴伊朗國王。他要給政變「類合法的掩護」。他也被視為現役軍官中唯一有聲望的人。札赫迪將軍的形象則是「腐敗的」、多少有些虛張聲勢的人。為了讓國王參與政變，中情局與軍情六處接二連三派出特使：國王「意志堅強」的雙胞胎妹妹阿什拉夫公主從里耶維拉（Riviera）帶著一封祕密信函私下來訪；於一九四二至一九四八年替美國擔任憲兵使節團首長的美國諾曼·史瓦茲柯夫將軍（Gen. Norman Schwarzkopf），利用中東巡迴做為掩護，進行「社交訪問」；阿薩杜拉·拉希迪安帶了一則編碼訊息給國王，以證明他代表英國政府發言；克米特·羅斯福潛入王宮，向國王保證艾森豪和邱吉爾都全力支持政變。羅斯福也向國王保證，在政變後美國會盡力提供「充分的援助」，英國也會「本著善意與公平的精神」與伊朗達成「慷慨的石油協議」。

立刻坦承自己討厭「冒著風險」的國王遲遲不答應，直到他的前G2首長阿哈維上校給了他願意實際參與政變的四十名現役軍官的名字之後才點頭。國王要的是真正的名單，而不是模糊的承諾。為了再次向國王保證，札赫迪將軍同意在一份沒有註明日期的總理辭職信上簽名。[117] 國王最不樂見的就是在除掉一位平民總理之後，發現自己落入一位將軍的掌控中。那就彷彿是從煎鍋跳進火堆裡。英美向伊朗國王表明，如果他不「加入」，他們就會「在沒有他的情況下」繼續進行。他們警告他，果真如此，他們將「不再支持王朝」，其結果就是「王朝將會滅亡」。這聽起來與其像是友好的提醒，更像是最後通牒。

政變計畫的步驟安排如下：在八月中某個指定的夜晚，由指揮官內馬圖拉·納塞里上校（Col. Nematullah Naseri）率領的一個帝國衛隊（Imperial Guards）分遣隊，會向穆沙迪克出示一份簽名的正式王室法令（farman），內容是以札赫迪取代他的首相職位；另一個分遣隊會逮捕重要的部長；由巴特馬嘎里奇將軍（General Batmaqalich）率領的另一隊會接管電話電報局、廣播電台和參謀總部。札赫迪最新指派的參謀總長巴特馬嘎里奇將軍發布命令，指示軍隊和坦克離開軍營進入首都，摧毀反抗者，進行大規模逮捕；會有一百人立即被捕，有四千名激進分子在接下來的幾天被捕。街頭幫派會攻擊與大眾黨和民族陣線有關連的辦公室，以分散注意力。計畫中規定，如果無法執行「類合法」的政變，那麼就會進行更直接的軍事行動。來自各省駐軍的增援部隊將湧入首都支援，包括由巴赫蒂亞里上校率領來自克爾曼沙赫的軍隊，以及由卡拉尼上校率領來自加茲溫的軍隊。如果上述計畫全部失敗，就會依照臨時計畫號召部族叛變，主要是伊斯法罕郊外的巴赫蒂亞里部族，以及亞塞拜然的沙薩芬斯（Shahsavens）部族。該計畫包含以下必須留意的附註：

上述資料是一項交由東方人執行的西式計畫。然而擬訂計畫的作者們具有對該東方國家及其人民的透徹知識，這些人致力於檢視與評估所有來自伊朗觀點的細節。由於一般認為伊朗人沒有能力以充分具邏輯性的態度規劃與執行計畫，我們絕對無法期待這樣的計畫能夠和西方人執行的行動一樣，在當地氛圍中重新加以研究和執行。近年來在伊朗並無此種行動的先例。禮薩國王的政變性質完全不同。最近其他近東國家的政變在執行上遠比伊朗政變輕鬆，因為他們沒有大批親共產黨的反對派，或遭到擁有強大民意支持的政府首長的阻礙。[118]

一九五二年七月起義之後，由穆沙迪克任命的新參謀總長里亞希將軍（General Riyahi）立即重組德黑蘭駐軍，而政變的最大阻礙就是該駐軍的指揮架構。里亞希將軍把駐軍分成由兩個武裝旅和三個山地（輕武裝）旅組成的五個旅，將他們安置在不同營區，分別由他信任的上校指揮，設立繁複的查核程序，防止任何人未經授權就動用坦克、軍隊、卡車、彈藥、備用零件，甚至是汽油。五位指揮官中有四位都和里亞希將軍一樣，是留法的伊朗黨黨員：阿里．沙耶根的姪子阿里．帕爾薩上校（Col. Ali Parsa），負責在馬赫阿巴德機場（Mahabad Airport）指揮第一山地旅；埃札塔拉．蒙姆塔茲上校（Col. Ezatallah Momtaz），負責在賈姆席迪耶（Jamshidieh）指揮第二山地旅；唯一經歷與其他人不同的阿什拉非上校，在埃什格阿巴德（Eshqabad）指揮第三山地旅；納賽爾・夏赫魯格上校（Col. Nasser Shahrough），在卡斯爾（Qasr）指揮第二裝甲旅；以及羅斯塔姆・諾札里上校（Col. Rostom Nowzari），在索檀阿巴德（Sultanabad）指揮第一裝甲旅——這裡是最大的軍營，有三十二輛坦克，其中有十六輛是謝爾曼坦克。[119] 里亞希將軍唯一不信任的指揮官是阿什拉非，而他就是軍情六處的探員。儘管如此，在政變當天，阿什拉非拒絕參與，結果很快就被國王免職。他一直享有反對政變的榮譽名聲，直到晚年都是如此。[120]

最忠心耿耿的部隊——帝國衛隊，在七月起義之後就被解除重武裝，但獲准在國王的花園（Baq-e Shah）保留自己的沙阿德阿巴德宮殿（Sa'adabad）* 兵營。首都裡唯一的另一個分遣隊是常駐衛隊（Customs Guard），由穆沙迪克的姪子，也就是馬丁・達夫塔里的兄弟穆罕默德・達夫塔里（Gen. Muhammad Daftari）指揮；馬丁・達夫塔里是穆沙迪克在國際法領域的主要顧問。威爾伯文件指出穆沙迪克的參謀長是他精挑細選，里亞希將軍的旅指揮官也是他精挑細選，這些指揮官對軍營有很好的掌控力。為了破壞這嚴密的指揮架構，政變計畫打算任命新的參謀長，此人將直接向副軍營指揮官及其坦克軍官下達指令，從而削弱旅指揮官的命令。阿哈維遞交給國王的四十個名字，包括贊德—卡里米中校（Lt. Cols. Zand-Karimi）、魯哈尼與霍斯勞—帕納（Khosrow-Pana）以及馬傑德·賈漢班尼（Cpt. Majed Jahanbani）上尉、阿克巴·贊德（Akbar Zand）、納斯羅拉·塞佩赫爾（Nasrallah Sepehr）與阿克巴·達德斯坦（Akbar Dadstan）等戰地軍官。該計畫強調唯有不讓大眾黨群眾走上街頭，「政變的軍事層面」才能成功。它也強調不應該太依賴保王黨的街頭「幫派」，因為這些人集結起來頂多也只有三千人。[121]

## —冒牌的造反—

政變於八月十五日夜間展開。三個帝國衛隊分遣隊按照計畫，離開他們位於國王的花園營房。納塞里上校率領由一輛裝甲車、兩輛吉普車和兩輛載滿武裝衛兵的卡車組成的車隊直奔穆沙迪克住處。由兩輛載滿衛兵的卡車組成的第二個

* 譯註：沙阿德阿巴德宮殿建築群最初為卡加爾王朝所建，後由巴勒維王朝擴建，在伊朗伊斯蘭革命之後部分做為伊朗總統官邸，部分開放為博物館。

分遣隊開往德黑蘭北部，來到里亞希將軍與法特米、哈格什納斯和齊拉克札德赫等幾位內閣共用的夏屋。第三個分遣隊由巴特格瑪利區和胡笙・阿茲穆德上校（Col. Hussein Azmoudeh）率領，來到德黑蘭中部的電報局和參謀總部。只有第二個分遣隊成功執行任務。在短暫交火之後，他們逮捕了法特米、哈格什納斯和齊拉克札德赫。有人走漏消息給里亞希，他匆匆趕往他的參謀總部。

抵達穆沙迪克住處的納塞里發現自己眼前有更多軍隊。等著他的是率領四輛坦克的第二山地旅指揮官蒙姆塔茲上校。納塞里沒能逮捕穆沙迪克，反而是穆沙迪克逮捕了納塞里。穆沙迪克駁斥王室法令乃是偽造文件，主張國王沒有指派或免職首相的憲政權力；根據穆沙迪克的說法，這項權力屬於國會。同樣地，當巴特格瑪利區抵達參謀總部時，他發現自己面對包括一輛坦克在內比他更具優勢的軍隊。他逃走了，但他的副手阿茲穆德遭到逮捕。威爾伯不明白哪裡出了錯。

事實上，一名年輕的帝國衛士邁赫迪・胡馬尤尼上尉（Capt. Mehdi Homayuni）恰好也是大眾黨祕密軍事分支成員，因此他已經警告上級政變即將到來。他的組織將訊息傳給黨中央委員會及其祕密軍事網絡之間的主要聯絡人，努爾丁・基亞努里。基亞努里與穆沙迪克的妻子兩人是近親，知道彼此的電話號碼，因此基亞努里得以迅速傳遞消息。他警告穆沙迪克政變即將到來，告知他納塞里的一舉一動。[122]穆沙迪克於是指示里亞希採取必要的預防措施。包括坦克在內的增援部隊趕往穆沙迪克的住處以及參謀總部。穆沙迪克在審判中證實了這說法大致上的重點。他敘述某人在晚上七點打電話到家裡給他太太，警告她當天即將發生的那場計畫中的政變。他解釋道，就是這個不具名的人把牽涉政變的軍官名單唸給他聽。[123]

第二天早晨五點，首都恢復常態。政府解除戒嚴令，宣布已發出三十份逮捕令。納塞里和包括邁赫迪．胡馬尤尼在內的十四名帝國衛士已經被逮捕。以札赫迪、巴特格瑪利區、法爾桑德根與佩倫為首的其他人藏匿他處；札赫迪躲在一名美國外交官家裡。某位部長建議應該將納塞里處死，穆沙迪克駁斥道這想法不僅違法，而且荒謬。[124]同時，國王按照政變失敗的計畫，帶著妻子和私人飛行員搭乘小飛機飛往巴格達。

穆沙迪克指派一名G2的律師進行調查，他對政變始末的掌握大致無誤。[125]他在政變後立刻寫下的報告直到一九七九年伊斯蘭革命之後才發表。他指認大部分主要參與者，並提到一名合眾通訊社（United Press）特派員以及某個潛入宮廷中的「不知名的美國人」也涉入其中。他建議逮捕阿哈維上校與達夫塔里將軍兩人。然而里亞希的老友阿哈維卻威脅要在他面前轟掉自己的腦袋，於是阿哈維獲准以「生病」為由住進醫院。至於穆沙迪克的姪子達夫塔里則痛哭流涕否認涉案，發誓自己忠於穆沙迪克，於是他保住了常駐衛隊指揮官一職。此時仍然是「紳士說話算話」的年代。中情局散布謠言，說被逮捕的人將遭處決。事實上，他們與之前被拘留的巴卡伊和愚蠢的舍爾班等人一起被關在一個低安全級別的監獄裡，這些人要到外面的世界十分容易。

在政變失敗的第二天，由民族陣線與大眾黨組成的大批群眾在菲爾多西廣場（Ferdowsi Square）與拉札爾大道（Lalzar Avenues）、納德里大道（Naderi Avenues）和伊斯坦堡大道（Istanbul Avenues）自發慶祝。他們改變街道名稱，撕掉伊朗國王的照片，推倒王室雕像，尤其是砲彈廣場（CanNo. Square）上最醒目的那座禮薩國王雕像。齊拉克扎德赫事後寫道，他的伊朗黨積極參與上述行動。法特米知會同僚，穆沙迪克寬恕這些活動。[126]之後才發現穆沙迪克叫里亞希不要干涉人民的行為，因為「人們需要宣洩他們的憤怒；他們有理由憤怒」。[127]其他群眾也在大多數省分的城鎮中推倒雕像，不過夏希（Shahi，亦即奇亞姆沙赫爾，Qiyamshahr）這地方除外，因為巴勒維王朝在該地投資大筆錢資助當地經濟與大莊園。[128]

同一天傍晚，在國會廣場聚集了人數更多但秩序井然的群眾，前來聽取政府發言人的說法。主要發言人是法特米、沙耶根、哈格什納斯、拉扎維與齊拉克扎德赫。這場集會由民族陣線贊助，以伊朗黨、第三勢力和市集行會與零售商工會聯盟為主。它也得到大眾黨及其附屬工會的支持。除法特米外的其他發言人贊同成立委員會解決憲政議題。他們再次強調國王不應該有實際的統治權。然而法特米卻表示有必要建立共和國，審判發動政變的「賣國賊」。他將最近被罷免的埃及國王法魯克（Farouk）以及剛逃往巴格達的「那名年輕人」兩人相比。那天早上法特米低調將知識分子的典範、也是憲政改革的老前輩阿里・德赫胡達（Ali Dehkhoda）帶到穆沙迪克家中，研究指派他擔任未來共和國總統的可能性。[129] 這場集會最後決議呼籲成立解決憲政危機的委員會。穆沙迪克堅持成立該委員會，他告訴部長們他以《古蘭經》發誓要忠於君主立憲制度。事後法特米寫道，穆沙迪克唯一提高聲量的一次，就是提到這問題時。[130]

對雕像和王室徽章的零星攻擊一直持續到晚上。同一天傍晚，法特米在《今日西方》發表了一篇文章，宣稱君主制已死且被埋葬。文中形容王宮是「腐敗的中心」，國王是「反覆無常的嗜血者」，是「英國的僕人」，是「巴格達的小偷」，國王的父親是簽署惡名昭彰的《一九三三年石油協議》的獨裁者。[131] 這篇文章與這番言論之後決定了法特米的命運。[132] 稍早他告訴他在《今日西方》的助理自己充滿信心，因為他知道阿亞圖拉卡沙尼與其他「機會主義者」沒什麼影響力，以及少了石油一樣能發展經濟，還有西方國家刻意誇大大眾黨的威脅。「法特米博士」，之後他的助理說，「沒有把共產主義當成明確或立即的威脅……他的看法大體上反應出穆沙迪克博士的看法。」[133]

在納塞里慘敗之後，中情局和軍情六處總部裡的某些人斷定整場政變失敗了。華盛頓方面指示要羅斯福離開伊朗。羅伯特．麥克盧爾認為剩下的希望就是里亞希將軍最後會執行他自己的政變。這位對現場情況不太清楚的美國國務次卿寫道：「現在我們必須以全新的觀點看待伊朗的情勢，如果要在當地挽救些甚麼，或許必須向穆沙迪克靠攏。」[134] 然而其他人，特別是羅斯福卻斷言，失敗的只有政變的「類合法」部分。他們主張核心網絡——尤其是軍事組成——依舊完整無缺，只需臨機應變就還是能執行原始計畫。羅斯福聲稱他威脅要去除掉所有耽溺於「失敗主義言論」的人。在放「延長的假期」好讓自己在政變中缺席的韓德森，聽說政變慘敗時人在貝魯特。他立刻坐軍機趕回德黑蘭，穆沙迪克的兒子在機場迎接他。離開機場途中，他看見歡欣鼓舞的群眾正在推倒雕像。他立刻在美國大使館會見羅斯福，接著他要求與穆沙迪克舉行緊急會議。穆沙迪克同意在第二天，也就是八月十八日與他開會。

這次會議的重要性常被忽略，穆沙迪克的仰慕者寧可掩飾它。威爾伯完全無視會議，反而用模糊的語言說明某個「情況」是如何被製造出來，在這情況下「可以執行軍事計畫」。[135] 韓德森送了一份經過美化的摘要，省略自己在真實政變中的助力。[136] 畢竟堂堂大使不應該插手遮遮掩掩的事——這部分歸中情局管。他將在二十年後的哥倫比亞大學口述歷史計畫中提供一份美化較少的版本。[137] 他也在政變後立刻將類似的版本洩漏給《時代雜誌》，當然是以匿名方式。[138] 他自己在死後才公開的私人報告證實了《時代雜誌》的敘述。報告中揭露他給穆沙迪克下最後通牒，而且就在開會前不久，他才和羅斯福一起設法商討出一個策略。[139] 這一點由歷史學家史蒂芬・安布羅斯（Stephen Ambrose）在他的著作《艾克的間諜：艾森豪與諜報機構》（*Ike's Spies: Eisenhower and the Espionage Establishment*）中證實；在寫作本書時他可以自由取用其他韓德森的報告。

根據韓德森的說法，會議持續整整一小時，一開始雙方維持禮貌的態度。身穿西裝而不是「平常穿的睡衣」的穆沙迪克表現出「彬彬有禮的一面」，但還是多少顯得有些「怒火中燒」。他責怪英國試圖發動政變，雖然他從G2的報告中一定知道美國人，尤其是麥克盧爾，必定也牽連其中。對於他不在伊朗時發生的這一連串事件，韓德森表達「哀傷」之意。穆沙迪克對他露出「諷刺的微笑」。

然而當韓德森把話題轉向眼前「極其嚴重」的事情時，氣氛突然一變：伊朗執法不力，無法保護美國人的安全。伊斯法罕的美國領事才剛打電話給他，告知他危險的「暴民」將他的房子貼滿「打倒美國人」和「洋基佬滾回家」的口號。他的軍事專員車子遭到攻擊，司機被人刺傷。韓德森於是向穆沙迪克下達明確的最後通牒，如果伊朗當局沒有採取強而有力的行動建立街頭秩序，他別無選擇，只好要求所有美國人立即離開伊朗。他強調既然政府不再能控制街頭，那麼美國也不能繼續承認穆沙迪克是政府的領袖。他也順帶提到，他已經聽說國王將穆沙迪克免職，那麼問題就是他到底還是不是合法的首相。在向內閣回報時，穆沙迪克特別說明韓德森質疑他的權力。[140] 穆沙迪克表示他堅定指出憲法沒有賦予君王解除首相職務的權力。威脅穆沙迪克的同時，韓德森卻也承諾，如果伊朗能立刻採取有力的行動重建街頭秩序，美國未來將在財務上繼續提供協助，並持續承認穆沙迪克的地位。內政部長薩迪基之後說道，由於韓德森強烈抱怨反美示威事件，穆沙迪克曾要求人們不要走上街頭，好答應韓德森的請求。[141]之後一份美國大使館針對政變的報告中拐彎抹角地提到，在對話中韓德森提出誰是合法首相的敏感議題。[142]

主要參考韓德森私人報告的安布羅斯寫道，返回德黑蘭後「要求立刻會見」穆沙迪克的這位大使曾強烈「抗議暴民攻擊」西方人，並威脅對方如果街頭沒有淨空，就會撤離所有美國人。根據韓德森的說法，穆沙迪克「驚慌失措」，他拿起電話下令警察局長「恢復街頭秩序」。他下結論說，這就是「這老人致命的錯誤」。[143]

穆沙迪克上鉤了。他正式下令禁止所有示威活動。[144]里亞希將軍也宣布，他的軍隊收到有必要就開槍的指示。在對政變做的評論中，《時代雜誌》表示在韓德森拜訪穆沙迪克之後，「事情立刻就發生了」。「韓德森離開後，穆沙迪克深信美國人無法決定是否要繼續承認自己是伊朗首相……於是這位老人顫抖地拿起電話，下令軍隊和警察將暴動的共產黨趕出街頭。」關於這次會議，《新聞週刊》（*Newsweek*）上也出現類似描述。[145] 韓德森本人在二十年後接受的訪問中說到穆沙迪克「在我面前拿起電話打給警察局長，下令警察接受指示，立即恢復街頭秩序，擊潰四處遊走、沈迷於暴力行動的幫派。」然而在官方說法中，韓德森承認穆沙迪克命令的重要性，但卻避免提及自己的角色。他只寫道穆沙迪克「下令淨空街頭，停止示威活動。」[146] 事情就這麼發生了。

一位英國外交部專家獲准取得德黑蘭美國大使館與華盛頓國務院之間的通訊，他說穆沙迪克下令「淨空街頭」時，「情勢中的第一個重大突破」就出現了。[147] 有一篇更長的事後檢討報告可能是由羅斯福本人寫給英國外交部，這篇經過大幅修訂的報告中說道：「下午韓德森先生拜訪穆沙迪克首相……他們的會議突然結束。根據可靠的消息來源，就在這次會議之後，立刻開始執行八月十九日種種事件的計畫。」[148]

《紐約時報》通訊記者寫道，伊朗政府在八月十八日禁止所有街頭示威活動，因為不受控制的大眾黨與民族陣線暴民在互毆。[149] 同一名通訊記者也提出誤導的訊息，說有人看見札赫迪在遙遠的亞塞拜然。其實躲在德黑蘭的他很有可能與美國人在一起。同一天夜晚，現在已是德黑蘭軍事總督以及第三山地旅指揮官的阿什拉非上校召來大眾黨與民族陣線代表，向他們宣讀穆沙迪克要民眾遠離街頭的明確指示。[150]

第二天早晨，大眾黨以及民族陣線遵守了穆沙迪克的指示。[151]第三勢力黨宣布來自右翼的勢力已死去並且被埋葬，但來自大眾黨的勢力依舊完好如初。[152]博斯科兄弟與第三勢力合作無間。同時，依舊擁有出版自由的六家反對派報紙，醒目地刊出任命札赫迪將軍為伊朗首相的王室法令。卡沙尼的《伊斯蘭之星》也在其中。霍賈特・伊斯蘭・塔里千尼（Hojjat al-Islam Taleqani）之後透露，偽造文書的人在阿亞圖拉貝赫貝哈尼家中忙了一整晚，以大眾黨的名義製作傳單，預告「民主的人民共和國」的黎明即將到來。他們也威脅要將大阿亞圖拉布魯傑迪在內的伊斯蘭教士領袖吊死在燈柱上。[153]早上六點半，內閣成員在穆沙迪克家中開會，討論是否舉辦公民投票決定君主制的存廢。他們委託內政部長薩迪基準備投票箱。早上八點，他指示各省總督準備舉辦公民投票。[154]

大約在同一時間，一群約三百人的幫派拿著刀子、石頭與棍棒，從伊朗南部經過市集走向北部。[155]帶頭的是愚蠢的夏阿邦的同僚塔耶布。《紐約時報》記者寫道，這些「來自貧民窟的街頭打手」替軍事介入了很好的的藉口。[156]擁有政變第一手知識的科塔姆對這批街頭幫派分子做出如下描述：

> 暴民領袖所屬的運動俱樂部，是身強力壯的年輕惡棍聚集的中心，他們就是俗稱的「割喉者」，受雇執行各式各樣腐敗或恐怖活動。一般來說，暴民領袖也控制許多妓院和賭場。政客可以雇用這些人和他的手下，每當需要發動大型政治示威活動，這些暴民領袖就收買大批沒有技術的勞工……右派和保王派政客也最常買通殺手暴民。一九五三年八月十九日，這些來自德黑蘭南部貧民窟的暴民是由毛拉（mullah，即伊斯蘭宗教人士）和割喉者所領導，他們向右派將領獻上打敗穆沙迪克的勝利結果。
>
> 毫無疑問，這群出現在一九五三年八月十九日推翻穆沙迪克的暴民，是由貝赫貝哈尼的組織號召集結而來的德黑蘭南部文盲，從旁協助的是卡沙尼、其他地位較低的毛拉和形形色色的割喉者領袖。暴民高喊著擁護國王的口號，當然有些人的呼喊是發自內心的信念；不過保王黨也不能期待一直得到這一區人的支持。[157]

當時曾花許多時間和時常進出傳統體操館的人以及塔耶布仰慕者交談的一位英國作家克里斯多福·德·貝萊格（Christopher de Bellaigue）有類似的描述：

> 一九五三年八月十八日，塔耶布帶話給他最親近的同夥，要他們在蔬果市場集合。第二天早晨約有三百人出現，他們帶著刀子和其他武器。塔耶布把從三個從事銀行業的兄弟那裡收到的錢發下去；這三人是中情局送錢的中間人。當地小伙子不斷加入，愈來愈多的這一群人從市場出發，高舉反穆沙迪克的口號，毆打穿白襯衫的人（共產黨常穿著白襯衫）逼迫路過的車子按喇叭表示支持國王。由艾西·拉姆贊（Icy Ramazan）帶頭的另一群人在路上加入塔耶布這夥人。他們愈往北走，加入的人愈多。最別開生面的團體來自新市鎮（New Town，紅燈區），由當時最出名的妓女組成……塔耶布和其他人的行動，使得發動政變的人可以將八月十九日的事件形容成是民意的表達，而不是中情局贊助的陰謀。[158]

這群人拆掉擺放政府出版品的書報攤；毆打拒絕大喊「國王萬歲」口號的行人和司機；威脅商店關門，不然就要進去搶劫；搜索左派知識分子的社交中心薩迪劇院（Sa'adi Theatre）；放火燒毀伊朗黨、第三勢力黨以及《今日西方》和大眾黨主要報紙《邁向未來》的辦公室。羅斯福描述朝市中心前進的人群是「由受雇卡車免費載來的失業者」、某些伊斯蘭敢死隊支持者以及伊朗勞動黨、伊朗國家社會主義黨和亞利安黨黨員、從維拉明的王室莊園坐卡車來的農民，以及最重要的、從中央監獄被放出來的囚犯，這些人都加入了。[159] 破壞稍早政變的帝國衛隊成員胡馬尤尼上尉在他的回憶錄中寫道，大約上午九點，這些街頭暴民把他和其他關在中央監獄的人放了出來。[160] 到了下午兩點，帝國衛隊（其中有許多人都穿著平民的衣服）已經開著卡車離開軍營進入城市。[161] 這群保王派「群眾」總人數不超過三到四千人。

雖然一名贊同中情局的美國記者事後將他們形容為「一列怪誕的隊伍」，保王黨很快就讚揚他們是「自發性的」群眾，帶來一場「人民起義」（Qiyam）——甚至可以說是一場「國王子民的革命」（Enqelab）。[162] 然而四千人不能算是群眾，尤其是在這隨隨便便就能召集五萬多人的國家。這股勢力在政變中也沒有發揮功用，它充其量不過是替重頭戲，也就是一場傳統的軍事政變敲鑼打鼓。目擊他們攻擊第三勢力黨辦公室的某個人寫道，這些惡棍人數太少，無法接管該棟大樓；他們必須等卡車載士兵過來，之後才能在軍官的監督下搶劫辦公室。[163]

在暴徒劫掠時，軍隊指揮官們把坦克開進城裡。某個目擊者聲稱，值得信賴的第一裝甲旅指揮官諾札里上校在大清早趕往索檀阿巴德軍營（Sultanabad Barracks），下令祕密保王派人士賈漢班尼上尉（Captain Jahanbani）趕忙把坦克開進城裡，執行穆沙迪克淨空街頭的命令。[164] 到底其他旅的指揮官是否自行照做，或者是倉促間被指派為軍事總督和警察局長的達夫塔里將軍指示他們的副手這麼做，至今依舊不清楚。[165] 穆沙迪克不顧G2與參謀總長的反對，指派常駐衛隊指揮官達夫塔里擔任這兩項重要職務，因為他覺得只有他的近親才能妥善處理當時的情況。薩迪基在回憶錄中寫道，早上十一點總理打電話給他，指示他將警察局長和軍事總督的職務交給達夫塔里將軍。[166] 換句話說，政變主謀者之一現在擔任了三項重要職務：軍事總督、警察局長和常駐衛隊指揮官。胡馬尤尼上尉寫道，這位新上任的軍事總督立刻派遣保王派軍官逮捕軍旅指揮官——尤其是馬赫阿巴德軍營第一山地旅的帕爾薩上校。[167]

多年後，《今日西方》的法特米助理聲稱穆沙迪克本人指示各軍營准許坦克離開，以便建立德黑蘭的法律與秩序。[168]於是防止政變發生的最大阻礙消除了。這些載滿士兵的三十二輛坦克與和卡車一旦獲准離開軍營，他們不是朝四處搶劫的歹徒開去，而是直奔最初政變計畫中安排的戰略崗位。蒙姆塔茲上校事後承認，派去保衛政府的坦克，最後卻去攻擊政府。[169]當天坦克占領參謀總部，占領電話電信局大樓，中斷政府與穆沙迪克指揮的軍營之間的通訊；攻占內政部，薩迪基逃到穆沙迪克家裡；還攻占廣播電台，最先向全國發表演說的有札赫迪、國王的弟弟、卡沙尼的兒子以及主要保王派報紙的編輯們。

到了傍晚五點，由保王黨軍官駕駛的坦克以及由愚蠢的夏阿邦領導的街頭幫派聚集在穆沙迪克家中。白天穆沙迪克與他的大多數顧問——沙耶根、法特米、納里曼、哈塞比、拉札維、齊拉克扎德赫、薩迪基和默阿澤米兄弟等人，開了幾場會議。雖然雙方最後的交火又拖延了整整兩小時，但結果不出所料。保護穆沙迪克住處的蒙姆塔茲上校只有三輛坦克，攻擊穆沙迪克住處的魯哈尼上校和阿夫哈米上校卻有二十四輛坦克，其中包括兩輛毀滅性的謝爾曼坦克。之後蒙姆塔茲說道，在生死交關的那一天，他這一方總共有五輛坦克，三輛守衛穆沙迪克的住家，一輛保護士官學校，另一輛在國王的花園外面。[170] 他知會穆沙迪克，他的輕型坦克比不上轟炸穆沙迪克住家的重型謝爾曼坦克。[171]

大約晚上七點，子彈飛進屋內，穆沙迪克下令蒙姆塔茲上校停火。就在嚴重損毀的房子遭暴徒洗劫時，穆沙迪克和包括沙耶根、薩迪基、齊拉克扎德赫、納里曼、拉扎維、謝弗拉・默阿澤米和哈塞比等人在內的同僚爬牆進入鄰居家裡。在這過程中，齊拉克扎德赫扭斷了腳踝，穆沙迪克頭部割傷。之後他們分散開來，到那條路上的其他屋子裡。穆沙迪克、沙耶根、薩迪基、拉札維和謝弗拉・默阿澤米設法逃到住在附近的默阿澤米家裡，接著他們聯絡上堅定的保王派、也是未來的首相賈法爾・謝里夫—埃馬米（Jafar Sharef-Emami），他恰巧是默阿澤米的小舅子（或是大舅子）。他們先是被拘留在軍官俱樂部，接收他們的是薩迪基的姻親巴特格瑪利區將軍，他是新上任的參謀總長。接著他們被移往索檀阿巴德軍營。幾位其他部長，最重要的是法特米，暫時逃過一劫。

在這混亂的一天，民族陣線的民兵懇求穆沙迪克組成國民軍（National Force），號召支持者上街頭，如果有需要，就發給他們武器。[172] 在一次緊急執行委員會會議之後，大眾黨也同樣派出一名代表到穆沙迪克家裡懇求他這麼做。[173]

基亞努里再度來電告知，卡車載著帝國衛隊開進城裡。有人告訴他不要驚慌，因為情勢在掌控之下。[174] 沙耶根在回憶錄中寫道，有三名大眾黨特使——其中一名是他認識的人——到屋裡要求穆沙迪克積極抵抗。[175] 雖然法特米、桑賈比和一位卡什卡伊的可汗贊同會議上提出的這些要求，穆沙迪克卻拒絕了，理由是他不想「火上加油」。沙耶根承認當天大部分時候他們都信心十足，認為信任的將領如里亞希和達夫塔里「已掌控局面」。「我學到的一個教訓，」多年後他寫道，「就是在伊朗這樣的國家裡，你絕對不能相信軍隊。」齊拉克扎德赫、阿扎爾、沙耶根與其他民族陣線領袖事後告訴訪問者，穆沙迪克拒絕採取行動是因為他屬於「老派作法的政治家」，他厭惡發生血腥內戰的這種想法。他也害怕此種衝突會引來外國勢力干預和國家分裂，一九〇七年的狀況就是如此。[176] 一名大眾黨中央委員會成員寫道，穆沙迪克在最後一通與基亞努里交談的電話中嘆道，現在國家的命運交到了「審判日的天使」（Keram al-Kateben）手中。[177] 英國大使館之後證實，在那決定性的一天，穆沙迪克堅定地拒絕了所有分發武器的要求。[178]

德黑蘭醫務所公布的死傷人數是四十一人被殺，七十五人受傷。[179] 美國大使館宣稱有七十三人死亡，一百人受傷。然而在替穆沙迪克受審做準備的西方報紙卻斷言有多達三百人在圍攻他家時被射殺。[180] 一名記者宣稱，穆沙迪克在關鍵時刻投降了，因為札赫迪準備號召軍隊進行空襲。

在僅僅出亡六天後，國王在八月二十二日回到伊朗。札赫迪、納塞里、巴特格瑪利區、達夫塔里和愚蠢的夏阿邦在機場歡迎他。看到納塞里戴著將軍的徽章時，國王詢問是誰讓納塞里晉升。有人告訴他是札赫迪，他立刻反駁道，只有他有權這麼做。他開車進城時，沿路撒滿鮮花，還經過匆忙搭建的凱旋門。當天晚上札赫迪公開造訪卡沙尼。國王第二天也低調拜訪他。伊拉克大使充滿信心地告訴路透社，說伊朗國王「跨出史無前例的一步，到卡沙尼家拜訪，以感謝他在恢復君主制時的合作態度。」[181] 在接下來的那一週，各大報紙都刊登札赫迪擺好姿勢，與卡沙尼、巴卡伊、馬奇、海里扎德與庫納塔巴迪等人合影的大照片。[182] 多年後，卡沙尼的兒子賽義德・馬哈茂德・卡沙尼（Sayyed Mahmud Kashani）擔任海牙的伊斯蘭共和國代表時宣稱，政變會成功是因為穆沙迪克拒絕他父親的建議——特別是他父親要穆沙迪克逮捕札赫迪的建議。根據他的說法，穆沙迪克背叛了由他勇敢的父親領導的真正愛國運動。[183]

在簡短的事後檢討報告中，洛伊・韓德森知會國務院，伊朗國王一回來，就立刻重建之前的指揮鏈。他越過首相，向參謀總長與軍事將領發布命令。他重申長期以來所堅持的態度，他在「名義上和實質上都是軍隊總司令」。韓德森評論道，國王害怕如果沒有這種權力，他將「淪為無足輕重的人，最後被迫退位」。他做出結論，「伊朗國王活在夢中的世界。他似乎認為此次復辟完全是因為他受人民擁護。」[184]美國大使館私底下承認，「大眾黨不用說，大多數人民可能還是贊同穆沙迪克博士。」[185]

## 新聞報導

穆沙迪克被推翻後不久，一名印度社會主義國會議員雷迪（G.K. Reddy）在《印度時報》（*Times of India*）發表了一系列關於伊朗政變的文章。[186]與外交官和有政治意識的伊朗人都談過話的雷迪描繪出一幅相當準確的景象，準確到英國外交部建議將這些文章指定為內部讀物，即便它的傳單上印有「出乎意料，民意喧騰將穆沙迪克博士趕下台」這種官方說法。[187]「這些文章，」一名外交部職員寫道，「極為有趣，值得一讀。」[188]雷迪逐一詳盡描述相關事件：阿什拉夫公主與史瓦茲柯夫將軍「神祕的造訪」；艾森豪與杜勒斯公開抵制穆沙迪克；美國在「公平補償」問題上與英國站在同一陣線；伊朗軍官與美國軍事顧問的密切聯繫；英國與當地部族（他聲稱大多數「惹事的部族首領都拿了英國人的薪水」）長期以來的聯繫；伊朗宮廷與美國人愈來愈頻繁的聯絡；眾所周知札赫迪在美國大使館避難；大眾黨搶先破壞政變；韓德森匆匆趕回伊朗，質詢穆沙迪克的首相合法性；以及最後一點，淨空街頭的坦克卻被用來執行政變。他做出如下結論：

在伊朗有許多人，尤其是中產階級知識分子，他們似乎相信真正的保王派發動的政變就算不是實際由外國人策劃，也是在很大程度上受到外國人啟發，特別是美國人……穆沙迪克博士的支持者提出了一本書，書中全是證明他們的指控有根據的間接證據，也就是美國人積極支持最近發生的政變……許多人對於一位民族英雄與伊朗愛國主義象徵的殞落感到遺憾。人們曾經對穆沙迪克博士深信不疑。在許多方面來說，現在的局面比政變前更黑暗。半數軍隊必須盯緊部族；另一半則必須監視各城市。189

如果一名印度訪客都能正確理解內情，西方記者與學者理應也能夠做到。然而他們卻深受艾森豪總統影響；他在政變之後立刻發表一篇廣為流傳的演說，題目為「帶著正義的和平」（Peace with Justice）。艾森豪顯然不帶任何諷刺意味地宣稱，出於對共產主義的恐懼，伊朗人自動自發起身反抗看似「難以對抗的獨裁者」。《時代雜誌》將政變報導的標題訂為〈為了國王而暴動的伊朗暴民〉（Iran Mob, Riot for their Shah）。[190] 文中聲稱有三百人死亡，好讓「人民能接管政權」。倫敦《觀察家報》（*Observer*）以「伊斯蘭教的危機」為脈絡解釋一連串事件，尤其是西方觀念與技術侵入傳統社會的現象。[191] 它主張西方依舊需要爭取世俗民族主義者，才能贏得對抗共產主義的戰爭。《記者》雙週刊（*The Reporter*）在一篇名為〈石油、血與政治〉（Oil, Blood, and Politics）的文章中，用穆沙迪克就像是戈培爾*，而國王對他的人民擁有「半神祕的力量」的說法解釋這場危機。[192]《基督科學箴言報》（*Christian Science Monitor*）宣稱一場「共產黨的政變」來得正是時候，因為大眾厭惡穆沙迪克的「叛國」行為，其中以逮捕王室信差為最。[193] 文中形容伊朗國王是既「仁慈」又「遵守憲法」「自由主義者」。「國王真正是一名改革鬥士，這一點挽救了他的王位……」，它聲稱，「主要問題還是道德原則。

如今唯有道德原則才能保全一個民族。」顯然在一九五三年八月道德原則是不夠的。

《紐約時報》比其他媒體更誇張。它稱札赫迪是個「農夫」，「終其一生都是保王派」，是「堅定的反英民族主義者」，在華盛頓「沒沒無聞」；稱保王派的幫派是「大批暴民」，真主在世間的代理人（Shadow of God on Earth）也敬畏他們；稱政變是「突如其來的逆轉」和「民眾起義」；以及說穆沙迪克「年老」、「富有」、「有貴族派頭」，還是「伊朗最有錢的人」，更進一步形容他是「一名獨裁者，排除所有和平改變的方法，」聲稱「除了看著這個國家的一切付諸流水之外，他可說甚麼也沒做」，並且因為他「強烈的民族主義和對英國人的憎恨，以致於無法達成石油協議」，甚至拒絕由國際銀行提出的「合理妥協方案」。[194]《紐約時報》引述國王的話，聲稱有百分之九十九的人支持他，而換掉首相於法有據，因為君王有權指派首相。它形容國王「凱旋歸來」，「受到廣大人民歡呼」，「聲望達到顛峰」。它甚至聲稱民意顯然已經反對蘇聯，轉向美國；札赫迪派出

* 譯註：Goebbel，納粹德國的宣傳部長，擅長演講，有「宣傳的天才」之稱。

一輛坦克停在蘇聯大使館外保護它，以免遭到愚蠢的夏阿邦領導的憤怒群眾攻擊。撰寫許多這一類報導的《紐約時報》通訊記者肯尼特．洛夫（Kennett Love），多年後在未發表的政變分析文章中，對於當年在不知情的狀況下被中情局利用表示懊悔。[195] 他提到雖然美國在政變中扮演重要角色，而伊朗大眾也明白這一點，美國大眾卻不知道。事實上，即便國務院的伊朗專家也不知情。其中一位曾經教授波斯語的專家接受訓練在伊朗工作，並且在五〇年代中期被派往伊朗，他一直沒注意到這件事，直到一九六〇年才第一次聽某個伊朗人說起。[196]

學者的報導也好不到哪裡去，尤其是那些與中情局和軍情六處有關係的學者。劍橋大學的彼得．艾弗里聲稱八月十九日「風向已經徹底改變」，因為穆沙迪克自己有諸多缺陷，包括他的易怒、獨裁作風、與大眾黨關係曖昧，當然了，還有無法在石油議題上妥協。「就在他的屋子將要遭到猛烈攻擊的最後幾小時，」他推測，「穆沙迪克在床上聽到來福槍聲和逐漸接近的坦克發出的隆隆聲，他用被單蓋住頭，縮在被子裡咯咯地笑著說：『看我做了甚麼好事！』」[197]

柏克萊大學的喬治．倫佐斯基（George Lenczowski）某次花了好幾小時訪問阿亞圖拉卡沙尼，然後他寫道，民族主義毀了這個國家，將它帶入共產主義的深淵，但這情況在最後一刻被挽回。他表示，「唯有透過一群致力於保存現有政治制度和國家獨立的伊朗人的重大努力，才得以避免這種危險的選擇。」[198] 哥倫比亞大學的霍瑞維茨（J. C. Hurewitz）教授較為謹慎。他寫道：「當穆罕默德・禮薩國王與索拉雅王后在一九五三年八月十六日逃離伊朗時，許多專家都預期他們祕密而匆忙的離去代表巴勒維王朝、也或許是伊朗君主制的結束。不到一週，國王凱旋返回伊朗，他的政治對手消失無蹤。」[199] 對於君主制如何因為「恆定狀態的原則」——也就是君主制已實施兩千五百年，它處於有機的穩定狀態，並且反對快速變化——而被保存下來，多倫多大學的羅傑・薩沃里（Roger Savory）抱持不切實際的樂觀態度：「一九五三年八月二十二日，國王受到自動自發的人民熱烈歡迎，許多外國觀察家和評論家似乎對此感到驚訝，但研讀波斯歷史的學生完全不應該感到訝異。」[200] 英國外交部顧問、著有《英國在中東的全盛時期》（*Britain's Moment in the Middle East*）的伊莉莎白・門羅比起上述學者有過之而無不及。在發表於《紐約時報》上一篇標題為〈中東的關鍵勢力——暴民〉（Key Force in the Middle East —The Mob）的文章中，她聲稱一擁而上攻擊穆沙迪克那「類似希特勒的碉堡」的「數千人」，正是一天前在街頭呼喊他們對穆沙迪克支持的同一群人。她影射道，「這造成德黑蘭的政治騷動，使得無論在哪種藉口下進行示威，暴民都會從貧民窟和簡陋棚屋裡傾巢而出。」[201]想必十九世紀最為保守的學者古斯塔夫・勒朋（Gustav Le Bon）聽到這番話也會大為稱讚。

以上的有力分析都設法迴避某些不體面的話題，比方說中情局或軍情六處。他們甚至避免使用「政變」一詞，反而用與巴勒維王朝大致相同的方式描述推翻政府一事，形容這是「民族起義」與「人民革命」。有些歷史學家主張，愛德華・薩依德（Edward Said）在他最有名也最具爭議性的著作《東方主義》（*Orientalism*）中，不公平地誇大了學術界與外交政策機構之間的關係。對他們而言，幸好薩依德沒有察覺這些關係在一九五三年的關鍵性。它們遠比薩依德所能想像的更深遠。較謹慎的學者們明智地保持沉默，裝作自己是對例如政治等不恰當主題不感興趣的純粹學人。這整起令人遺憾的事件，更加深了伊朗人與西方人之間不僅如何看待政變，也是如何看待伊朗與西方關係史的巨大差異。

# 4

# 餘波

人們做了惡事，死後免不了遭人唾罵。*

——莎士比亞，《凱撒大帝》，第三幕第二景一九五三年伊朗政變在世界其他地方產生了更深遠的影響。它使得美國政策制訂者斷定，其他國家棘手的政府也可以輕易被推翻。在接下來的數年內，中情局在瓜地馬拉、印尼和智利發動相似度極高的政變。有些政變導致了滅種規模的種族大屠殺。瓜地馬拉和印尼的殺戮戰場可以與二十世紀最恐怖的事件相比擬。反過來說，它也使得許多人懷疑美國正在世界各處執行政變。無論是在剛果、巴西、阿根廷、南越、柬埔寨、伊拉克或巴基斯坦——只要有政府被當地軍隊推翻，人們就會不自覺地懷疑中情局。在之前數十年間最愛把自己形容為自由民主鬥士的美國，愈來愈向右翼專制軍事獨裁政府靠攏。它退而求其次，辯稱至少這樣的政權比極權獨裁政權來得好。

不僅如此，政變使全世界石油國有化的過程倒退了至少二十年，尤其是在中東與北非。在一九五三年政變之後，七姊妹石油公司立刻把握機會向石油生產國指出「廢除神聖契約」的代價。然而歷史卻在一九七〇年代懲罰了它們。在那十年之間，一個接著一個國家——激進派國家如利比亞、伊拉克和阿爾及利亞，以及保守的君主國家如科威特和沙烏地阿拉伯——接管國內石油資源，並從過去學到教訓，採取預防措施確保石油公司不會凱旋歸來。對那些渴望得到立即滿足的人而言，一九五三年大獲全勝。而對那些思考長遠後果的人而言，一九五三年隱藏無數的危險，有些直到二十一世紀還揮之不去。

然而政變卻對伊朗投下最黑暗的陰影，且不必然是以最明顯的方式呈現。有人主張，如果穆沙迪克沒有被推翻，政治多元性就會在伊朗紮根，並終究能開花結果，成為完全的民主制度。另一些人主張，他不可避免地將面臨受外國人唆使的部族叛變。接著他會被推翻，又或是他必須訴諸高壓手段——在這情況下，他就要進一步犧牲舊式的自由主義，以納賽爾和其他第三世界領導者更類似的軍事民族主義激烈形式取而代之。還有些人主張，國內起義會替內戰鋪路，引發外國勢力介入，結果將使伊朗再度遭到瓜分。

這些「如果」雖然耐人尋味，卻純屬臆測。我們可以天馬行空發揮想像力，不做出任何確切的結論。然而我們的確知道政變帶來以下四種後果：①石油工業的去國有化；②世俗反對派被摧毀；③無可挽回的君主制去合法化；以及④早已在伊朗政治中盛行的強烈偏執氛圍。換句話說，政變在這個國家留下深刻的印

---

＊ 章名頁引文譯註：此句出自朱生豪譯《莎士比亞戲劇全集》。

記，影響所及不只是政府和經濟，還有大眾文化和某些人所稱的心理狀態。

經過一段恰當的間隔期，在一九五四年中，伊朗國王解決了石油爭議。他與一個由英、美、法、荷蘭組成的國際財團簽署一份50／50複合利潤分享協議。在這財團中，英伊石油公司（現在它更名為英國石油公司）持有百分之四十的股份；荷蘭皇家殼牌持有百分之十四的股份；法國石油公司持有百分之六的股份（它不情不願地被拉進來）；五家「主要」美國石油公司持有百分之三十五的股份（海灣石油、德士古石油、莫比石油、紐澤西標準石油以及加州標準石油各持有百分支七的股份）；剩下百分之五的股份由被稱為獨立石油公司的幾個美國小規模石油公司共同持有。

在簽署協議之前，該財團向美國國務院與英國外交部表明，它「需要在產油與煉油的作業上被賦予某種程度的權利與權力，包括擁有探勘、鑽油、製造與精鍊的獨占權利，以及運輸與出口石油和天然氣，連同以上作業的有效控制與管理權。」[1]它希望能持續擁有上述權利整整二十年。就算達西在他的利權裡也要不到更多。剛上任的英國駐伊朗大使總結眼前的兩難狀況：

> 我相信部分波斯大眾已經清楚表明石油協議是好事。然而，他們拒絕接受事實。對他們愚蠢希望的重重一擊，使得他們的民族主義依舊極端敏感。它輕易就能掙脫任何邏輯的束縛。我們必須應付的是一個異常友好的政府，迅速達成協議對其存亡是必要的。它對石油問題有概括的理解，而且也相當務實，不過它無法承擔看起來上不了檯面的協議。如果在談判過程中或者是在達成協議時，這政府起來像是在兜售任何引發大眾情緒議題的通行證（波斯人掌控與補償的程度就是明顯的例子），那麼它或許就會被迫下台……這就好像是替生前與死後都很惹人厭的怪老頭舉辦的一場遺囑執行者會議。他留下一封古怪的遺囑，眾人表面上必須遵守遺囑上的財產清算方式，但是遺囑執行人正聚在一起暗中密謀，盡可能以自由的方式解釋遺囑，好讓資金的投資替所有受益人帶來最大利益。[2]

國際財團得逞了。用英國新的代辦、也是未來的大使丹尼斯·萊特（Sir Dennis Wright）的話來說，他們找到「一種方案」，好讓伊朗看起來能維持其「主權」，然而國際財團卻保留「它認為對經營石油公司而言不可或缺的控制權」。[3]

從一九四三年開始就對伊朗一直極感興趣的赫伯特．胡佛，代表國際財團簽署合約。殼牌石油總裁被任命為國際財團總裁。伊朗石油工業實際上已經被去國有化了。在一九五四年第十七屆閉門會議中，國會批准了這項協議。一旦國王有信心他能重新主導新的選舉，被穆沙迪克關閉的國會就重新運作。殼牌石油公司的全名雖然叫做「荷蘭皇家殼牌」，但它在許多方面看來都是個英國公司。一九四〇年初，各大石油公司紛紛私下競標新的伊朗石油利權，美國國務院和英國外交部都將殼牌當成英國公司。[4] 一九四八年，英伊石油公司和殼牌簽署一份為期二十年的聯合合約，以便協調雙方的所有事務，尤其是在英鎊區內的價格、生產和開採。[5] 一九五二年，國際銀行提出新的「妥協方案」，國務院指出邱吉爾的內閣，特別是財政部，「以看待英國企業的方式對待荷蘭皇家殼牌石油公司」。[6] 燃料與電力部對殼牌石油非常信賴，乃至於它在一九五一年初提出一個類似的財團方案：

> 關鍵在於，大部分的石油應該歸給英國控制的採購組織，例如英伊石油公司或殼牌石油公司，並且以英鎊出售，因為如此一來我們就能藉由以英鎊販賣

> 石油獲得外匯，並且在與銷售石油的外國雙邊談判中獲利。只要殼牌石油／財政部協議依舊有效，石油是否歸給殼牌集團的荷蘭成員就是沒有區別的，因為在這項協議中，無論是集團的英國或荷蘭擁有的石油，都是透過倫敦以英鎊銷售……我們可以將其視為一個財團。[7]

英國石油公司持有百分之四十的股權，殼牌石油公司持有百分之十四的股權，在這國際集團中英國人擁有控股權。簡而言之，他們在石油鬥爭中贏得勝利。這件事向來被忽略，因為它並不符合大英帝國在二戰後國力持續衰弱的說法。然而歷史並非永遠以直線前進。協議一旦達成，英伊石油公司的股票就漲了三倍，公司發給股東八千萬英鎊股息。[8]

為了挽回迫切需要的顏面，伊朗新政權謊稱伊朗國家石油是一間國有化的公司。正如伊朗駐華盛頓大使強調：「他的政府想要一個稱頭的展示櫥窗。」[9]最終協議宣布伊朗國家石油公司將保留對石油的整體「所有權」，但會「出租營運權」。伊朗國家石油公司將管理克爾曼沙赫煉油廠，以及該公司的健康、教育與運輸設施。它只需支付二千五百萬美元賠償金給英伊石油公司，這筆金額大多來自美國倉促提供給伊朗的四千五百萬美元。為安撫伊朗的民族情感，該國際財團不只與英國也與荷蘭合作。英國政府很樂意給這家公司一個荷蘭身分。在最終協議中，有些條款依舊含糊不清，令人想起一九三三年的石油協議。國際財團成員可以與彼此自行做出有關價格與生產水準的特殊安排，無須諮詢或甚至知會伊朗國家石油公司。[10] 國王立刻提出抱怨（當然是私下的抱怨），但是國際財團早已習慣不考慮伊朗的需要就做出重大決定。[11]

一九七〇年代，伊朗國家石油公司取得幾項優勢。它蠶食了少許讓給國際財團的地盤，和其他公司簽訂利權，特別是義大利國家石油公司（ENI），也和外國進行易貨交易。此外，伊朗國王愈來愈採取吹噓的手段。他吹捧石油收入的大幅成長，然而收入增加雖然部分原因是產量提高，但最主要的原因是一九七三年阿以戰爭造成隨之而來的阿拉伯對美國的石油禁運。伊朗石油收入從一九五五年的三千四百萬美元增加到五十六億美元；此外，在一九七三年至一九七四年價格成長四倍之後，一九七六年的價格來到二百億美元。[12] 一方面伊朗國王譴責西方消費者浪費稀有天然資源，並敦促石油輸出國組織大幅提高石油價格——這需要限制甚至是削減石油產量。另一方面，他向國際財團施壓，希望大幅增加伊朗石油產量——這會使世界市場供過於求，因而限制石油價格上升。

於是，吹噓之舉掩蓋了國際財團在一九五三年之後繼續控制伊朗石油工業的事實。就在一九七九年伊朗伊斯蘭革命展開之際，根據英國《金融時報》（*Financial Times*）的報導，害怕發生暗殺行動的外國石油公司正倉促撤離技術人員，伊朗國家石油公司則準備「接管」公司的實際營運。[13]它還說無論革命結果如何，顯然國際財團將會失去「對生產的控制」，地位從營運的實體降級為區區買家。[14]它進一步說，國際財團已經控制百分之九十的石油生產，並且與伊朗國王享有增加產量的共同利益。現在它失去控制權，眼前是傾向於降低石油產量的政府。一九七九年的伊朗嘗到了一九五一至一九五三年的伊朗種下的惡果。換句話說，做為中東第一個石油國有化的國家，伊朗卻是最後一個完成石油國有化過程。

摧毀反對派的行動來得又急又堅決。解決民族陣線相對容易，因為它的支柱伊朗黨並沒有建立基層組織。它主要的功能是提供穆沙迪克部長、顧問、技術官僚和公務人員的來源。垮台政府中的二十三名主要人物立即被圍捕，送上軍事法庭。一開始他們被指控犯下重度叛國罪，並判處死刑，不過大多數人最後只受到相當輕的刑罰，通常是三年的監禁。穆沙迪克被帶到索檀阿巴德軍營，在一百五十名經過挑選的聽眾前受審。他譴責他的軍事法官是「外國走狗」，嘲笑他們對他做出「破壞立憲君主制」的主要指控，並且表示他遭受審判是因為想藉由石油工業國有化「抵抗帝國主義」。「考慮到他的年紀」，他只被判處三年有期徒刑。美國大使館認為這場審判是個「嚴重的錯誤」，因為它讓被告有機會扭轉局面，對抗控方。英國大使館原本還希望進行一場迅速的不公開審判；[15]他們也承認，穆沙迪克依舊被視為「半個神」，能「支配大眾」，也「象徵民族主義者的典範」。[16]

英國大使之後談到，穆沙迪克保有大眾的支持，因為他「所做的是三個下層階級對抗一個上層階級的革命性運動；英國就是那個上層階級。」[17]審判期間，大眾黨提出安排穆沙迪克逃跑的機會，但他拒絕了；他表示自己無意躲躲藏藏度過餘生。[18]在三年刑期服滿之後，穆沙迪克被流放到他的村莊阿賀馬德阿巴德。九年後他在當地過世。他留下一份遺囑，要求被葬在七月起義的「烈士」旁邊的德黑蘭墓園，但是國王拒絕他的請求。他被葬在自家起居室裡的壁爐旁，壁爐上放著一張甘地的照片。

民族陣線的重要人物中，只有兩人遭到處決。斥責國王是「年輕的判國賊」的胡笙．法特米，在大眾黨地下組織裡躲了七個月之後被捕。他被判死刑，他們把他從療養舊傷的醫院裡帶走，將他處死。保王派人士之後做出不太可能的聲明，說國王已經原諒法特米，但狂熱的官員在王室特赦令送達之前就處決了他。[19]他臨終的呼喊是「穆沙迪克萬歲」。法特米長久以來的家庭友人——巴赫蒂亞里的各部族首領，也不能說服國王撤回死刑。伊斯蘭共和國以法特米的名字替一條街道命名，他是民族陣線成員中唯一獲此殊榮的人。另一名犧牲者卡倫—普爾．舍拉茲（Karem-Pour Shirazi）是一份討人厭的報紙編輯，這份報紙刊載譏諷王室家庭的文章，因此他在獄中被澆上石蠟活活燒死。

對大眾黨及其附屬組織尤其是針對工會的鎮壓，比對民族陣線要來得嚴厲。新政權很樂意接受美國大使館振振有詞的不祥「原則」——既然共產主義不是來自於人民對社會經濟情況的不滿，大舉鎮壓是確保能剷除共產黨的唯一方式。美國大使館主張，「我們或許能同意，人民受到的壓迫使得共產主義壯大，是受到共產黨員煽動而來的概念……他們害怕警察採取堅決的行動。」[20]政變之後，政府圍捕一千兩百名黨員。在接下來的幾個月，數字攀升到二千五百人；到了一九五四年八月更是有高達三千人被捕，這時在美國中情局的幫助下，伊朗特工揭露大眾黨的軍事組織，五百多名成員中有三十人設法逃亡海外。[21]

官員和黨的領導人，尤其是那些沒有良好社會關係的人，都受到嚴厲處置；其他人大多被釋放。有七個人一直被監禁到一九七九年革命為止，他們和曼德拉一樣，都成為世界上入獄最久的政治犯。有三十一人遭處決；七人被拷打至死；五十二人的死刑減輕為無期徒刑；上百人的刑期從一年到十五年不等。根據英國與美國的祕密報告，初期的行刑被「血腥地宣傳」，但之後的死刑卻是祕密進行，理由包括「大眾產生反感」；受害者「虛張聲勢」和「堅決反抗」——他們在面對死亡時還譴責新政權並讚揚黨；行刑隊拒絕直接開槍；以及最重要的是，因為「人們普遍懷疑」美國逼迫伊朗國王做出此種「非波斯人」的行為。[22] 美國人則懷疑是國王散布這些謠言。為阻止惡名遠播，首席檢察官散布更多虛假的謠言，說典獄長給囚犯服用鎮定劑好安撫他們。

軍隊中的重要領導人物霍斯羅・魯茲貝赫上尉（Capt. Khosrow Rouzbeh）是被逮捕與處刑的其中一人。英國大使形容他是「紅花俠」*，他以一連串的偽裝大搖大擺無數次進出警察所設的圈套，使得他成為大眾黨、安全當局與一般大眾眼中的傳奇人物。」[23]魯茲貝赫的遺言在共產國際間廣為流傳。為剷除反抗者，尤其是大眾黨，伊朗政府在中情局、軍情六處和以色列情治單位摩薩德（Mossad）的幫助下，創立了一個新的國家安全組織。這個以波斯文首字母縮寫字SAVAK（即前文提到的情報與國家安全組織）為人所知的情報局，成為接下來二十年伊朗的重要支柱，直到一九七九年伊斯蘭革命為止。

大眾黨的軍事組織表面上看來聲勢浩大，不禁令許多人不解為何共產黨沒有如西方某些人的擔憂，自行發動政變；或者至少成功破壞中情局的政變。大眾黨領導階層特別是努爾丁．基亞努里，提出以下三種解釋。[24]首先，政變之後五百人中有一百二十人加入。其次，當整體數字放進一個頭重腳輕的機構裡，就不會那麼重要。一九五三年的伊朗軍隊中有多達一萬五千名委任軍官和五萬一千名

---

* 譯註：《紅花俠》（*Red Pimpernel*）是生於匈牙利的英國小說家與劇作家奧奇男爵夫人（Baroness Orczy）所寫的一部歷史小說，故事描述法國大革命時，一位號稱「紅花俠」的匿名英國俠客以過人的機智與膽識營救法國貴族，但從未有人知道他的真實姓名與面貌。

非委任軍官；這五百人只占軍官團的不到百分之一。第三，他們的職位在即將發生的政變中鮮少可供利用。幾乎所有人要不是軍校生，就是隸屬醫療、工程和教學部隊，或者是警察和憲兵軍官，而且許多人還在遠方的省分。只有二十六人在騎兵隊；在德黑蘭有兩輛指揮坦克，一輛防衛穆沙迪克的家，另一輛在廣播電台前。多年來，G2在軍情六處的協助之下已從裝甲師和德黑蘭駐軍中小心翼翼地清除左翼份子。里亞希持續這項政策。基亞努里承認大眾黨幾乎無法取得武器和彈藥。然而該黨確實有些人擔任高敏感職務，包括四名王室家族成員，其中有三人在帝國衛隊；兩名G2軍官，他們曾多次負責維護札赫迪將軍、伊朗國王以及一九五三年訪問伊朗的美國副總統尼克森等人的安危。雖然大眾黨從未掌權，它的確有能力在極端的偏見下暗殺上述重要人物——如果黨的政策如此。

大眾黨與民族陣線解散造成伊朗巨大的政治真空狀態，這空間最後由伊斯蘭革命填補。一九六三至一九六四年，國王授予美國軍事顧問伊朗法律豁免權，當時還鮮為人知的阿亞圖拉何梅尼（Khomeini）大搖大擺進入伊朗政壇，他強烈譴責此種讓步是屈辱的投降之舉，令人想起十九世紀歐洲帝國主義強權國所引用惡名昭彰的投降協議。即使是精心挑選出的國會議員也提出反對，某位議員公開表示，如果有個美國兵開車碾過他的孩子，他不能求助於伊朗司法制度，只能以私下復仇的手段來解決。[25]隨後在各主要城市爆發的暴動所使用的不是民族主義或社會主義語彙，而是伊斯蘭語彙。德黑蘭的暴動由塔耶布・哈吉・雷札伊率領，他就是在一九五三年政變中發揮重要功用的那名「路提」。這一次他立刻被處死。在一九七九年獲得最終勝利的運動，追溯其源頭正是這場暴動。簡而言之，伊朗國王無意間以宗教反對派取代了世俗反對派，結果證明前者的危害更深。

英國與美國外交官往往將伊朗國王形容為一位哈姆雷特式的人物，他無法下定決心該反抗穆沙迪克，或者該對他讓步。然而他的悲劇型態與其像是哈姆雷特，不如說他更像希臘悲劇裡的主角，他們知道某些特定行動將不可避免導致自身毀滅，但卻被遠超乎自己所能控制的力量——被命運，被天意，被歷史，以及就國王自身的例子，被美國和英國——帶往相同的目標，違背了他自己更好的判斷。到頭來他們向他下達最後通牒，不管有沒有他，他們都會發動政變。此外他們還附上直白的威脅，表示如果他不合作，他們就不能保證君主制與他的王朝的存亡。

從一九四九年危機之初，和許多外國觀察家不同的是，國王就非常明白石油會成為眾所矚目、滿城風雨的議題；他明白它可以與席捲之前殖民世界其他國家的獨立運動相比擬；他明白穆沙迪克表達並體現民族主義的理想；他明白那些莽撞反對石油國有化的人終將失去信譽，最後被歸在歷史錯誤的一邊。捲入政變的國王最後陷入了他試圖避開的深淵。即便在政變之後，穆沙迪克從歷史裡被抹去，他的名字不能在王室面前提起，然而他的幽靈依舊在國王心頭揮之不去。伊斯蘭革命期間，德黑蘭軍情六處的探員提到，國王的餘生仍然一直深受面對穆沙迪克時的嚴重「自卑情結」所苦。[26] 國王的知己阿薩多拉・阿拉姆（Asadollah Alam）在他的私人日記裡寫道：

謁見。獻上我對陛下繼任王位三十三週年的祝賀。「想想從那時開始我們經歷了甚麼樣的災難，」他說。我同意，並談到在上一次戰爭中經歷了多少艱難，但是他對此置之不理。「戰爭歲月沒那麼艱難，」他說，「因為我們沒有選擇，只能臣服。不，我統治期間，確切來說我一生之中，最糟的日子就是穆沙迪克當首相的時候。那混帳就是要除掉我，我每天早晨醒來，都覺得今天或許就是我在位的最後一天。每天晚上我都帶著媒體難以言喻的侮辱上床。」[27]

為了將損害降到最低限度，國王盡可能假裝他維護已經國有化的石油業。然而他誇下的海口，不能掩飾一九五三年之後伊朗發現自己被綁在西方戰車車輪上的嚴酷現實。伊朗國王在一連串議題上公開支持第一世界，不只與第二世界、也與不結盟的第三世界（Non-Aligned Third World）作對。他讓伊朗加入之後更名為中部公約組織（CENTO）的巴格達公約（Baghdad Pact）；他那持續擴大的軍隊幾乎完全交由美國和英國訓練；他簽訂充滿爭議性的外國人士豁免條約，讓美國軍事顧問享有伊朗法律豁免權；他花費數十億購買西方武器；他允許美國在伊朗設置監控網絡；即便在一九六七年以阿戰爭期間，他也反對埃及總統納賽爾提出的泛阿拉伯理想；他給予以色列事實上的承認，看來似乎支持以色列對抗巴勒斯坦；當多數第三世界國家呼籲杯葛南非種族隔離政權時，他賣石油給南非；更糟的是，一九七〇年代中期，當越戰拖垮美國，導致美國接受尼克森主義（Nixon Doctrine）時，他積極自願當美國在波斯灣的警察，甚至是遠及印度洋的警察。對伊朗國王而言，這是將權力延伸到該地區的最佳時機。而對伊朗的民族主義者而言，這再次確認了他們根深柢固的想法——國王是西方人的走狗。

就在伊斯蘭革命前夕，不久後當選伊斯蘭共和國首任總統的阿布爾—胡笙·巴尼—薩德爾（Abul-Hussein Bani-Sadr）在他流亡期間所寫的文章中，指控國王的政權「在五十年暴政統治期間犯下五十項叛國行為」。[28]這份列表的一開始就是一九五三年政變與取消石油國有化。接著它舉證說明國王嚴重違反一九〇六年的憲法，對西方企業敞開市場，散播「文化帝國主義」，以及與美國結盟對抗第三世界國家——尤其在阿以衝突的問題上。如果巴尼—薩德爾知道季辛吉（Henry Kissinger）對國王的評語，他也會完全同意：「對美國來說，伊朗國王是最罕見的領導人，是美國無條件的盟友。」[29]毫無疑問，德黑蘭與華盛頓之間偶有緊張關係，保王派之後利用這一點，聲稱國王是真正獨立的，不受美國控制。然而納粹德國占領挪威時期的挪威總理維德孔·奎斯林（Vidkun Quisling）和他替他撐腰的德國之間也偶有分歧，卻沒有任何人能聲稱奎斯林是真正獨立於德國的。芝加哥大學的政治經濟學家馬文·佐尼斯（Marvin Zonis）在替伊朗國王所寫的傳記《崇高的失敗》（*Majestic Failure*）一書中說：

美國的政策以伊朗國王為中心，因為多年來國王一直是美國忠實的盟友。他持續遵循符合美國利益的政策。他一直堅定地反抗蘇聯。他與蘇聯的外交協議與武器交易從未對美國的決策者造成威脅。此外，國王以強硬態度反對親蘇聯馬克斯主義者的「解放」運動。國王派出伊朗軍隊到阿曼，協助素檀鎮壓佐法爾省（Dhofar）由蘇聯支持以及馬克斯主義者主導的葉門人民民主共和國（People's Democratic Republic of Yemen）在背後協助的叛變。沒有任何不結盟運動責怪國王的「帝國主義」和殖民主義。簡而言之，國王願意做為地區超級強權，並在尼克森主義之下千方百計確保地區的穩定與延續親西方政權。30

最終的崩潰不只摧毀君主制，也對武裝部隊造成附帶的損害。巴勒維王朝創建現代軍隊，加以擴張與縱容，使得伊朗軍隊成為王朝支柱，而王朝在一九五三年政變中存活下來，某部分也要歸功於部隊。一般大眾與反對派因此將王朝與軍隊視為密不可分。沒有王朝，就沒有軍隊。畢竟巴勒維王朝一直是個軍事王朝。

在革命最後的日子裡，已經注意到穆沙迪克致命錯誤的何梅尼敦促追隨者不要待在家裡，而要湧入街頭，用身體阻止軍隊進入城市。數萬人都照做了，他們甚至整晚都待在外面。最後的災難來到，這些示威者闖入軍械庫，國王的最後一任首相只好下令參謀總長用重砲對付他們。參謀總長拒絕，懷疑首相「與現實脫節」。[31]革命發生後，何梅尼毫不遲疑立即將統帥斬首，肅清軍官團，然後成立伊斯蘭革命衛隊（Revolutionary Guard），取代常規部隊的地位。一九五三年的政變不只剝奪君主制、也剝奪常規部隊的合法性。自一九四一年以來在伊朗君主制以及軍隊上投注大量金錢與心血的美國，最後成了大輸家。沒了正規軍隊；也沒了美國的影響力。

政變最長遠的影響，是人們的集體記憶。它不僅進一步加強政治文化中已經很普遍的偏執風氣，也將美國帶進這幅畫面中。不管意識形態為何，有政治意識的公民現在比以往任何時候更深信真正的權力掌握在「無形的手」之中，在國家的舞台上，看得見的人物都只是由「外國的絲線」控制的「牽線木偶」。政變之後，英國大使立刻回報英國外交部，說「伊朗人還是執著於外國人——尤其是英國人——的影響力出現在伊朗每個山谷與村莊的恐懼症中。」[32]政治詞彙充斥各處，直到今日依舊如此，例如以下用詞：tuteh（祕密計畫—陰謀）、jasouz（間諜）、khiyanat（叛國罪）、dast-e panha（隱藏的手）、poshteh-e pardeh（幕後）、poshteh-e sahneh（幕後）、avamel khare-jeh（外國特務）、'ummal-e kharejeh（外國的手）、nafouz-e begineh（外來影響）、No.ar-e kharejeh（外國僕人）、naqsheh（圖謀—密謀）、'arousak（傀儡）、vabasteh（從屬）、setun-e panjum（第五縱隊）和khatar-e kharjeh（外來危險）。現在除了舊詞彙如 este'mar（殖民主義—帝國主義）之外，又加上西方的 estekbar（傲慢）和西方的 tahajum-e farhange-ye gharb（文化侵略）等新詞彙的使用。[33]

雖然這股偏執風氣不分政治路線，不同觀看者認定的邪惡很大程度上卻取決於他們站在政治光譜的哪個位置上。對傳統左翼分子、也就是大眾黨而言，威脅來自帝國主義——在過去是英國，現在是與英國聯手的美國。政變更證實眾人接受的概念：美國已經取代英國，成為世界上主要的帝國主義強權國。對於深處政治中心的許多人而言，無論是世俗或宗教界人士，威脅來自所有主要強權國，蘇聯也包括在內。[34] 在革命之後，第三勢力黨的餘黨製作了一本驚人的書，書裡充滿繁複的圖表，「證明」大眾黨與某些高階教士與蘇聯「有關連」；而英國共濟會（Freemasons）、伊斯蘭敢死隊與許多什葉派僧侶集團與英國「有關連」；至於伊朗陸軍、「伊斯蘭自由主義者」和大多數舊政權的人與美國「有關連」。它堅持伊斯蘭革命是一場英國—美國—俄國的聯合計畫（prozheh）——就和一九五三年政變一模一樣。[35]

偏執風氣絕不僅限於激進派人士，保王派有他們自己的偏執方式。總是懷疑英國與美國意圖的國王甚至不信任為了設法恢復他王位因此與英美合作的那些人。到了一九五〇年代末期，許多政變關鍵人物都從政治舞台上被剷除。札赫迪將軍被送往他在瑞士的豪宅；拉希迪安兄弟被送往他們在倫敦騎士橋區（Knightsbridge）的住宅；法爾桑德根上校被送往美國，安插在國際電話與電信公司。創立伊朗情報與國家安全組織的巴赫蒂亞里將軍遭到流放，然後被他自己組織裡的人暗殺。其他人如阿哈維上校、吉蘭沙赫上校和卡拉尼上校的地位都被剝奪。一九五三年政變裡沒有任何一位受到認可的英雄；政變反倒被美化為「國王的人民起義」。

國王最後的證詞《歷史的答案》（*Ansuer to History*）一書，讀來就像是一個偏執狂的漫談。[36]他宣稱英國在一九四一年入侵伊朗，其主要目的是除去他的父親，因為他取消石油利權，激怒了英國人。[37]英國人「插手」建立並扶持大眾黨。一九四九年，他們與大眾黨和伊斯蘭敢死隊密謀暗殺他，但在那一次和其他幾次計畫都被神聖的干預破壞了。他們也祕密協助穆沙迪克「剪掉他的〔皇家〕翅膀」，阻礙他宏大的現代化計畫。「我們一直懷疑，」他寫道，「〔穆沙迪克〕是一名英國特務，我們對他未來擺出反英民族主義姿態的懷疑並沒有減少。」英國與石油公司以及「反動教士」共同策劃了伊斯蘭革命，做為報復他支持石油輸出國組織與巴勒斯坦的理想。巴勒斯坦人與以色列人聽到這件事將會很訝異。當然了，俄國人自從凱薩琳大帝以來就不停地設法接管伊朗，以便取得波斯灣與印度洋岸的溫暖海港。臨終前，國王宣稱中情局與軍情六處策劃了一九七九年的革命，理由是這整件事對蘇聯國家安全委員會而言太過複雜。他用誇大的語氣問道：「示威遊行中，那些蓬亂黑色與金色長髮的人，在伊朗很少見，是誰付錢給他們的？」在《歷史的答案》的其他段落，他的口氣較為收斂：

> 在整個七〇年代，反對派人數不斷上升，最後創造出一種奇怪的利益聚合體——國際石油財團、英國與美國政府、國際媒體、在我自己國家裡的反動

宗教圈子，以及不屈不撓設法滲透某些伊朗機構的共產黨員。我不相信這一股匯聚的力量代表有組織地反對我的陰謀，其中每一部分都與其他部分交織在一起。但顯然這其中所有的力量都各自有把我推下台的理由……我相信他們多少早已預知當年稍後即將發生的種種事件。我也相信卡特政府裡的成員，尤其是國務院間諜網路第二梯隊，巴不得看到我離開，以利於這所謂新的「伊斯蘭共和國」。

革命期間擔任美國大使的威廉・蘇利文（William Sullivan），對國王關於抗議活動的解釋感到「震驚」：

> 突然間，所有事情都說出來了。在將近十分鐘裡，國王訴說發生在伊朗各處一個又一個事件，每一個事件對政府權威以及對法律與秩序的力量都是攻擊。他不只追究事件中的學生，還有產業的工人、各種黨派的成員、什葉派的烏里瑪*，以及市集裡的商人。他說這模式擴散至各地，就好像全國突然接二連三長起疹子似的。他說這就證明背後有複雜的計畫，並不是反對派人

士無意識所為。接著他轉向我，用一種近乎懇求的語調說，這件事他思考了很久，得到的結論是，他剛才概述的行動，代表外國陰謀的傑作。令他苦惱的，他說，是這陰謀超出蘇聯國家安全委員會的能力，因此英國與美國中情局必定也涉入其中。他說某種程度上他可以理解英國的陰謀，因為英國的某些人一直沒有原諒他將石油工業國有化……最令他困擾的，他說，是中情局的角色。中情局為何突然與他作對？他做了甚麼事，以致於美國會採取這種行動？……我們和蘇聯是否達到某種大計畫，因而兩國決定瓜分伊朗，做為整個世界權力分配的一部分？[38]

伊斯蘭革命在編造錯綜複雜陰謀論這方面與國王不相上下。對何梅尼而言，到處隱藏的外國陰謀無所不在。他將一些老掉牙的問題歸咎於外國人：伊斯蘭文明的衰落；對伊斯蘭教傳統的「扭曲」；還有順尼派和什葉派之間，以及穆斯林世界敵對國家之間的衝突。他聲稱殖民強權國多年來一直派遣東方主義者進入穆

---

＊譯註：Ulama，為伊斯蘭教學者總稱。

斯林世界，去錯誤詮釋伊斯蘭教與《古蘭經》。他們也密謀以宗教的寂靜主義、以巴哈伊信仰和英國共濟會等新教派，和以世俗的意識形態——尤其是共產主義、社會主義自由主義、君主主義和民族主義等，破壞伊斯蘭教。「草擬一九〇六年憲法的人，」他宣稱，「是直接接受他們英國主子的指示。」[39] 當然了，他也將許多當代問題怪到他們身上：

強權國家早已圖謀不軌，其中以美國為最，而英國是始作俑者。長時間以來，他們都在收集世界各個國家的資訊與情報，特別是以他們掠奪的國家為對象。就我們所擁有的自然資源而言，他們知道得比我們清楚。即便在汽車發明之前，他們就派專家到伊朗來，騎著馬或駱駝勘查我們的資源，包括石油以及珍貴的石頭。我還記得在稍早的演講中提到過，多年前在一次哈馬丹之旅中，我和一位庫姆神學院的人會面。他是城裡某位知名人士的兒子，他拿了一張上面畫滿小點的地圖給我。我問他那些點是甚麼意思，他說那張地圖是強權國的特務畫的，上面的小點代表礦產資源的地點。那地圖畫得十分詳細，連最小的村莊也在上面。因此，正如各位所見，即便在汽車還不普遍時，他們就徹底調查我國，包括我們的沙漠在內，同時也研究各民族的生活方式，及他們的社交、習性、宗教、興趣、偏好，以及他們與教士的關係。[40]

此種懷疑遲早派得上用場。一九七九年十一月，剛成立的政權正努力鞏固地位，何梅尼的隨從強烈建議伊朗大學生闖入美國大使館，藉口是中情局正策劃用同樣理由重演一九五三年政變。多數民眾相信中情局有能力且打算這麼做。這就是著名的四百四十四天美國人質危機。對於一九五三年發生的諸多事件並不清楚的美國人，對這場危機摸不著頭緒，但伊朗人並非如此。政變的幽魂一直糾纏著美國與伊朗的關係。一九八一年三月五日，一百多萬人聚集在德黑蘭大學哀悼穆沙迪克逝世，並要求建立民主共和國而非伊斯蘭共和國時，何梅尼未來的繼任者霍賈特・伊斯蘭・阿里・哈梅內意（Hojjat al-Islam Ali Khamene'i）做出不祥的預示：「我們不是像阿葉德*那樣的自由主義者，願意被中情局消滅。」[41] 幾個月

* 譯註：薩爾瓦多・阿葉德（Salvador Allende）是智利馬克斯主義者，他是拉丁美洲首位民選總統，一九七〇年就任，一九七三年就在中情局支持的軍事政變中死去。

後，由反教士的激進穆斯林形成的組織「伊斯蘭聖戰士」試圖推翻政府，於是新政權處死一百多名抗議者，其中有些是青少女。他們的罪名是代表「邪惡的強權國」，「向上帝開戰」。

在美國與伊朗針對核計畫陷入長期僵局期間，一九五三年的危機也派上用場；美國懷疑該計畫有軍事意圖，而伊朗堅持計畫目的純粹是供和平百姓之用。在這場僵局中，伊朗政權既明示又暗示一九五一年至一九五三年間發生的事。該政權將一個國家濃縮鈾的主權與將其自然資源國有化的主權劃上等號，它也將之前西方國家宣稱伊朗人缺乏經營石油業的技術知識，與現在被託付核技術的道德可信度兩者相提並論。它將美國主導的國際制裁等同於當初由英國策劃的經濟禁運，也認為這兩套曠日廢時的談判手法相同，主張西方強權國家在兩者的過程中假裝公開接受「公平的妥協」，但實際上卻在私底下不斷堅持提出伊朗人無法接受的強硬要求。一九五一年至一九五三年間，西方真正的意圖是推翻穆沙迪克。現在，該政權宣稱，西方的意圖是推翻伊斯蘭共和國。

此種偏執氛圍在二〇〇九年到達新高點。有兩百多萬名伊朗人走上街頭抗議總統選舉受到操縱，該政權習慣性的反應就是進行作秀性質的審判，指控反對派領袖以近來橫掃東歐的「歪風」密謀一場「天鵝絨革命」。* 反對派被控不只與中情局和軍情六處合夥，也與複雜的國際網絡合作，包括英國國家廣播公司、美國之音（Voice of America）、哥倫比亞大學、哈佛大學、胡佛研究所（Hoover Institution）、福特基金會（Ford Foundation）、美國筆會（PEN）、自由之家（Freedom House）、英國皇家國際事務研究所（Chatham House）、美國外交關係協會（Council on Foreign Relations），當然還有無所不在、不祥的開放社會基金會（Soros Foundation）。反對派也被控利用馬克斯・韋伯（Max Weber）、塔爾科特・帕森斯（Talcott Parsons）、理察・羅蒂（Richard Rorty），以及其中最危險的尤爾根・哈伯瑪斯（Jürgen Habermas）等人的邪惡理念，使伊斯蘭教偏離正途。看來在韋伯和哈伯瑪斯之前提心吊膽的諸多政權，還有很多要擔憂的事情。這會很合有幽默感的穆沙迪克的胃口。如果知道現在美國必須處理何梅尼和哈梅內意這些人，他一定忍俊不禁。

---

* 譯註：天鵝絨革命（velvet revolution）指的是捷克斯洛伐克於一九八九年年底結束該國的一黨專制的反共產黨民主化革命。

# 註釋

## 前言

1. William Roger Louis, "Britain and the overthrow of the Mosaddeq Government," in *Mohammad Mosaddeq and the 1953 Coup in Iran*, ed. Mark Gasiorowski and Malcolm Byrne (Syracuse, NY: Syracuse University Press, 2004), 135, 148.
2. Mark Gasiorowski, "The Truth About the 1953 Coup," *Le Monde Di- plomatique*, October 2000. see also Mark Gasiorowski, "The 1953 Coup d'État Against Mosaddeq," in *Mohammad Mosaddeq and the 1953 Coup in Iran*, 229; "The 1953 Coup d'État in Iran," *International Journal of Middle East Studies* 19, No. 3 (1987), 261–86; and "The CIA looks Back at the 1953 Coup in Iran," *Middle East Report* 216 (fall 2000), 4–5.
3. U.S. Government, *Foreign Relations of the United States, 1952–54,* vol. 10 (Iran) (Washington, DC: U.S. Government Printing House, 1989); *For- eign Relations of the United States, 1951*, vol. 5 (Iran) (Washington, DC: U.S. Government Printing House, 1982). see also Warren Kimball, "Classified!" *Perspectives* (February 1997), 9–10, 22–24; Stephen Weissman, "Why Is us Withholding old documents on Covert ops in Congo, Iran?" *Christian Science Monitor*, March 27, 2011.
4. Stephen Weissman, "Censoring American diplomatic history," *Perspectives* (September 2011), 48–49.
5. Ibid. see also Tim Weiner, "CIA Is Slow to Tell Early Cold War Secrets," *New York Times*, April 8, 1996; "CIA destroyed files on 1953 Iran Coup," *New York Times*, May 29, 1997; and "CIA Breaking promises, puts off Release of Cold War files," *New York Times*, July 15, 1998.
6. Malcolm Byrne, "The secret CIA history of the Iran Coup," http:// www.gwu.edu/-nsarchiv/nsAeBB/nsAeBB28/index.html. see also "CIA sued over Broken promises on declassification," http://www.gwu.edu/ nsarchiv/news/19990513/19990513.html.
7. Edward Wong, "Web site lists Iran Coup names," *New York Times*, June 24, 2000, http://www.nytimes.com/library/world/mideast/062400iran-report.html; Donald Wilber, "Overthrow of premier Mossadeq of Iran, November 1952–August 1953" (Washington, DC: CIA historical division, 1954), http://cryptome.org/cia-iran-all.htm. The document—with some names redacted—was later published as a book: Donald Wilber, *Regime Change in Iran: Overthrow of Premier Mossadeq of Iran, November 1952– August 1953* (London: Russell press, 2006).

8. James Risen, "How a plot Convulsed Iran in '53 (and in '79)," *New York Times*, April 16, 2000.
9. *The Guardian*, April 17, 2000.
10. Byrne, "Secret CIA history of the Iran Coup, 1953."
11. Habib Ladjevardi, *Reference Guide to the Iranian Oral History Collec- tion* (Cambridge: Harvard University Press, 1993). see also http://ted.lib.harvard.edu/ted/deliver/home?_collections=iohp.
12. Hamid Ahmadi, *An Introduction to the Iranian Left Oral History Proj- ect* (Amsterdam: International Institute of social history, 1996). see also http://www.iisg.nl/images-sound/video/iran.php.

## 第1章　石油國有化

1. Adam Hochschild, *King Leopold's Ghost: A Story of Greed, Terror, and Heroism in Colonial Africa* (New York: Houghton Mifflin, 1999), 71.
2. L.P. Elwell-Sutton, *Persian Oil: A Study in Power Politics* (London: lawrence & Wishart, 1955), 24.
3. David Mitchell, "history of AIoC (1935)," *FO 371*/persia 1951/34- 91525.
4. A. Rothnie, "Degree of Interference of HMG in Administration of AIoC," *FO 371*/persia 1951/34-91621.
5. Persian Oil Working Party, "Approach to a New Persian Government (September 1951)," *FO 248*/persia 1951/34-1529.
6. Elwell-Sutton, *Persian Oil*, 24.
7. Mitchell, "History of AIoC (1935)."
8. Cited by Mostafa fateh, *Panjah Sal-e Naft* (Fifty Years of Oil) (Tehran: 1979), 315.
9. Ministry of fuel, "Effect on the sterling Area," *BP*/066896.
10. Foreign Office, "Memorandum on AIoC holdings," *FO 248*/persia 1951/1526.
11. A. Badakhshan & F. Najmabadi, "Oil Industry," *Encyclopedia Iranica*.
12. Foreign Office, July 30, 1951, *FO 248*/persia 1951/1258.
13. Foreign Office, "Note on the effect of UK Tax policy on persian oil Royalties (April 19, 1949)," *FO 371*/persia 1951/34-1531.
14. Daniel Yergin, *The Prize: The Epic Quest for Oil, Money, and Power* (New York: Simon & Schuster, 1991), 277.
15. Ibid., 448.

16. Fateh, *Fifty Years of Oil*, 414.
17. AIoC, "Note on payments (July 17, 1951)," *BP*/00003565.
18. AIoC, "Brief Review of events leading up to the present (May 1951)," *BP*/00003565.
19. Foreign Office, Memorandum (August 24, 1949), *FO 371*/persia 1949/34-75491.
20. Foreign Office, "Sale of oil to the Admiralty," *FO 371*/persia 1951/34-91620.
21. Abul-Fazel Lusani, *Tala-ye Siyah ya Bala-ye Iran* (Black Gold or Iran's Calamity) (Tehran: 1950).
22. British Embassy, "Letter from AIoC employees," *FO 371*/persia 1949/34-75498.
23. "Tape Transcript of Interview with derbyshire on the 1953 Coup." Interview for the television program *End of Empire* (Granada Channel 4 [uK], 1985).
24. Elwell-Sutton, *Persian Oil*, 101–03.
25. A.B., *Naft* (oil) (Tehran: 1947), 1–70.
26. British Consul in Bushire, "Bolshevik Activity in the south," *FO 371*/ persia 1929/34-13783.
27. British Minister in Tehran, "The strike in Abadan," *FO 371*/persia 1929/34-13783.
28. British Consul in Khorramshahr, "Report on Tudeh Activities in the oil Industry," *FO 371*/persia 1946/34-52714.
29. British Military Attaché, July 23, 1946/*Persia 1946*/34-52711; British labour Attaché, "Memorandum on Tudeh Activities Against AIoC," *FO 371*/persia 1946/34-52713; Khorramshahr Consul, July 14, 1946, *FO 371*/ persia 1946/34-52713; Khorramshahr Consul, "June Report," *FO 371*/persia 1946/34-52742.
30. Ahwaz Consul, July 16, 1946, *FO 248*/persia 1946.
31. Cabinet Notes, June 26, 1946, *FO 371*/persia 1946/34-52717.
32. J.H. Jones, "My Visit to the persian oilfields," *Journal of the Royal Central Asian Society* 34, part 1 (January 1947), 65.
33. Khorramshahr Consul, September 25, 1946, *FO 371*/persia 1946/34- 52724.
34. Philip Noel-Baker, July 31, 1946/*FO 371*/persia 1946/34-52719.
35. "Letter to the foreign office," July 18, 1946/persia 1946/34-52720.
36. Mr. Glennie, "Anglo-Iranian oil Company position in Iran," *BP*/ 127728.

37. Labour Attaché, "Labour Conditions in AIoC," *FO 371*/persia 1946/34-61984.
38. U.S. Congress, Committee on Foreign Relations, *The Strategy and Tactics of World Communism* (Washington, DC: 1949), 8.
39. Ahwaz Consul, "British Employees Grievances," *FO 371*/persia 1944/34-40158.
40. Ministry of Fuel and Power, "Notes on 17 March 1944," *FO 371*/per- sia 1944/34-40158.
41. AIoC, *AIOC and Iran: A Description of the Company's Contribution to Iran's Revenue and National EcoNo.y; and of Its Welfare Activities for Employees in Iran* (London: AIoC publication, 1951), 1–20.
42. Elwell-Sutton, *Persian Oil*, 86–96.
43. Foreign Office, "Notes About AIoC Activities in south persia (February 21, 1951)," *FO 371*/persia 1951/34-91449.
44. George Curzon, *Persia and the Persian Question* (London: Longmans, 1892), vol. 2, 631.
45. Reader Bullard, *Letters from Tehran* (London: I.B. Tauris, 1991), 154, 270.
46. British Minister, "Annual Report for persia (1922)," *FO 371*/persia 1923/34-10848.
47. Harold Nicolson, *Curzon: The Last Phase* (London: Constable, 1934), 3, 129.
48. Antony Wynn, *Persia in the Great Game* (London: Murray, 2003), 316.
49. James Balfour, *Recent Happenings in Persia* (London: Blackwood, 1922), 133.
50. Gen. William R. Dickson, *Documents on British Foreign Policy* (London: Government Printing House, 1948), vol. 13, 485.
51. British Minister, "Annual Report for persia (1922)," *FO 371*/persia 1923/34-10848.
52. Mohammad Majd, *The Great Famine and GeNo.ide in Persia, 1917– 1919* (Lanham, MD: University press of America, 1984).
53. British Minister, "Annual Report for persia (1922)," *FO 371*/persia 1923/34-10848.
54. Fateh, *Fifty Years of Oil*, 304–24.
55. James Bamberg, *The History of British Petroleum* (Cambridge: Cambridge University Press, 1994), vol. 2, 37.
56. British Embassy, "Taqizadeh's speech," *FO 371*/persia 1949/34- 75495.
57. Foreign Office, "Correspondence Relating to Arthur Moore," *FO 371*/ persia 1951/34-91606.
58. Khan-Malek Sassani, *Dast-e Panhan-e Siyasat-e Ingles dar Iran* (The hidden english hand in Iran) (Tehran: 1952); and Mahmud Mahmud, *Tarekh-e Ravabet-e Siyasat-e Ingles dar Qaran-e Nouzdahum-e Meladi* (History of Anglo-Iranian political Relations in the nineteenth

Century) (Teh- ran: 1949–54), vols. 1–8.

59. Ahmad Ashraf, *Toure-ye Tuteh dar Iran* (Conspiracy Theory in Iran) (Tehran: 1993), 69–120.

60. British Embassy, "Annual Political Report for 1941," *India Office*/l/ p&s/12-3472A.

61. British Ambassador, March 19, 1946, *FO 371*/persia 1946/34-52670.

62. General Patrick Hurley, "Memorandum to the president, state department," *Foreign Relations of the United States: 1943* (Washington, DC: U.S. Government printing office, 1964), vol. 4, 364–66.

63. Homa Katouzian, ed., *Musaddiq's Memoirs* (london: Jebhe publications, 1988), 114.

64. Habib Ladjevardi, "Interview with Ghulam-hussein Mossadeq," *The Iranian Oral History Project* (Cambridge: Harvard University Press, 1993).

65. Katouzian, *Musaddiq's Memoirs*, 163.

66. British Legation, "Leading personalities in persia (1927)," *FO 371*/ persia 1927/23-12300.

67. Katouzian, *Musaddiq's Memoirs*, 254.

68. British Legation, "Leading personalities in persia (1927)," *FO 371*/ persia 1927/34-12300.

69. British Ambassador, January 20–22, 1944, *FO 371*/persia 1944/34- 4086.

70. Veronica Horwath, "Dissimulating friendship: Italian-Iranian Relations in the 1930s" (unpublished paper, City University of New York Graduate Center, Spring 2009), 30–31.

71. Muhammad Mossadeq, May 23, 1950, *Muzakerat-e Majles Showra-ye Melli* (parliamentary debates) (Tehran: Government Printing House, 1950), sixteenth Majles.

72. VerNo. Walters, *Silent Missions* (New York: Doubleday, 1978), 253.

73. Muhammad Mossadeq, "New proposals for electoral Reform," *Ayan- deh* 3, No. 2 (1944), 61–63.

74. Hussein Key-Ostovan, *Siyasat-e Muvazeneh-e Manfi dar Majles-e Chahardahum* (The policy of negative equilibrium in the fourteenth Majles), 2 vols. (Tehran: 1949).

75. Muhammad Mossadeq, October 19, 1944, *Parliamentary Debates.*

76. Daniel Yergin, *Shattered Peace: The Origins of the Cold War and the National Security State* (Boston: houghton Mifflin, 1977), 180.

77. Foreign Office, "Comment in London (October 3, 1944)," *FO 371*/ persia 1944/34-40241; U.S. Embassy, May 16, 1944, *Foreign Relations of*

*the United States: 1944*, vol. 4, 449.

78. Ibid.
79. Foreign Office, "Comment in london (January 8, 1945)," *FO 371*/ persia 1945/34-45443.
80. U.S. Embassy to the State Department, December 23, 1943, *Foreign Relations of the United States: 1943*, vol. 4, 627.
81. U.S. Embassy to the State Department, April 3, 1944, *Foreign Rela- tions of the United States: 1944*, vol. 4, 446–47.
82. U.S. Embassy to the State Department, July 12, 1944, *Foreign Rela- tions of the United States: 1944*, vol. 4, 341.
83. Clarmont skrine, *World War in Iran* (London: Constable, 1962), 227.
84. Foreign Office, April 20, 1949, *FO 371*/persia 1949/34-75475.
85. U.S. Embassy, October 1944, *Foreign Relations of the United States: 1944*, vol. 5, 45.
86. George Kennan to the Secretary of State, November 7, 1944, *Foreign Relations of the United States: 1944*, vol. 4, 470.
87. British Embassy in Moscow, March 9, 1946, *FO 371*/persia 1946/34- 52663.
88. British Embassy, "Reasons for opposing Russian Concession," *FO 371*/persia 1945/34-45443; Foreign Office, April 9, 1946, *FO 371*/persia 1946/34-52670.
89. U.S. Embassy, September 25, 1945, *Foreign Relations of the United States: 1945*, 417.
90. British Ambassador, "Memorandum on Withdrawal of British Troops (25 May 1945)," in *State Department Unpublished Declassified Files*, July 30, 1946, nnd 760050.
91. British Ambassador, September 30, 1947, *FO 371*/persia 1947/34- 91972.
92. Foreign Office, "Memorandum on persian oil (September 1946)," *FO 371*/persia 1946/34-52729.
93. British Ambassador, December 27, 1944/*FO 371*/persia 1944/34-40243.
94. U.S. Embassy, March 22, 1946, *Foreign Relations of the United States: 1946*, vol. 7, 369–73.
95. U.S. Embassador, January 11, 1947, *Foreign Relations of the United States: 1947*, vol. 5, 891–93.
96. U.S. Embassador, July 26, 1947, *Foreign Relations of the United States: 1947*, vol. 5, 923.
97. British Ambassador, "Annual Report for persia (1947)," *India Office*/ l/p&s/12-3472B.
98. Foreign Office, "Annual for persia (December 31, 1952)," *FO 416*/ persia 1954/106.

99. Foreign Office, "Notes on the soviet-persian oil Agreement of 1946," *FO 371*/persia 194734-91530.
100. British Ambassador, October 25, 1945, *FO 371*/persia 1944/34-40241.
101. Foreign Office, "The Anglo-Iranian oil Company," *FO 371*/persia 1950/34-1531.
102. Max Thornburg, "General summary of My Activities Concerning persia oil," *FO 248*/persia 1951/1530.
103. Secretary of State, "Notes (March 24, 1949)," *FO 371*/persia 1949/34- 75495.
104. "The Crisis in Iran," *The EcoNo.ist*, March 10, 1951.
105. Sam Falle, *My Lucky Life* (London: The Book Guild, 1996), 72.
106. Ladjevardi, "Interview with sir George Middleton," *Iranian Oral History Project.*
107. Ibid.
108. British Embassy, "Leading personalities in persia (1952)," *FO 416*/ persia 1952/105.
109. British Embassy, October 29, 1951, *FO 371*/persia 1951/34-61608.
110. British Embassy, November 23, 1945, *FO 371*/persia 1945/file 31.
111. British Embassy, "Handwritten Notes on Iran party (1950)," *FO 371*/ persia 1950/34-82310.
112. falle, *My Lucky Life*, 75.
113. Razavian Archive, "18 unpublished photos," www.cloob.com/club/ article/show/clubname/mosadegh.
114. Iraj Afshar, ed., *Taqrerat-e Mossadeq dar Zendan* (Mossadeq's Comments in prison) (Tehran: 1980), 116–17.
115. Ahmad Shayegan, ed., *Sayyed Ali Shayegan* (Tehran: 2004), vol. 2, 350–52.
116. 他們是：Arsalan Khalatbari，職業為律師的伊朗黨員，他的祖父是曾經支持憲政革命的某位重要大老；出身貴族的政治家 Yusef Moshar (Moshar Azam)，他在禮薩國王的逼迫下退休；律師 Sayyed Muhammad-Reza Jalalinaini，他也是另一份牛氓報 *Keshvar*（國家）的編輯；律師 Dr. Shams al-Din Jazayeri，也是報紙 *Montaq*（邏輯）的編輯；Ayatollah Sayyed Jafar Ghoruyi，他是刻意在暗中活動的德黑蘭教士；以及律師 Dr. Muhammad Kaviyani，他是沙耶根的家庭友人（沙耶根擔任蓋瓦姆的教育部長時，他是沙耶根的副部長）。
117. Ahmad Maleki, "How the national front Was Created," *Khandaniha* February 3–March 5, 1955.
118. National Front, "Platform and statutes," *Shahed*, October 12–24, 1949; and July 1, 1950.

119. For a study of the *lutis*, see philippe Rochard, “The Identities of the Iranian *Zurkhanah*,” *Iranian Studies* 35, No. 4 (fall 2002), 313–40.
120. British Embassy, “Leading personalities in persia (1952),” *FO 371*/ persia 1952/105.
121. “Biography of Ayatollah Kashani,” *Khandaniha* 8, No. 78 (June 1, 1948).
122. Muhammad Dahnavi, *Mujma'ahyi az Maktabahat, Sokhanraniha va Paymanha-ye Ayatollah Kashani* (Ayatollah Kashani’s Collected Writings, speeches, and Messages) (Tehran: 1982), vols. 1–3.
123. British Embassy, “Leading personalities in persia (1952),” *FO 416*/ persia 1952/105.
124. British Embassy, “An Islamic Call,” *FO 371*/persia 1952/34-d8719.
125. British Embassy, “Leading personalities in persia (1952),” *FO 371*/ persia 1952/105.
126. Fedayan-e Islam, *'Elamiyeh* (proclamation) (Tehran, 1950), 1–25.
127. British Embassy, September 20, 1949, *FO 371*/persia 1949/33-75500.
128. Foreign Office, March 17, 1950, *FO 371*/persia 1950/34-82311.
129. Abbas Masoudi, “The oil Question,” *Ettela'at*, May 28, 1949.
130. British Labour Attaché, “Six Monthly Review,” *FO 371*/persia 1952/34-98732; British Embassy, December 14, 1951, *FO 371*/persia 1951/34-98595.
131. British Ambassador, February 25, 1952, *FO 248*/persia 1952/34-1531.
132. British Ambassador, “The Mansur Government,” *FO 371*/persia 1950/34-82312.
133. foreign office, “Notes,” *FO 371*/persia 1950/34-82377; and Foreign Secretary, “Letter to British Ambassador in Tehran,” December 15, 1950, *FO 248*/persia 1950/34-1512.
134. British Ambassador, “Conversations with the prime Minister,” *FO 248*/persia 1950/34-1512.
135. Walters, *Silent Missions*, 254.
136. British Military Attaché, July 1–8, 1946, *India Office*/l/P&S/12-3505.
137. Foreign Office, January 19, 1951, *FO 371*/persia 1951/34-91522.
138. Foreign Office, February 6, 1951, *FO 371*/persia 1951/34-91522.
139. Foreign Office, “Minutes of Meeting (February 28, 1950),” *FO 248*/ persia 1950/34-1512.

140. Katouzian, "Editor's Note," *Musaddiq's Memoirs*, 30–31.
141. British Embassy, April 15, 1951, *FO 371*/persia 1951/34-91454.
142. Thornburg, "General Summary of My Activities Concerning Persian Oil."
143. British Embassy, March 27, 1951, *FO 371*/persia 1951/34-91524.
144. Foreign Office, "Minutes of the Meeting (March 16, 1951)," *FO 371*/ persia 1951/34-01522.
145. Foreign Office, "Notes on Ala," *FO 248*/1541.
146. British Ambassador, April 23, 1951, *FO 248*/persia 1951/34-15126.
147. Khorramshahr Consul, July 19, 1946, *India Office*/L&S/12-3490A.
148. Foreign Office, "Notes by H. G. Gee," *FO 371*/persia 1949/34-75500.
149. Khorramshahr Consul, "Report for October–December 1948," *FO 371*/persia 1948/34-75501.
150. Khorramshahr Consul, May 5, 1948, *FO 371*/persia 1948/34-68734.
151. Labour Attaché, "Six Monthly Report (November 18, 1949)," *FO 371*/persia 1949/34-75470.
152. Labour Attaché, "Report on AIoC," *FO 371*/persia 1950/34-82378.
153. Labour Attaché, December 31, 1948, *FO 371*/persia 1949/34-75469.
154. Labour Attaché, "Report for April–June 1951," *FO 371*/persia 1951/34-91628.
155. British Embassy, March 11, 1950, *FO 248*/persia 1950/1512.
156. British Embassy, March 1950, *FO 371*/persia 1950/34-82378.
157. Labour Attaché, "Report on AIoC," *FO 371*/persia 1950/34-82378.
158. Foreign Office, "AIoC housing," *FO 371*/persia 1950/34-82379.
159. British Embassy, "Tudeh Activities in the Last Year," *FO 248*/persia 1950/1493.
160. Minister of Fuel and Power, November 15, 1950, *FO 371*/persia 1950/34-91628.
161. AIoC to Chairman, "Memo (January 16, 1950)," *BP*/101108.
162. A.E.C. Drake, "Letter 20 May 1951," *BP*/066896.
163. Foreign Office, March 28, 1951, *FO 371*/persia 1951/34-91524.

164. Foreign Office, April 13, 1951, *FO 371*/persia 1951/34-91456.
165. "Abadan on Fire and in Blood," *Ettela'at-e Haftegi* (Weekly News), April 19, 1951.
166. Khuzestan Consul General, "Report on Khuzestan," *FO 248*/persia 1951/1524.
167. A.E.C. Drake, April 17, 1951, *BP*/068908.
168. *Ettela'at-e Haftegi*, April 12, 1951.
169. AIoC, "Tudeh proclamation," *BP*/068908.
170. Khuzestan Consul General, "Washington Telegram," *FO 248*/persia 1951/1524.
171. Gad Selia, "AIoC's primitive labour," *Jerusalem Post*, July 6, 1951. discussed in foreign office, *FO 371*/persia 1951/34-91628.
172. Khuzestan Consul General, "Reports for February–June 1951," *FO 248*/persia 1951/1524.
173. British Embassy, May 7, 1951, *FO 371*/persia 1951/34-91524.
174. Ministry of Fuel and Power, "Effect on Sterling (March 20, 1951)," *BP*/066896.
175. Hussein Ala, April 12, 1951, *Parliamentary Debates*, sixteenth Majles.
176. The Shah, "Message to the nation," *Tehran Mosavar*, May 10, 1951.
177. British Ambassador (in Washington), May 9, 1951, *FO 371*/persia 1951/34-91493.
178. Reza Shafaq, April 13, 1951, *Parliamentary Debates*, first senate.
179. Katouzian, *Musaddiq's Memoirs*; and Farhad Diba, *Mohammad Mossadegh: A Political Biography* (london: Croom helm, 1986).
180. Sepehr Zabih, *The Mossadegh Era* (Chicago: Lake View press, 1982), 26.
181. Fakhreddin Azimi, *Iran: The Crisis of Democracy 1941–53* (New York: St. Martin's press, 1989), 249–50.
182. Hedayat Matin-Daftari, ed., *Vezeh-e Mossadeq* (Special Issue on Mossadeq), *Azadi* 2, No.. 26–27 (Summer–Autumn 2001), 81–93.
183. Fateh, *Fifty Years of Oil*, 409.
184. Mustafa Fateh, "Letters to Mr. Gass," *BP*/00009249.
185. Jamal Emami, April 27, 1951, *Parliamentary Debates*, sixteenth Majles.
186. Falle, *My Lucky Life*, 75.
187. British Embassy, "Letter on Two Party System in Iran (August 17, 1957)," *FO 371*/persia 1957/34-127074.

188. British Embassy, "Minutes of Meetings with Sayyed Ziya," *FO 248/* persia 1951/34-1514.

189. Don North, "Interview with Dr. Claude forkner (1986)," *Oral History Research Office* (Columbia University, 1986).

190. Foreign Office, "Conversations with Mr. loombe of the Bank of England (May 1, 1951)," *FO 371/*persia 1951/34-91530.

191. Ibid.

192. George McGhee, *Envoy to the Middle World* (New York: Harper & Row, 1983), 327.

193. U.S. Embassy, "Popularity and Prestige of Prime Minister Mossadeq (July 1, 1953)," in *FO 371/*persia 1953/34-104568.

194. Muhammad Mossadeq, "May day Address," *Ettela'at*, May 2, 1951.

195. 這七位內閣包括勞工部長 Amir-Timour Kalali (Sardar Nasrat)，他是富有的部族首領；道路部長 Javad Busheri (Amir Homayun)，他是知名的商人；農業部長 Hassan Ali Farmand (Zia al-Mulk)，他是貴族地主；衛生部長 Dr. Hassan Adham (Hakim al-Dawleh)，他是王室醫師的兄弟；財政部長 Muhammad Ali Varasteh，他是曾多次入閣的公務員；司法部長 Ali Hayat，他是與宮廷關係密切的法官；以及戰爭部長 Ali Asghar Naqdi 將軍。

196. British Embassy, May 2, 1951, *FO 371/*persia 1951/34-91457.

197. British Ambassador, "Interview with the Prime Minister (May 7, 1951)," *FO 248/*persia 1951/34-1526.

198. 其他人如下：前任首相 Morteza Qoli Bayat (Saham al-Sultan)，他和穆沙迪克既有血緣關係也是姻親；庫德族人 Nasser Qoli Ardalan，他多次擔任省的總督，兩次世界大戰中都給英國惹了很多麻煩；前財政部長 Abdul-Qassem Najm (al-Mamalek)，在二戰期間曾經擔任駐日大使；之前也曾擔任過部長的 Muhammad Sorouri，過去曾與Bayat密切合作；以及駐聯合國大使 Reza Shafaq，他是知名的反英法律教授。

## 第2章　英國與伊朗的談判

1. Ministry of Fuel and Power, "letter to the foreign office," *FO 371/* persia 1945/34-45443.
2. Foreign Office, January 4, 1951, *FO 371/*persia 1951/34-91521.
3. Foreign Office, "Record of Special Meeting (March 20, 1951)," *FO 371/*persia 1951/34-91525.
4. Foreign Office, "Memorandum (April 11, 1951)," *FO 371/*persia 1951/34-91470.
5. Secretary of State, "Telegram to the state department (November 5, 1951)," *FO 371/*persia 1951/34-91608.

6. Foreign Office, "First Meeting held in the state department (April 9, 1951)," *FO 371*/persia 1951/34-91471.
7. Ibid.
8. Foreign Office, "Second Meeting held in the state department (April 10, 1951)," *FO 371*/persia 1951/34-91471.
9. Foreign Office, May 9, 1952, *FO 371*/persia 1952/34-98654.
10. Foreign Office, "Third Meeting held in the state department (April 17, 1951)," *FO 371*/persia 1951/34-91471.
11. Foreign Office, "Notes (November 13, 1951)," *FO 371*/persia 1951/ 34-91613.
12. British Ambassador, "Conduct of the Anglo-persian oil Question (January 4, 1951)," *FO 371*/persia 1951/34-91521.
13. Petroleum Division, "Memo of Conversations (June 5, 1951)," *BP*/ persia 1951/00043859.
14. Ministry of Fuel and Power, June 15, 1951, *FO 371*/persia 1951/34- 91544; foreign office, "Telegram (November 6, 1951)," *FO 248*/persia 1951/34-1530.
15. British Ambassador, October 23, 1951, *FO 371*/persia 1951/34-91606.
16. British Ambassador, "Letter to the Foreign Office (August 13, 1951)," *FO 371*/persia 1951/34-91576.
17. Treasury department, "Memo (October 19, 1951)," *FO 371*/persia 1951/34-91606.
18. Foreign Office, "Notes (May 5, 1952)," *FO 371*/persia 1952/34-9859.
19. Foreign Office, "Telegram of May 14, 1951," *FO 371*/persia 1951/34- 91533.
20. Working Party, June 23, 1951, *FO 371*/persia 1951/34-91497.
21. Working Party, "policy paper (June 9, 1951)," *FO 371*/persia 1951/34-91543.
22. Foreign Office, "Notes Made by Mr. Pyman (May 5, 1952), *FO 371*/ persia 1952/34-9859.
23. Working Party, July 6, 1951, *FO 371*/persia 1951/34-91544.
24. Prime Minister, "Telegram to British Ambassador in Washington," *FO 371*/persia 1951/34-91533.
25. Clement Attlee, "Letter to the British Ambassador in Washington," *FO 371*/persia 1951/34-91541; and *FO 248*/persia 1951/34-1527.
26. Treasury Department, March 31, 1951, *FO 371*/persia 1951/34-9162; foreign office, "Telegram (October 12, 1951)," *FO 371*/persia 1951/34-91602.
27. Foreign Office, "Memo of Conversations (February 14, 1951)," *FO 371*/persia 1951/34-98608; and foreign office, "Record of Conversations

with the state department," *FO 371*/persia 1951/34-91471.

28. Working Party Meeting, "Minutes of Meeting," *FO 371*/persia 1951/34-91497.
29. British Ambassador, "Telegram (January 13, 1952)," *FO 371*/persia 1952/34-98647.
30. British Embassy, May 1, 1951, *FO 248*/persia 1951/34-1526.
31. British Ambassador, "Letter to the Foreign Office (May 19, 1951)," *FO 371*/persia 1951/34-91535.
32. Foreign Office, "Second Meeting held in the State Department," *FO 371*/persia 1951/34-91471.
33. British Ambassador, "Letter to the foreign office (May 30, 1951)," *FO 371*/persia 1951/34-91541.
34. Foreign Office, "Persian oil dispute: Views of Miss Lambton," *FO 371*/persia 1951/34-91609; Foreign Office, January 2, 1952, *FO 371*/persia 1952/34-98608.
35. British Ambassador, September 18, 1951, *FO 248*/persia 1951/34- 1514.
36. British Ambassador, "Report of events in persia (September 1951)," *FO 371*/persia 1951/34-91451.
37. Ministry of Fuel and Power, September 5, 1951, *FO 371*/persia 1951/34-91587.
38. Foreign Office, October 22, 1951, *FO 371*/persia 1951/34-91606.
39. Deputy Assistant Decretary of Dtate, "Memo to secretary of state (March 15, 1951)," *Foreign Relations of the US, 1951–54*, vol. 10, 9.
40. British Ambassador, "Letter to foreign office (March 19, 1951)," *FO 371*/persia 1951/34-91524.
41. George McGhee, *Envoy to the Middle World* (New York: Harper & Row, 1983), 327.
42. Sam Falle, *My Lucky Life* (London: The Book Guild, 1986), 83.
43. British Ambassador (in Washington), "Anglo-us Talks in Washington," *BP*/persia 1951/00043859; State Department, "Memo of Conversations (April 18, 1951)," *Foreign Relations of the US, 1951–54*, vol. 10, 41.
44. British Ambassador (in Washington), April 11, 1951, *FO 371*/persia 1951/34-91470; April 2, 1951, *FO 371*/persia 1951/34-91470.
45. McGhee, *Envoy to the Middle World*, 327, 335.
46. State Department, "Memo of Conversations in Washington (April 17, 1951), *Foreign Relations of the US, 1951–54*, vol. 10, 34.
47. State Department, "Meeting on AIoC problem with us oil Companies operating in the Middle East," *Foreign Relations of the US, 1951–54*, vol. 5, 309.

48. James Goode, *The United States and Iran: In the Shadow of Mussadiq* (New York: St. Martin's press, 1997), 29–30.
49. Secretary of State, "Letter to the U.S. Embassy in Tehran (May 11, 1951)," *Foreign Relations of the US, 1951–54*, vol. 10, 53.
50. AIoC, "persian oil—An American View (June 14, 1951)," *BP*/ 00003565.
51. Foreign Office, "Notes on the situation," *FO 371*/persia 1951/34- 91498.
52. Goode, *United States and Iran*, 128.
53. *New York Times*, May 17, 1951.
54. Defence Ministry, "Meeting with sir William Fraser (May 23, 1951)," *FO 371*/persia 1951/34-91537.
55. Foreign Office, "Minutes of persian Working party," *FO 371*/persia 1951/34-91497.
56. Foreign Office, "Fraser's Visit to the foreign office," *FO 371*/persia 1951/34-91533.
57. Foreign Office, "Minutes (May 7, 1951)," *FO 371*/persia 1951/34- 91533.
58. British Residency in Bahrain, "Thornburg Memo (March 31, 1951)," *FO 371*/persia 1951/34-91619.
59. British Embassy (in Washington), June 7, 1951, *FO 248*/persia 1951/34-31986
60. British Embassy, July 19, 1951, *FO 248*/persia 1951/34-1528.
61. British Embassy (in Washington), "Telegram (May 4, 1951)," *FO 371*/persia 1951/34-91530.
62. British Embassy, August 20, 1951, *FO 371*/persia 1951/34-91580; Ministry of Fuel and Power, "Conversations with Mr. Walter Levy (May 23, 1951)," *FO 371*/persia 1951/34-91537.
63. Max Thornburg, "General Summary of My Activities Concerning Persian Oil," *FO 248*/persia 1951/34-1930.
64. AIoC, "Grady's Article," *BP*/persia 1951/106249.
65. Reader Bullard, "Oil Crisis in Iran," *BP*/persia 1951/106249.
66. Reader Bullard, *Letters from Tehran* (London: I.B. Tauris, 1991), 154, 164, 174, 265.
67. Don North, "Interview with Loy Henderson," *Oral History Research Office* (Columbia University, 1972).
68. Charles Issawi, "A set of Accidents?" in *Paths to the Middle East*, ed. Thomas Naff (Albany: SUNY press, 1993), 160.
69. Charles Issawi, *Oil, the Middle East, and the World* (New York: Library Press, 1972), 16.
70. "Iran and the World," *New York Times*, August 21, 1953.

71. “Dervish in pin-striped suit,” *Time*, June 4, 1951.
72. British Ambassador, May 21, 1951, *FO 371*/persia 1951/34-91459.
73. George Middleton, “Annual Report on persia for 1951,” *FO 371*/ persia 1951/34-98593.
74. Habib Ladjevardi, “Interview with sir George Middleton,” *The Iranian Oral History Project* (Cambridge: Harvard University Press, 1993).
75. British Ambassador, “Report on events in persia in 1951,” *FO 371*/ persia 1951/34-98593.
76. British Embassy, September 4, 1951, *FO 248*/persia 1951/34-1514.
77. British Embassy, August 2, 1952, *FO 248*/1952/34-1531.
78. Drew Pearson, “USSR Wants Long Peace Parley,” *Washington Post*, July 11, 1951. 華盛頓的英國大使館將這篇報導剪下來送到德黑蘭，表示媒體專員有克盡職責。*FO 248*/persia 1951/34-1528.
79. British Embassy (in Washington), “Letter to the Foreign Office,” *FO 371*/persia 1951/34-98608.
80. Foreign Office, May 5, 1951, *FO 371*/persia 1951/34-91533.
81. “Challenge of the east,” *Time*, January 7, 1951. 亦見 “Dervish in pin-striped suit.” 華盛頓的英國大使館將這兩篇報導剪下來送到倫敦與德黑蘭。*FO 248*/persia 1951/34-1541.
82. British Embassy (in Washington), “Letter to the British Embassy in Tehran,” *FO 248*/persia 1951/34-1527.
83. British Embassy (in Washington), May 5, 1951, *FO 371*/persia 1951/34-91533.
84. British Ambassador (in Washington), November 26, 1951, *FO 371*/ persia 1951/34-91615.
85. Foreign Office, “Telegram from Tehran to Washington,” *FO 371*/ persia 1951/34-91530.
86. Foreign Minister, “Letter to Webb (October 10, 1951),” *FO 371*/per- sia 1951/34-9160.
87. “Profile of Mohammad Moussadek,” *Observer*, May 20, 1951.
88. Special Correspondent, “Persia’s Present Leaders,” *The Times*, August 22, 1951.
89. Special Correspondent, “The Crisis in persia: Internal Issues Behind the oil demands,” *The Times*, March 22, 1951; “Persia’s oil Claim: Motives Behind the demand for nationalization,” *The Times*, May 23, 1951.
90. British Ambassador, August 5, 1951, *FO 371*/persia 1951/34-91548
91. Foreign Office, “No.es on professor elwell-sutton,” *FO 371*/persia 1957/34-127074.

92. L.P. Elwell-Sutton, *Persian Oil: A Study in Power Politics* (London: Lawrence and Wishart, 1955).
93. Foreign Office, "Propaganda Line," *FO 248*/persia 1951/34-1527.
94. Foreign Office, "Notes on the *Daily Telegraph* and the *Observer*," *FO 371*/persia 1953/34-104177.
95. British Ambassador, "A Comparison Between persian and Asian Nationalism in General," *FO 371*/persia 1951/34-91464.
96. British Ambassador, "Comments to the Foreign Office," *FO 371*/persia 1951/34-91459.
97. British embassy, "The persian social and political scene," *FO 371*/ persia 1951/34-91460.
98. Persian Oil Working Party, "The Persian Character," *FO 371*/persia 1951/34-91539.
99. Daniel Yergin, *The Prize: The Epic Quest for Oil, Money, and Power* (New York: Simon & Schuster, 1991), 450–78, 583.
100. Barry Rubin, *Paved with Good Intentions: The American Experience in Iran* (New York: Oxford university press, 1980), 57–67.
101. Peter Avery, *Modern Iran* (London: Ernest Benn, 1965), 416–39.
102. Cyrus Arjani (pseudonym), "Review of *Musaddiq, Iranian Nationalism and Oil*, ed. James Bill and Roger louis," *Bulletin of the British Journal of Middle Eastern Studies* 16, No. 2 (1989), 207–12.
103. Sireen Hunter, *The Future of Islam and the West: Clash of Civilizations or Peaceful Coexistence* (London: Praeger, 1996), 137.
104. Ronald Ferrier, "Review of Homa Katouzian's *Mussadiq and the Struggle for Power in Iran*," *Bulletin of the School of Oriental and African Studies* 55, part 2 (1992), 340–42.
105. Falle, *My Lucky Life*, 75.
106. McGhee, *Envoy to the Middle World*, 400.
107. Elaine ScioliNo. "Mossadegh: Eccentric Nationalist Begets strange history," *New York Times*, April 16, 2000.
108. Mark Gasiorowski, "The Truth About the 1953 Coup," *Le Monde Diplomatique*, October 17, 2000; "The 1953 Coup Revisited" (paper presented to the Center for Iranian Research and Analysis).
109. Stephen Kinzer, *All the King's Men: The Hidden Story of the CIA's Coup in Iran* (New York: Wiley, 2003), 106.
110. Farah Pahlavi, *An Enduring Love: My Life with the Shah* (New York: Hyperion, 1987), 46–47.
111. Abbas Milani, *The Shah* (New York: Palgrave Macmillan, 2011), 145.
112. Gholam Reza Afkhami, *The Life and Times of the Shah* (Berkeley: University of California Press, 2009), 145.

113. UK Government, "Anglo-Iranian Oil Company Case," *FO 371*/persia 1951/34-91604.
114. Foreign Office, "An Account of American Ambassador's Visit (January 1, 1951)," *FO 371*/persia 1952/34-98647.
115. Foreign Office, "HMG's Ambassador's Notes (April 1951)," *FO 371*/ persia 1951/34-91615.
116. Foreign Office, "General Measures Voluntarily Taken by AIoC (1951)," *FO 371*/persia 1951/34-91538.
117. AIoC, "Plan for shut-down of fields, production, and Abadan Refin-ery (July 2, 1951)," *BP*/00043857.
118. Foreign Office, "Meeting with herr A. stahmer (November 29, 1951)," *FO 371*/persia 1951/34-91617.
119. Ministry of Fuel and Power, October 8, 1951, *FO 371*/persia 1951/34- 91599.
120. Foreign Office, "Attempts to Dispose of Persian Oil," *FO 371*/persia 1951/34-98657.
121. Foreign Office, Memo (June 28, 1951), *FO 371*/persia 1951/34- 91495.
122. British Cabinet, "Persian Ability to produce and sell oil," *FO 371*/ persia 1951/34-91617.
123. U.S. Ambassador, August 27, 1951, *Foreign Relations of the United States, 1951–54*, vol. 10, 149.
124. Cabinet Defence Committee, "Military Possibility of Seizing Abadan Island (June 1951)," *FO 371*/persia 1951/34-91461.
125. Ministry of Defence, "Notes (May 21, 1951)," *FO 371*/persia 1951/34- 91459.
126. Ministry of Defence, "Notes (May 24, 1951)," *FO 371*/persia 1951/34- 91459.
127. Lord Mountbatten, "Memo to the Admiralty (April 5, 1951)," *FO 371*/persia 1951/34-91620.
128. Cited by James Cable, *Intervention at Abadan: Plan Buccaneer* (New York: st. Martin's press, 1991), 117.
129. Foreign Office, July 13, 1951, *FO 248*/persia 1951/34-1527.
130. British Ambassador, "Oil Problem in Iran (October 13, 1951)," *FO 248*/1951/34-1529.
131. British Ambassador (at UN), "Telegram (October 13, 1951)," *FO 371*/ persia 1951/34-9160.
132. British embassy (in Washington), August 20, 1951, *FO 371*/persia 1951/34-91580.
133. Kermit Roosevelt, *Countercoup: The Struggle for the Control of Iran* (New York: McGraw hill, 1979), 98.
*134.* *Dad*, July 16, 1953; *Bakhtar-e Emruz*, July 16, 1953.
135. AIoC office in Tehran, "letter to london (July 16, 1951)," *BP*/126359; British embassy, "Telegram (August 2, 1951)," *FO 416*/persia 1951/104.
136. Hedayat Matin-Daftari, *Doktor Hussein Fatemi: Neveshtehha-ye Makhfegah va Zendan* (Dr. Hussein Fatemi: Writings from underground and

prison) (London: 2005), 55.

137. British Ambassador, "Activities and development of Tudeh party," *FO 416*/persia 1951/104.

138. British Ambassador, June 7, 1951, *FO 248*/persia 1951/34-1527.

139. Don North, "Interview with Loy Henderson (December 1970)," *Oral History Research Office* (Columbia University, 1972).

140. Averell Harriman, "Memo to the State Department (July 24, 1951)," *Foreign Relations of the United States 1951–54*, vol. 10, 109–10.

141. VerNo. Walters, *Silent Missions* (New York: doubleday, 1978) 259.

142. Norman Seddon, "Letter to London (July 29, 1951)," *BP*/126359.

143. Treasury Chambers, "Persia: Policy to be Adopted by the Mission to Tehran," *FO 248*/persia 1951/34-1527.

144. Tek, "Letter to Fraser (August 10, 1951)," *BP*/00043854.

145. Foreign Office, "Minutes of the Second Meeting Between the Stokes Mission and the Persian Government Delegation (August 8, 1951)," *FO 371*/ persia 1951/34-91577.

146. Foreign Office, "Record of the Lord Privy Seal's Conversations with the Shah (August 13, 1953)," *FO 371*/persia 1951/34-91583.

147. Foreign Office, "Reply of the Persian Delegation," *FO 371*/persia 1951/34-91583.

148. U.S. Ambassador, "Telegram (September 30, 1951)," *Foreign Rela- tions of the US, 1951–54*, vol. 10, 186–87.

149. 這些偽造的書信出自外行人之手：他們用了錯誤的編號和音譯。見 *FO 371*/persia 1951/34-91593.

150. British Ambassador, "Oil Problem in Persia (October 18, 1951)," *FO 248*/persia 1951/34-1529.

151. British Ambassador, "Telegram (August 25, 1951)," *FO 371*/persia 1951/34-91582; and "Telegram (August 26, 1951)," *FO 371*/persia 951/344- 91584.

152. Ministry of Fuel and Power, September 5–6, 1951, *FO 371*/persia 1951/34-91589.

153. United Nations, Five Hundred and Sixteenth Meeting (October 15, 1951).

154. Foreign Office, October 23, 1951, *FO 371*/persia 1951/34-91603.

155. British Ambassador (at the UN), October 15, 1951, *FO 371*/persia 1951/34-91602.

156. James Goode, *The United States and Iran: In the Shadow of Musaddiq* (New York: St. Martin's press, 1997), 57.

157. State Department, "Memorandum for the president Concerning Meeting with prime Minister Mossadeq (October 22, 1951)," *Declassified*

*Documents*/White house/1979/doc. 78.

158. Foreign Office, "Telegram (November 6, 1951)," *FO 248*/persia 1951/34-1530.

159. Ibid.

160. Ministerial Committee, October 25, 1951, *FO 371*/persia 1951/34- 91605.

161. Ministry of Fuel and Power, "Meeting with Representatives of oil Companies (November 17, 1951)," *FO 371*/persia 1951/34-91611; Foreign Office, November 6, 1951, *FO 371*/persia 1951/34-91610.

162. Goode, *United States and Iran*, 60.

163. Foreign Office, "Political Issues Involved in the present situation in persia (November 13, 1951)," *FO 371*/persia 1951/34-91611.

164. Foreign Office, Handwritten Note on November 8, 1951, *FO 371*/per- sia 1951/34-91610.

165. Foreign Office, December 8, 1951, *FO 371*/persia 1951/34-91616.

166. British Ambassador, "Telegram (October 23, 1951)," *FO 371*/persia 1951/34-91606.

167. McGhee, *Envoy to the Middle World*, 403.

168. Walters, *Silent Missions*, 262.

169. Dean Acheson, *Present at the Creation: My Years in the State Department* (New York: Norton, 1969), 504.

170. Secretary of State, "Memo to the state department (November 10, 1951)," *Foreign Relations of the US, 1952–54*, vol. 10, 278–79.

171. Muhammad Mossadeq, speech, *Parliamentary Debates*, November 24, 1951.

172. Muhammad Mossadeq, speech, *Parliamentary Debates*, December 11, 1951.

173. British Embassy, December 17, 1951, *FO 371*/persia 1951/34-91466.

174. British Embassy (in Washington), December 22, 1951, *FO 381*/persia 1951/34-91618.

175. British Embassy, "Telegram to the Foreign Secretary on the Persian Situation," *FO 248*/persia 1951/34-1514.

176. British Charge d'Affaires, "Brief for the Ministerial Committee (March 7, 1952)," *FO 371*/persia 1952/34-98649.

177. Foreign Office, February 14, 1952, *FO 371*/persia 1952/34-98608.

178. British Embassy, March 10, 1952, *FO 248*/persia 1952/34-1531.

179. Robin Zaehner, "Conversation with Sayyed Ziya," *FO 248*/persia 1952/34-1531.

180. British Embassy, "The shah and Kashani (January 8, 1952)," *FO 248/* persia 1952/34-1541; January 28, 1952, *FO 248/*persia 1952/34-1541.

181. British Embassy, May 26, 1952, *FO 248/*persia 1952/34-1531.

182. British Embassy, July 13, 1952, *FO 248/*persia 1952/34-1539.

183. Foreign Office, May 28, 1952, *FO 248/*persia 1952/34-1531.

184. British Embassy, June 28, 1952, *FO 248/*persia 1952/34-1531.

185. British Embassy, July 13, 1952, *FO 248/*persia 1952/34-1539.

186. British Embassy, April 16, 1952, *FO 248/*persia 1952/34-1531.

187. U.S. Ambassador, January 4, 1952, *Foreign Relations of the US, 1952– 54*, vol. 10, 302.

188. U.S. Ambassador, May 24, 1952, *Foreign Relations of the US, 1952–54*, vol. 10, 382.

189. British Embassy, June 11, 1952, *FO 248/*persia 1952/34-1531.

190. Foreign Office, "Letter to the British Ambassador (July 18, 1951)," *FO 416/*persia 1951/34-105.

191. U.S. Government, *Foreign Relations of the US, 1952–54,* vol. 10, 410– 46.

192. British Embassy, August 21, 1952, *FO 248/*persia 1952/34-1531; January 28, 1952, *FO 248/*persia 1052/1531.

193. British Embassy, "Confidential Conversation with an Informant (August 21, 1952)," *FO 248/*persia 1952/1521.

194. Masoud Hejazi, *Davare-ye Khaterat* (Judgments of Memory) (Tehran: 1996), 46–48.

195. U.S. Ambassador, June 27, 1952, *Foreign Relations of the US, 1952–54*, vol. 10, 405; British Embassy, "Letter to the Foreign Office (July 28, 1952)," *FO 248/*persia 1952/1531.

196. British Embassy, June 21, 1952, *FO 248/*persia 1952/34-1531.

197. Foreign Office, May 28, 1952, *FO 248/*persia 1952/34-1531.

198. British Embassy, July 16, 1952, *FO 248/*persia 1952/34-1539.

199. British Embassy, "Conversation with perron," *FO 248/*persia 1952/ 34-1531.

200. British Embassy, July 8, 1952, *FO 248/*persia 1952/34-1541.

201. British Embassy, July 28, 1952, *FO 248/*persia 1952/34-1541.

202. Muhammad Mossadeq, "Resignation Speech," *Ettela'at*, July 17, 1952.

203. British Embassy, July 19, 1952, *FO 248*/persia 1952/34-1539; Britannica house, "ChroNo.ogy on persia," *BP*/1052-113549.

204. Hassan Arsanjani, *Yaddashtha-ye Siyasi: Siyeh-e Tir* (Political Memoirs: 30th Tir) (Tehran: 1956), 1–80.

205. Ayatollah Kashani, "Proclamation," *Shahed* (Witness), July 19, 1952.

206. British Embassy, "The Tudeh party policy," *FO 416*/persia 1952/105.

207. *New York Times*, July 23, 1952.

208. Mostafa fateh, *Panjah Sal-e Naft* (fifty Years of oil) (Tehran: 1979), 606–7; Arsanjani, *Political Memoirs*, 48–50.

209. Nuraldin Kianuri, *Khaterat* (Memoirs) (Tehran: 1992), 217–90.

210. British Embassy, "Review of the present Crisis (July 28, 1952)," *FO 371*/persia 1952/34-98602.

211. British Embassy, "developments in the persian Internal situation (July 30, 1952)," *FO 416*/persia 1952/34-105.

212. British Embassy, July 28, 1952, *FO 248*/persia 1952/34-1541.

213. British Embassy, "Telegram (July 21, 1952)," *FO 248*/persia 1952/34- 1539.

214. British Embassy, "Summary of events-persia-1952," *FO 416*/persia 1952/106.

215. Ladjevardi, "Interview with sir George Middleton," *Iranian Oral History Project.*

216. British Embassy, "Correspondence Respecting persia in 1953," *FO 416*/persia 1953/106.

217. British Embassy, July 28, 1952, *FO 248*/persia 1952/34-1541.

218. Falle, *My Lucky Life*, 81.

219. Loy Henderson, "Letter to the State Department (July 28, 1952)," *Foreign Relations of the US, 1952–54,* vol. 10, 416–17.

220. *Tehran Mosavar* (Tehran Illustrated), July 15, 1953.

221. Ibrahim Safai, *Rahbaran-e Mashrutiyat* (Leaders of the Constitution) (Tehran: 1965), 702.

222. Arsanjani, *Political Memoirs*, 66–68.

223. *Ettela'at*, July 21, 1952.

224. *Washington Star*, July 25, 1952.

225. Sam Falle, "Confidential Report on the *Washington Star*," *FO 248*/ persia 1952/1531.

226. American Embassy, "Report on high-level Army Appointments," *FO 371*/persia 1953/34-104601.

227. British Embassy, "Telegraph (July 28, 1952)," *FO 371*/persia 1952/34-98602.

228. Secretary of State, "Letter to the U.S. Ambassador in London (July 26, 1952)," *Foreign Relations of the US, 1952–54*, vol. 10, 415–16.

229. British Embassy, "Letter to Anthony Eden (August 25, 1952)," *FO 248*/persia 1952/1531.

230. British Embassy, "Review of the Present Crisis (July 28, 1952)," *FO 371*/persia 1952/34-98602.

231. British Embassy, "Memorandum from Tehran (July 22, 1952)," *FO 248*/persia 1952/34-153.

232. British Embassy, "Telegram (July 28, 1952)," *FO 371*/persia 1952/34- 98602.

233. American Ambassador to the Secretary of State, "Telegrams (July 30–31, 1952)," *Foreign Relations of the US, 1952–54*, vol. 10, 424–25.

234. Foreign Office, "Telegram (July 29, 1952)," *FO 371*/persia 1952/34- 98602.

235. War Office, "Telegram (July 29, 1952)," *FO 371*/persia 1952/ 34-98602.

236. British Embassy, "Telegram to the War office (August 4, 1952)," *FO 371*/persia 1952/34-98602.

## 第3章 政變

1. Tim Heald, ed., *My Dear Hugh: Letters from Richard Cobb to Hugh Trevor-Roper* (London: Frances Lincoln, 2011), 159.
2. Hussein Fardoust, "The August 19th Coup," *Kayhan-e Hava'i*, October 2, 1991; Fardoust's *Khaterat* (Memoirs) (Tehran: 1988), serialized in *Kayhan-e Hava'i*, November 30, 1988–June 1, 1994. They were later published as *Zohur va Soqut-e Saltanat-e Pahlavi* (emergence and fall of the pahlavi dynasty) (Tehran: 1991).
3. Military Attaché, "Annual Report on the persian Army for 1951," *FO 371*/persia 1952/34-98638.
4. British Military Attaché, "Weekly Reports (February 17, 1946)," *India Office*, l/P&S/12-3505.
5. 當然了，我們無法取得軍情六處的這些檔案，不過其中有些部分偶爾會出現在外交部。見"personalities in persia—Military supplement (1947)," *FO 371*/persia 1947/34-62035.
6. Donald Wilber, *Overthrow of Premier Mossadeq of Iran, 1951–53*, http://cyrptome.org/cia-iran-all.htm. Appendix E.
7. Sam Falle, *My Lucky Life* (London: The Book Guild, 1996), 81.
8. Foreign Office, "Comment, (February 28, 1957)," *FO 371*/persia 1957/34-127074; British Embassy, "Report on Political Parties," *FO 371*/peresia 1957/34-127075; Foreign Office, "Comment, March 26, 1958)," *FO 371*/persia 1958/34-120713.

9. British Embassy, "Confidential Report to the Foreign Office (May 1952)," *FO 371*/persia 1952/34-38572.
10. Robin Zaehner, "The fida'iyan-e Islam (March 1, 1952)," *FO 248*/ persia 1952/34-1540.
11. Roy Melbourne, "Development of Fedayan Islam (1952)," *Declassified U.S. Documents*/1975/308/doc. C.
12. John Glubb, "Letter to the Foreign Office," *FO 248*/persia 1951/34- 1529.
13. Homa Sarshar, *Sha'aban Jafari* (Sha'aban Jafari) (Beverly Hills: Naab publishers, 2002), 30.
14. Lane Pyman, "Conversations with sayyed Ziya," *FO 248*/persia 1951/34-1528.
15. Sam Falle, "Conversations with sayyed Muhammad Reza Behbehani, (May 18, 1952)" *FO 248*/persia 1952/34-1571.
16. British Embassy, "Leading personalities in persia (1957)," *FO 371*/ persia 1957/34-127072.
17. Robin Zaehner, "Meeting with sayyed Tabatabai (May 15, 1952)," *FO 248*/persia 1952/34-38572.
18. Falle, *My Lucky Life*, 89.
19. British Embassy, "Letter to the War office (August 4, 1952)," *FO 371*/persia 1952/34-98602.
20. British Embassy, "Zahedi's shadow Cabinet," *FO 248*/persia 1952/34-1531.
21. Ibid.
22. Robin Zaehner, "Conversation with perron," *FO 248*/persia 1952/34- 1531.
23. Robin Zaehner, "Conversations with an Informant," *FO 248*/persia 1952/34-1531.
24. Robin Zaehner, "Conversations with Khalatbari," *FO 248*/persia 1952/34-1531.
25. Sam Falle, "Confidential Conversation with General Zahedi (August 7, 1952)," *FO 248*/persia 1952/1531.
26. British Embassy, October 13, 1952, *FO 248*/persia 1952/34-1531.
27. British Embassy, "Telegram (July 28, 1952)," *FO 248*/persia 1952/34- 1531.
28. Foreign Office, "Note on diplomatic status," *FO 371*/persia 1952/ 34-98606.
29. British Embassy, "Point Four Program in Persia," *FO 416*/persia 1952/34-105.
30. G.K. Reddy, "Iranian Round-up," *Times of India*, June 1–3, 1953.
31. British Embassy (Kabul), "Views of the french Military Attaché in Tehran," *FO 371*/persia 1953/34-104572.
32. U.S. Embassy, "Letter to the State Department," *FO 371*/persia 1952/34-9859.

33. Interview with General Riyahi in Ghulam-Reza nejati, *Jonbesh-e Mellishudan-e Naft va Kudeta-ye Best-u-Hasht-e Mordad* (The Movement to nationalize oil and the Coup of August 19) (Tehran: 1986), 371.
34. Reddy, "Iranian Round-up."
35. Donald Wilber, *Adventures in the Middle East* (Princeton: Darwin Press, 1986), 187–90.
36. Safa al-Din Tabaraian, "Sumka and the Reproduction of Nazism," *Motale'at-e Iran* (Iranian studies) 1 No. 1 (Autumn 2003), 17–106.
37. British Embassy, October 13, 1952, *FO 248*/persia 1952/34-1531; British Embassy, "Report on the Arya party," *FO 371*/persia 1953/34-104569; Foreign Office, "Persian oil dispute: Views of Miss Lambton," *FO 371*/persia 1951/34-91609.
38. British Embassy, "Note on R. Cottam," *FO 248*/persia 1951/1517.
39. Esfandiar Bozorgmehr, *Karavan-e Omr* (life's Caravan) (London: 1993), 188, 190, 209.
40. Kermit Roosevelt, *Countercoup: The Struggle for the Control of Iran* (New York: McGraw hill, 1979), 16.
41. British Embassy, August 11, 1952, *FO 248*/persia 1952/34-1531.
42. Loy Henderson, September 20, 1952, *Foreign Relations of the US, 1952–54*, vol. 10, 475.
43. CIA, "Memo for the president," *Foreign Relations of the US, 1952–54*, vol. 10, 689.
44. Foreign Office, handwritten No.es, *FO 371*/persia 1953/34-104606.
45. Loy Henderson, March 9, 1953, *Foreign Relations of the US, 1952–54*, vol. 10, 705.
46. AIoC, "Notes on Compensation (January 9, 1953)," *BP*/05926.
47. Foreign Office, "Minutes of the persian official Meeting," *FO 371*/ persia 1952/34-98647.
48. British Embassy, "henderson's Conversation with Musaddiq (January 8, 1953)," *FO 371*/persia 1953/34-104574.
49. State Department, "Memo of Meeting with UK Foreign Office (January 9, 1952)," *Foreign Relations of the US, 1952–54*, vol. 10, 303.
50. Habib Ladjevardi, "Interview with Sir George Middleton," *The Iranian Oral History Project* (Cambridge: Harvard University Press, 1993).
51. Harlan Cleveland, "Oil, Blood, and Politics," *The Reporter*, November 10, 1953.
52. State Department, "Memorandum of discussion at the Meeting of the national security Council," *Foreign Relations of the US, 1952–54*, vol. 10, 711–13.
53. "Taped Transcript of Interview with derbyshire on the 1953 Coup," Interview for the television program *End of Empire* (Granada Channel 4

[UK], 1985).

54. Foreign Office, "Summary of political developments in 1953," *FO 371*/1953/34-104571.

55. Homa Katouzian, ed., *Musaddiq's Memoirs* (London: Jebhe Publications, 1988), 44–45.

56. VerNo. Walters, *Silent Missions* (New York: Doubleday, 1978), 252.

57. AIoC, "Letter to the Ministry of Fuel (April 23, 1953)," *BP*/066260.

58. G.K. Reddy, "The ecoNo.ic Crisis," *Times of India*, June 3, 1953.

59. CIA, "Probable developments in Iran Through 1953," declassified documents, 1–8.

60. Commercial Counsellor, June 1, 1951, *FO 371*/persia 1951/34-91497.

61. For Majles Attacks, see Iranian Government, *Muzakerat-e Majles* (Parliamentary debates), seventeenth Majles, February 28–August 20, 1953.

62. Hedayat Matin-Daftari, *Doktor Hussein Fatemi: Neveshtehha-ye Makhfegah va Zendan* (Dr. Hussein Fatemi) (London: 2005), 62.

63. Editorial, "The people Rule, the Shah Reigns," *Jebe'eh-e Azadi*, March 10, 1953.

64. Muhammad Dahnavi, *Mujma'ahyi az Maktabahat, Sokhanraniha va Paymanha-ye Ayatollah Kashani* (Ayatollah Kashani's Collected Writings, speeches, and Messages) (Tehran: 1982), vol. 3, 192.

65. Atesh (pseudonym), *Qiyam dar Rah-e Saltanat* (uprising for the Monarchist Road) (Tehran: 1954), 50–56.

66. Katouzian, *Musaddiq's Memoirs*, 192.

67. U.S. Embassy, "Iran's political Trends since the departure of the British embassy (April 24, 1953)," *FO 371*/persia 1953/34-104567.

68. Masoud Hejazi, *Davare-ye Khaterat* (Judgments of Memory) (Tehran: 1996), 54. Hejazi 似乎沒有發覺阿里・賈拉里是中情局特務。

69. Richard Cottam, *Nationalism in Iran* (Pittsburgh: University of Pittsburgh Press, 1964), 154–55.

70. Mehdi Azar, "Did Foreigners Carry out the 1953 Coup?" *Mehregan* 5, No. 2 (Summer 1996), 47–52.

71. U.S. Embassy, April 8, 1953, *FO 371*/persia 1953/34-104567.

72. Morteza Rasuli, "Interview with hussein Makki," *Tarekh-e Mo'aser-e Iran* (Contemporary history of Iran), No. 1 (Fall 1997), 176–216.

73. William Roger louis, "How Musaddeq Was ousted," *Times Literary Supplement*, June 29, 2001.

74. Muhammad Mossadeq, "Speech to the nation," *Bakhtar-e Emruz*, July 17, 1953.

75. *New York Times*, August 4–14, 1953.

76. *New York Times*, July 23, 1953.
77. *New York Times*, July 22, 1953.
78. Wilber, *Overthrow of Premier Mossadeq*, iv.
79. Robert Scheer, "CIA's Role in the 1953 Iran Coup," *Los Angeles Times*, March 29, 1979.
80. Stephen Dorril, *MI6: Inside the Covert World of Her Majesty's Secret Intelligence Service* (New York: Free Press, 2000), 566.
81. Roosevelt, *Countercoup*, 77.
82. Dorril, *MI6*, 578.
83. Foreign Office, "First Joint-Meeting of the state department and the foreign office (April 9, 1951)," *FO 371*/persia 1951/34-91471.
84. Working party, "Memorandum (October 15, 1951)," *FO 371*/persia 1951/34-91607.
85. State Department, "Memo of Conversations with the British Ambassador, *Foreign Relations of the US, 1951*, vol. 5, 189–90.
86. Foreign Office, "Telegram to the Washington Embassy (November 11, 1951)," *FO 248*/persia 1951/1530.
87. Dean Acheson, *Present at the Creation: My Years in the State Department* (New York: No.ton, 1969), 680.
88. Roosevelt, *Countercoup*, 88.
89. Foreign Office, November 26, 1951, *FO 371*/persia 1951/34-91615.
90. Christopher Woodhouse, *Something Ventured* (London: Granada, 1982), 117.
91. Ladjevardi, "Interview with sir George Middleton," *Iranian Oral History Project.*
92. Steve Marsh, "The united states, Iran and operation "Ajax,' " *Middle Eastern Studies* 39, No. 3 (July 2003), 24.
93. Jalil Bozorgmehr, *Muhammad Mossadeq dar Dadgah-e Nezami* (Muhammad Mossadeq in Military Court) (Tehran: 1984), vol. 1, 573–74.
94. Iraj Afshar, ed., *Taqrerat-e Mossadeq dar Zendan* (Mossadeq's Comments in prison) (Tehran: 1980), 134.
95. Abu Nasr Azod Qajar, *Baznegar-e dar Tarekh* (A Review of history) (Bethesda, Md: 1996).
96. State Department, "Memorandum on the Meeting of the National Security Council (March 4, 1953), *Foreign Relations of the US, 1952–54*, vol. 10, 692–701.
97. American Embassy, August 12, 1953, *Foreign Relations of the US, 1952–54*, vol. 10, 743–74.
98. Wilber, *Overthrow of Premier Mossadeq*, Appendix e.

99. U.S. Embassy, "Estimate of Tudeh numerical strength," *FO 371*/ persia 1953/34-104573.

100. "Interview with Dr. Ghulam-Hussein sadiqi, *Ruznameh-e Donya*, September 11, 1979.

101. CIA, August 18, 1953, telegram declassified on August 12, 1982. 感謝馬克・加西歐羅斯基提供這些文件。

102. CIA, April 4, 1953, telegram declassified on August 12, 1982.

103. Foreign Office, "The Tudeh party," *FO 975*/persia 1953/69.

104. CIA, "Probable developments in Iran Through 1953," declassified report, 1–7.

105. CIA, "Report on Iran (August 18, 1953), *Declassified Documents* (Microfiche)/1981/276 d.

106. Foreign Office, "The Tudeh party," *FO 975*/persia 1953/69.

107. Foreign Office, "Press Reports on Ambassador sadchikov (June 25, 1953)," *FO 371*/persia 1953/34-104576.

108. British Ambassador (Afghanistan), "Views of the french Military At-taché (June 10, 1953)," *FO 371*/persia 1953/34-104576.

109. Louis, "How Mussadeq Was ousted."

110. *FO 371*/persia 1953/34-10456. 這篇報導被安排刊登在伊斯法罕的報紙 *Joshan* 上。

111. Mark Gasiorowski, "The 1953 Coup d'État in Iran," *International Journal of Middle East Studies* 19, No. 3 (August 1987), 284.

112. *Time*, July 20, 1953.

113. Editorial, "Mossadeq plays with fire," *New York Times*, August 15, 1953.

114. Hamid Seifzadeh, *Hafez-e Tarekh-e Afshartous Keybud?* (Who Kept the secret of Afshartous?) (Tehran: 1984).

115. "Interview Tape with derbyshire on the 1953 Coup," *End of Empire*. This part of the interview was No. televised.

116. Kennett Love, "Army seizes helm," *New York Times*, August 20, 1953.

117. Foreign Office, "Report on U.S. Memo sent from Tehran to Washington," *FO 371*/persia 1953/34-104564.

118. Wilber, *Overthrow of Premier Mossadeq*, Appendix B.

119. Muhammad-Jafar Mohammadi, "Account of Military Activities in the August 19 Coup," *Nimrouz*, October 8–December 26, 1999.

120. "Interview with Two officers Who defended Dr. Mossadeq," *Ettela'at*, August 19, 1979.

121. Wilber, *Overthrow of Premier Mossadeq*, Appendix B.

122. Muhammad-Jafar Muhammadi, *Raz-e Pirouzi-ye Kudeta-ye Best-u- Hasht-e Mordad* (secret of the success of the August 19 Coup) (Tehran:

2006). 政變失敗後，胡馬尤尼上尉和其他帝國衛隊被逮捕；在國王凱旋歸來之後的數天就將他升為少校；然而兩年後當他揭露自己大眾黨員的真正身分時又再次被捕，並判處無期徒刑。他將他的經歷敘述給大眾黨伙伴 Muhammadi。有關他的回憶錄摘錄，見 Muhammad-hussein Khosrowpanah, *Sazman-e Afsaran-e Hezb-e Tudeh-e Iran* (The Military organization of the Tudeh party of Iran) (Tehran: 1998), 241–74.

關於另一名帝國衛成員對此敘述的不同說法，Abdul-Samad Khair-Khah 上校提出警告。見 F.M. Javansher, *Tajrabeh-e Best-u-Hasht-e Mordad* (The experience of August 19) (Tehran: 1980), 288–89; and nuraldin Kianuri, *Khaterat* (Memoirs) (Tehran: 1992), 264–66.

Hussein Fardoust 在他的回憶錄中寫道，在菁英王室衛隊中有兩名大眾黨員：Khair-Khah 與Nazer。這兩人深受伊朗國王與G 2的信賴，因為前者辦事非常有效率，而後者是王后母親的親戚。Nazer 在一九五四年逃往蘇聯，直到伊斯蘭革命後才返回伊朗。見 Fardoust, *Memoirs.*

某些資料指出，親自打電話給穆沙迪克警告他政變即將到來的人，是大眾黨軍事組織首長 Muhammad-Ali Mobasheri 上校。見 "The Tudeh Party Informed Mos- sadeq of the Coup," *Sharvand-e Emruz*, August 13, 2001. 然而 Mobasheri 上校不可能有直接與首相通訊的方式。反對後來基亞努里領導的前大眾黨成員們，各有試圖低估基亞努里角色的理由。

123. Bozorgmehr, *Muhammad Mossadeq in Military Court,* vol. 1, 440–41.

124. Mehdi Azar, "Did Foreigners Carry Out the 1953 Coup?"

125. Ismail Elmieh, "Notes on the Investigation," in Ghulam-Reza Nejati, *Jonbesh-e Mellishudan-e Naft va Kudeta-ye Best-u-Hasht-e Mordad* (The Movement to nationalize oil and the Coup of August 19) (Tehran: 1986), 469–85.

126. Ladjevardi, "Interview with Ahmad Zirakzadeh," *Iranian Oral History Project.*

127. Bozorgmehr, *Muhammad Mossadeq in Military Court*, vol. 1, 121.

128. U.S. Embassy, "Summary of Political Events in Iran," *FO 371*/persia 1953/34-104569.

129. Muhammad-Ali safari, *Qalam va Siyasat* (pen and politics) (Tehran: 1992), 853.

130. Matin-Daftari, *Doktor Hussein Fatemi*, 36.

131. Nasrallah Shefteh, *Zendeginameh va Mobarezat-e Siyasi-ye Doktor Sayyed Hussein Fatemi* (The life and political struggles of dr. sayyed hus- sein fatemi) (Tehran: 1985), 366–70.

132. Safari, *Pen and Politics*, 830–35.

133. Sepehr Zabih, *The Mossadegh Era* (Chicago: Lake View press, 1982), 133–34.

134. Undersecretary of State, "Memorandum (August 18, 1953)," *Foreign Relations of the US, 1952–54*, vol. 10, 748.

135. Wilber, *Overthrow of Premier Mossadeq*, summary.

136. U.S. Embassy, "The Ambassador's Interview with Mossadeq," *FO 371*/persia 1953/34-104570; Loy Henderson, "Memorandum on Meeting with Mossadeq (August 18, 1953)," *Foreign Relations of the US, 1952–54*, vol. 10, 748–52.

137. Don North, "Interview with henderson," *Oral History Research Office* (Columbia University, 1972).

138. "Iran Mob, Riot for the Shah," *Time*, August 31, 1953. 文中的詳細訊息並定是韓德森所洩露，因為這次會議的成員只有三個人：穆沙迪克、韓德森與韓德森的翻譯員。

139. Loy Henderson's private papers, Manuscript division of the Library of Congress. for a summary of this meeting, see Moyara de Morales Ruehsen, "Operation 'Ajax' Revisited: Iran, 1953," *Middle Eastern Studies* 29, No. 3 (July 1993), 479–80, 485–86.

140. Hussein Azabi, ed., *Yadnameh-e Mohandes Hassebi* (Memoirs of engineer Hassebi) (Tehran: 1991), 124.

141. "Interview with Dr. Ghulam-Hussein Sadiqi," *Ruznameh-e Donya*, September 11, 1979.

142. Roy Melbourne (of U.S. Embassy), "Political situation from April to overthrow of Mossadeq on August 19," in *FO 371*/persia 1953/34-104572.

143. Stephen Ambrose, *Ike's Spies: Eisenhower and the Espionage Establishment* (Jackson: University of Mississippi press, 1981), 208–9.

144. Military GoverNo., "Proclamation," *Ettela'at*, August 18, 1953.

145. Arnaud de Burchgrace, "Shah Returns in Triumph," *Newsweek*, August 31, 1953.

146. U.S. Ambassador, "Dispatch to the State Department (August 20, 1953)," *Foreign Relations of the US, 1952–54*, 10, 762.

147. Foreign Office, "Notes on a U.S. Telegram (August 20, 1953)," *FO 371*/persia 1953/34-104570.

148. British Memorandum, "Political Review of the Recent Crisis (September 2, 1953)," *Foreign Relations of the US, 1952–54*, 10, 780–88.

149. Kennett Love, "Extremist Riot in Teheran," *New York Times*, August 19, 1953.

150. Parvez Babayi, "The August 19 Coup," *Andisheh-e Jam'eh* (Social Thought), No. 12 (August 2000), 8–10.

151. Baqer Momeni, "From July to August," *Aresh*, No. 75 (August 1994), 32–35. 這整期雜誌內容都是一九五三年八月左派學生們的回憶。

152. Hejazi, *Judgments of Memory*, 114–21, 681.

153. Ali Rahnema, *Niruha-ye Mazhabi* (Religious forces) (Tehran: 2005), 952.

154. Parvez Varjaved, ed., *Yadnameh-e Doktor Ghulam-Hussein Sadiqi* (Memoirs of Dr. Ghulam-Hussein Sadiqi) (Tehran: 1992), 120–22.

155. Richard and Gladys Harkness, "The Mysterious doings of the CIA," *Saturday Evening Post,* October 30–November 13, 1954. see also stella Mari- gold, "The streets of Tehran," *The Reporter,* November 10, 1953.

156. Kennett Love, "The American Role in the Pahlavi Restoration" (Princeton University, unpublished paper, 1960), 2.

157. Cottam, *Nationalism in Iran,* 37–38, 155.

158. Christopher de Bellaigue, *In the Rose Garden of the Martyrs: A Memoir of Iran* (New York: Harper Collins, 2004), 173.

159. British Memorandum, "The political Review of the Recent Crisis (September 2, 1953)," *Foreign Relations of the US, 1952–54,* vol. 10, 780–88; *Ettela'at-e Haftegi,* August 1953; shams al-din Amir-Alai, *Khaterat-e Man* (My Memoirs) (Tehran: 1984), 393–97.

160. Homayuni, "Memoirs," in Khosrowpanah, *Military Organization of the Tudeh Party of Iran,* 251–53.

161. Babak Amir-Khosrovi, *Nazar az daroun beh Naqsh-e Hezb-e Tudeh-e Iran* (Internal look at the Role of the Tudeh party of Iran) (Tehran: 1996), 666.

162. Harkness, "Mysterious doings of the CIA."

163. Hejazi, *Judgments of Memory,* 109–12.

164. Cited by Muhammadi, "Account of Military Activities in the August 19 Coup," *Nimrouz,* November 5, 1999.

165. Bozorgmehr, *Muhammad Mossadeq in Military Court,* 481.

166. Varjaved, *Memoirs of Dr. Ghulam-Hussein Sadiqi,* 123–24.

167. Homayuni, "Memoirs," 254–55.

168. Shefteh, *Life and Political Struggles of Dr. Sayyed Hussein Fatemi,* 314.

169. Bozorgmehr, *Muhammad Mossadeq in Military Court,* vol. 2, 56–59.

170. "Interview with Colonel Momtaz," *Majaleh-e Iran,* August 18, 1999.

171. Varjaved, *Memoirs of Dr. Ghulam-Hussein Sadiqi,* 127.

172. Masallah Varaqa, *Chand-u-Chun Variyzi-ye Dowlat-e Mossadeq* (sketches on the downfall of Mossadeq's Government) (Tehran: 2007), 338.

173. Zabih, *Mossadegh Era,* 135.

176.175.174.

Kianuri, *Memoirs,* 276–78.

Ahmad shayegan, ed., *Sayyed Ali Shayegan* (Tehran: 2004), vol. 2, 9–11.

Ladjevardi, "Interview with Ahmad Zirakzadeh" and "Interview with Mehdi Azar," *Iranian Oral History Project*; shefteh, *Life and Political Struggles of Dr. Sayyed Hussein Fatemi,* 315; Karem sanjabi, *Omidha va Na Omidiha* (hopes and despairs) (London: Jebhe publications, 1989), 148.

183.182.181.180.179.178.177.

Sadeq Ansari, *Az Zendegi-ye Man* (from My life) (Los Angeles: Nashr-e Ketab, 1996), 336.

British Embassy, "Notes on political parties (August 16, 1957), *FO 371*/persia 1953/34-127075.

Rahnema, *Religious Forces*, 955.

Joseph Mazandi, "Shah's Men overthrow Mussadiq," *Times of India*, August 20, 1953.

Foreign Office, "Notes on Conversation Between Iraqi Ambassador and Reuters Correspondent," *FO 371*/persia 1953/34-104571.

Amir-Alai, *My Memoirs,* 405.

Mahmud Kashani, "Was It Really a Military Coup?" paper presented at a conference on Muhammad Mossadeq and the 1953 Coup, at st. Antony's College, Oxford, UK, on June 8–10, 2002.

194.193.192.191.190.189.188.187.186.185.184.

U.S. Embassy, "Conversation Between Mr. henderson and the shah (September 14, 1954)," *FO 371*/persia 1954/34-104571.

U.S. Embassy, "Report on the political situation (February 12, 1954)," *FO 371*/persia 1954/34-109986.

G.K. Reddy, "Iran's Royalist Coup," *Times of India*, September 16– 18, 1953.

Foreign Office, "Persia: Quarterly political Report—July to septem- ber 1953," *FO 416*/persia 1953/106.

Foreign Office, handwritten No.es, *FO 371*/persia 1953/34-104568.

G.K. Reddy, "An Unexpected Victory," *Times of India*, September 17, 1953.

"Iran Mob, Riot for Their Shah," *Time*, August 31, 1953.

Robert Stephen, "Crisis in Islam," *The Observer*, August 23, 1953.

Harlan Cleveland, "Oil, Blood, and politics," *The Reporter*, November 10, 1953.

Elgin Groseclose, "Iran," *Christian Science Monitor*, September 21– 22, 1953. Cuttings in *FO 371*/persia 1953/34-104571.

Kennett love, "Army seized helm," *New York Times*, August 20, 1953; "New Iran Premier Lifelong Royalist," *New York Times*, August 20, 1953;

"Mossadegh Quits," *New York Times*, August 21, 1953; "Iran's Army No. hold the Balance of Power, *New York Times*, August 23, 1953; "shah, Back in Iran, Wildly Acclaimed; prestige at peak," *New York Times*, August 23, 1953; "Reversal in Iran," *New York Times*, August 23, 1953.

195. Kennett Love, "The American Role in the pahlavi Restoration" (unpublished paper, 1960), 1–41.

196. 與退休國務院官員 Edward Thomas 的個人交流。

197. Peter Avery, *Modern Iran* (London: Ernest Benn, 1965), 416–39.

198. George Lenczowski, ed., *Iran Under the Pahlavis* (Stanford: Hoover Institution, 1978), 443.

199. J.C. Hurewitz, *Middle East Politics: The Military Dimension* (New York: Praeger, 1969), 266.

200. Roger Savory, "The Principle of Homeostasis Considered in Relation to Political Events in Iran," *International Journal of Middle East Studies* 3, No. 3 (July 1972), 286.

201. Elizabeth Monroe, "Key force in the Middle east—The Mob," *New York Times*, August 30, 1953.

## 第4章 遺產

1. Roger Stevens, "Telegram (April 14, 1954)," *FO 371*/persia 1954/34- 110060.
2. Roger Stevens, "Letter to the Foreign Office (March 13, 1954)," *FO 371*/persia 1954/34-110060.
3. British Chargé d'Affaires, "Annual for persia (1954)," *FO 371*/persia 1954/34-114805.
4. Foreign Office, "Comments in London (October 3, 1944)," *FO 371*/ persia 1944/34-40241; U.S. Embassy, May 16, 1944, *Foreign Relations of the US, 1944*, vol. 4, 449.
5. AIoC, "AIoC-shell Agreement (December 30, 1948)," *BP*/00009249.
6. State Department, September 20, 1952, *Foreign Relations of the US, 1952–54*, vol. 10, 475.
7. Ministry of Fuel and Power, "persia (October 29, 1951)," *FO 371*/ persia 1951/34-91607.
8. Anthony Sampson, *The Seven Sisters: The Great Oil Companies and the World They Make* (New York: Viking, 1975), 134.
9. British Ambassador (Washington), "Letter to the Foreign Office (March 27, 1954)," *FO 371*/persia 1954/34-110060.
10. Sampson, *Seven Sisters*, 131.
11. Asadollah Alam, *The Shah and I* (New York: St. Martin's press, 1991), 248.

12. Andrew Whitley and Anthony Mcdermott, "Iran Without Oil," *Financial Times*, January 17, 1979.
13. Patrick Cockburn, "Iran May Run own oilfields," *Financial Times*, January 25, 1979.
14. Andrew Whitley, "Reduced Role for Oil Consortium," *Financial Times*, February 10, 1979.
15. Foreign Office, "U.S. Report on the Zahedi Cabinet," *FO 371*/persia 1953/persia 1953/34-104572.
16. U.S. Embassy, political environment of the Zahedi Government," *FO 371*/persia 1953/34-104572.
17. British Ambassador, "The New Iranian Cabinet (April 9, 1957)," *FO 371*/persia 1957/34-127074.
18. Mehdi homayuni, "Memoirs," in Muhammad-Hussein Khosrowpanah, *Sazman-e Afsaran-e Hezb-e Tudeh-e Iran* (The Military organization of the Tudeh party of Iran) (Tehran: 1998), 262–68.
19. Gholam Reza Afkhami, *The Life and Times of the Shah* (Berkeley: university of California press, 2009), 193.
20. U.S. Embassy, "Recent Tudeh Activities and Government Counter Measures" (October 9, 1953), *FO 381*/persia 1953/34-104573.
21. Military GoverNo. of Tehran, *Ketab-e Siyah darbareh-e Sazman-e Afsaran-e Tudeh* (Black Book on the Tudeh officers' organization) (Tehran: 1956); Ali Zibayi, *Kommunism dar Iran* (Communism in Iran) (unpublished SAVAK document), vol. 1–2; Khosrowpanah, *Military Organization of the Tudeh Party of Iran.*
22. British Embassy, "Summary for October 19–November 1, 1954," *FO 371*/persia 1954/34-104805; British Embassy, "Report on executions," *FO 371*/persia 1954/34-104571; American embassy, "Government's Anti-Tudeh Campaign (1954)," *Declassified Documents* (Microfiche Collection)/ 1975/309—document A.
23. British Embassy, "Notes on political parties (August 16, 1957)," *FO 371*/persia 1957/34-127075.
24. Nuraldin Kianuri, *Khaterat* (Memoirs) (Tehran: 1992), 287–88.
25. Ali Ansari, *The Politics of Nationalism in Modern Iran* (New York: Cambridge University Press, 2012), 164.
26. Habib Ladjevardi, "Interview with Desmond Harvey," *The Iranian Oral History Project* (Cambridge: Harvard University Press, 1993).
27. Alam, *Shah and I*, 318.
28. Editorial, "Fifty Years of Treason," *Khabarnameh* (Newsletter), No. 66 (April 1976), 1–5.
29. Henry Kissinger, *White House Years* (Boston: little, Brown, 1979), 1261.
30. Marvin Zonis, *Majestic Failure: The Fall of the Shah* (Chicago: University of Chicago Press, 1991), 268.

31. Abbas Qarabaghi, *Haqaqeh darbareh Bahran-e Iran* (The Truth About the Iranian Crisis) (Paris: 1983). For ghosts of 1953 haunting the events of 1979, see ervand Abrahamian, "The Crowd in the Iranian Revolution," *Radical History*, No. 105 (fall 2009), 13–38.

32. British Ambassador, "The new Iranian Cabinet (April 9, 1957), *FO 371*/persia 1957/34-127074.

33. Ervand Abrahamian, "The No.ion of 'Conspiracy Theories' in the po- litical Culture of Iran (1990)," *Kankash*, No. 7 (Winter 1991), 95–104; Ervand Abrahamian, "The paraNo.d style in Iranian politics," *Khomeinism: Essays on the Islamic Republic* (Berkeley: university of California press, 1993), 111– 31; Ahmad Ashraf, "Conspiracy Theories," *Encyclopedia Iranica*, vol. 6, fas- cicle 2, 138–47; houchang Chehabi, "The paraNo.d style in Iranian histori- ography," in *Iran in the Twentieth Century*, ed. Touraj Atabaki (London: Tauris, 2009), 155–76; Muhammad Ibrahaim-fattahi, ed., *Jastarha-ye darbareh Toruy-e Tuteh dar Iran* (search for Conspiracy Theories in Iran) (Tehran: 2003).

34. Rasoul Mehraban, *Gushha-ye az Tarekh-e Mo'aser-e Iran* (Glances at Contemporary Iranian history) (Germany: 1982).

35. Hussein Malek, *Dabard-e Prozhehha-ye Siyasi dar Sahneh-e Iran* (The Battles of political projects on the Iranian stage) (N.P.: 1981), 1–122.

36. Mohammad Reza Shah, *Answer to History* (New York: stein and day, 1982).

37. Ibid.

38. William Sullivan, *Mission to Iran* (New York: Norton, 1981), 156–57.

39. Ruhullah Khomeini, *Velayat-e Faqeh: Hokumat-e Islami* (Jurists' Guardianship: Islamic Government) (Tehran: 1979), 11–12.

40. Ruhullah Khomeini, *Islamic Unity Against Imperialism: Eight Documents of the Islamic Revolution in Iran* (New York: Islamic Association of Iranian professions and Merchants in America, 1980), 8.

41. Hojjat al-Islam Ali Khamenei, "Speech," *Ettela'at*, March 5, 1981.

# 參考書目

外交部檔案可見於倫敦的國家檔案局（前身是公共檔案局）。有關伊朗的材料（1951-1953）大多記載於 *FO 371* and *FO 248*。已解密的國務院檔案可見於：美國政府，《美國外交文件，１９５１》（*Foreign Relations of the United States, 1951*）(Washington, DC: us Government Printing House, 1982）第五卷（伊朗）；以及美國政府，《美國外交文件，１９５２－１９５４》（*Foreign Relations of the United States, 1952–54*）(Washington DC: U.S. Government Printing House, 1989)第十卷（伊朗）。英伊石油公司的檔案可在英國華威大學的英國圖書館找到。


Abrahamian, ervand. "The 1953 Coup in Iran." *Science & Society* 65, No. 2 (summer 2001), 182–214.

——. "The Crowd in the Iranian Revolution." *Radical History* 105 (fall 2009), 13–38.

Acheson, dean. *Present at the Creation: My Years in the State Department.* New York: No.ton, 1969.

Afkhami, Gholam Reza, *The Life and Times of the Shah.* Berkeley: university of California press, 2009.

Afshar, Iraj, ed. *Khaterat-e Doktor Muhammad Mossadeq* (Memoirs of dr. Muhammad Mossadeq). london: 1986.

——. *Mossadeq va Masa'el-e Hoquq va Siyasat* (Mossadeq and Questions of law and politics) Tehran: 1979.

——. *Taqrerat-e Mossadeq dar Zendan* (Mossadeq's Comments in prison). Tehran: 1980.

Ahmadi, hamid. *The Iranian Left Oral History Project.* Berlin: 1985–95. Alam, Asadollah. *The Shah and I.* New York: st. Martin's press, 1991.

Amir-Alai, shams al-din. *Khaterat-e Man* (My Memoirs). Tehran: 1984.

Amir-Khosrovi, Babak. *Nazar az daroun beh Naqsh-e Hezb-e Tudeh-e Iran*

(Internal look at the Role of the Tudeh party of Iran) Tehran: 1996.

Ansari, Ali. *The Politics of Nationalism in Modern Iran.* New York: Cam- bridge university press, 2012.

Ansari, sadeq. *Az Zendegi-ye Man* (from My life). los Angeles: nashr-e Ketab, 1996.

Arsanjani, Hassan. *Yaddashtha-ye Siyasi: Siyeh-e Tir* (political Memoirs: 30th Tir). Tehran: 1956.

Ashraf, Ahmad. *Toure-ye Tuteh dar Iran* (Conspiracy Theory in Iran). Teh- ran: 1993.

Avery, Peter. *Modern Iran.* london: ernest Benn, 1965.

Azabi, Hussein, ed., *Yadnameh-e Mohandes Hassebi* (Memoirs of engineer hassebi). Tehran: 1991.

Azimi, fakhreddin. *Iran: The Crisis of Democracy 1941–53.* New York: st. Martin's press, 1989.

Balfour, James. *Recent Happenings in Persia.* london: Blackwood, 1922. Bamberg, James. *A History of the British Petroleum Company.* Cambridge: Cambridge university press, 1994.

Bayandour, Darioush. *Iran and the CIA: The Fall of Mossadeq Revisited.* New York: palgrave, 2010.

Bellaigue, Christopher de. *In the Rose Garden of the Martyrs.* New York: harperCollins, 2004.

Bill, James. *The Eagle and the Lion: The Tragedy of American-Iranian Rela- tions.* new haven: Yale university press, 1988.

Bill, James, and William Roger louis, eds. *Musaddiq, Iranian Nationalism, and Oil.* Austin: Texas university press, 1988.

Bozorgmehr, esfandiar. *Karavan-e Omr* (life's Caravan). london: 1993. Bozorgmehr, Jalil. *Muhammad Mossadeq dar Dadgah-e Nezami* (Muham-mad Mossadeq in Military Court). 2 vols. Tehran: 1984.

Bullard, Reader. *Letters from Tehran.* london: I.B. Tauris, 1991.

Cable, James. *Intervention at Abadan: Plan Buccaneer.* New York: st. Mar- tin's press, 1991.

Cottam, Richard. *Nationalism in Iran.* pittsburgh: university of pittsburgh press, 1964.

Curzon, George. *Persia and the Persian Question.* 2 vols. london: longmans, 1892.

Dahnavi, Muhammad. *Mujma'ahyi az Maktabahat, Sokhanraniha va Pay- manha-ye Ayatollah Kashani* (Ayatollah Kashani's Collected Writings, speeches, and Messages). 3 vols. Tehran: 1982.

Diba, Farhad. *Mohammad Mossadegh: A Political Biography.* london: Croom helm, 1986.

Dorman, William, and Mansour farhang. *The U.S. Press and Iran.* Berkeley: university of California press, 1987.

Dorril, stephen. *MI6: Inside the Covert World of Her Majesty's Secret Intel- ligence Service.* New York: free press, 2000.

Elm, Mostafa. *Oil, Power, and Principle: Iran's Oil Nationalization and Its Aftermath.* Syracuse, NY: Syracuse University Press, 1992.

Elwell-sutton, l.p. *Persian Oil: A Study in Power Politics.* london: lawrence & Whishart, 1955.

Falle, sam. *My Lucky Life.* london: The Book Guild, 1986. fardoust, hussein. *Khaterat* (Memoirs). Tehran: 1988.

Farmanfarmaian, Manucher. *Blood and Oil.* New York: Random house, 1997. fateh, Mostafa. *Panjah Sal-e Naft* (fifty Years of oil). Tehran: 1979. ferrier, R.W. *The History of the British Petroleum Company.* Cambridge: Cambridge university press, 1982.

Gasiorowski, Mark. "The 1953 Coup d'État in Iran." *International Journal of Middle East Studies* 19, No. 3 (August 1987), 261–86.

Gasiorowski, Mark, and Malcolm Byrne, eds. *Mohammad Mosaddeq and the 1953 Coup in Iran.* Syracuse, NY: Syracuse University Press, 2004.

Goode, James. *The United States and Iran: In the Shadow of Mussadiq.* New York: st. Martin's press, 1997.

Harkness, Gladys and Richard. "The Mysterious doings of the CIA." *Satur- day Evening Post.* October 30–November 13, 1954.

Heiss, Mary Ann. *Empire and Nationhood.* New York: Columbia university press, 1997.

Hejazi, Masoud. *Davare-ye Khaterat* (Judgments of Memory). Tehran: 1996.

Hurewitz, J.C. *Middle East Politics: The Military Dimension.* New York: praeger, 1969.

Issawi, Charles. *Oil, the Middle East, and the World.* New York: library press, 1972.

Javansher, f.M. *Tajrabeh-e Best-u-Hasht-e Mordad* (The experience of Au- gust 19). Tehran: 1980.

Katouzian, homa. *Musaddiq and the Struggle for Power in Iran.* london: I.B. Tauris, 1999.

Katouzian, homa, ed. *Musaddiq's Memoirs.* london: Jebhe publications, 1988.

Key-ostovan, hussein. *Siyasat-e Muvazeneh-e Manfi dar Majles-e Chaharda- hum.* (The policy of negative equilibrium in the fourteenth Majles). Tehran: 1949.

Khomeini, Ruhullah. *Velayat-e Faqeh: Hokumat-e Islami* (Jurists' Guardian- ship: Islamic Government). Tehran: 1979.

Khosrowpanah, Muhammad-hussein. *Sazman-e Afsaran-e Hezb-e Tudeh-e Iran* (The Military organization of the Tudeh party of Iran). Tehran: 1998.

Kianuri, nuraldin. *Khaterat* (Memoirs). Tehran: 1992.

Kinzer, stephen. *All the King's Men: The Hidden Story of the CIA's Coup in Iran.* New York: Wiley, 2003.

Ladjevardi, habib. *The Iranian Oral History Project.* Cambridge: Harvard University Press, 1993.

Lenczowski, George, ed. *Iran Under the Pahlavis.* stanford: hoover Institu- tion, 1978.

Love, Kennett. "The American Role in the pahlavi Restoration." princeton university: unpublished paper, 1960.

Lusani, Abul-fazel. *Tala-ye Siyah ya Bala-ye Iran* (Black Gold or Iran's Ca- lamity). Tehran: 1978.

Lytle, Mark hamilton. *The Origins of the Iranian-American Alliance.* New York: holmes, 1987.

Mahdavi, Abdul-Reza houshang. *Sarnevesht-e Yaran-e Doktor Mossadeq* (The fate of dr. Mossadeq's Colleagues). Tehran: 1984.

Mahmud, Mahmud. *Tarekh-e Ravabat-e Siyasat-e Ingles dar Qaran-e Nouz- dahum-e Meladi* (history of Anglo-Iranian Relations in the nineteenth Century). 8 vols. Tehran: 1949–54.

Majd, Mohammad. *The Great Famine and GeNo.ide in Persia, 1917–1919.* lanham, Md: university press of America, 1984.

Malek, hussein. *Darbard-e Prozhehha-ye Siyasi dar Sahneh-e Iran* (The Bat- tles of political projects on the Iranian stage). n.p.: 1981.

Marigold, stella. "The streets of Tehran," *The Reporter.* November 10, 1953. Marsh, steve. "The united states, Iran and operation 'Ajax.' " *Middle East-ern Studies* 39, No. 3 (July 2003), 1–38.

Matin-daftari, hedayat. *Doktor Hussein Fatemi: Neveshtehha-ye Makh- fegah va Zendan* (dr. hussein fatemi: Writings from underground and prison). london: 2005.

Matin-daftari, hedayat, ed., *Vezeh-e Mossadeq* (special Issue on Mossadeq), *Azadi* 2, No.. 26–27 (summer–Autumn 2001).

Matin-daftari, hedayat, and Ali Matin-daftari, eds. *Majmuheh-e Asnad-e Ahmad Matin-Daftari* (Collected documents from Ahmad Matin- daftari). london: 1987.

Mavahad, Muhmmad Ali. *Doktor Mossadeq va Nahzat-e Melli Iran* (dr.

Mossadeq and the Iranian national Movement). 2 vols. Tehran: 1991.

McGhee, George. *Envoy to the Middle World.* New York: harper & Row, 1983.

Mehraban, Rasoul. *Barres-ye Mukhtasar-e Ahzab-e Burzhuazi-ye Melli-e Iran* (A short look at Iran's Bourgeois national parties). Tehran: 1980.

——. *Gushha-ye az Tarekh-e Mo'aser-e Iran* (Glances at Contemporary Iranian history). Germany: 1982.

Milani, Abbas. *The Shah.* New York: palgrave Macmillan, 2011.

Military GoverNo. of Tehran. *Ketab-e Siyah darbareh-e Sazman-e Afsaran-e Tudeh* (Black Book on the Tudeh officers' organization). Tehran: 1956.

Mokhtari, fariborz. "Iran's 1953 Coup Revisited." *Middle East Journal*, 62, No. 3 (summer 2008), 461–88.

Mottahedeh, Roy. *The Mantle of the Prophet.* New York: simon & schuster, 1985.

Muhammadi, Muhammad-Jafar. *Raz-e Pirouzi-ye Kudeta-ye Best-u- Hasht-e Mordad* (secret of the success of the August 19 Coup). Tehran: 2006.

National Movement of Iran. *Notqha va Maktubat-e Doktor Mossadeq* (dr. Mossadeq's speeches and Teachings). 5 vols. Berkeley: 1969–71.

Nejati, Ghulam-Reza. *Jonbesh-e Mellishudan-e Naft va Kudeta-e Best-u- Hasht-e Mordad* (The Movement to nationalize oil and the Coup of Au- gust 19). Tehran: 1986.

——. *Mossadeq: Salha-e Mobarezeh* (Mossadeq: Years of struggle). Teh- ran: 1999.

Nicolson, harold. *Curzon: The Last Phase.* london: Constable, 1934.

Pahlavi, farah. *An Enduring Love: My Life with the Shah.* New York: hy-perion, 2004.

Pahlavi, Mohammad Reza shah. *Answer to History*. New York: stein & day, 1982.

Qarabaghi, Abbas. *Haqaqeh darbareh Bahran-e Iran* (The Truth About the Iranian Crisis). paris: 1983.

Rahnema, Ali. *Niruha-ye Mazhabi* (Religious forces). Tehran: 1985. Richard, philippe. "The Identities of the Iranian Zurkhanah." *Iranian Stud-ies* 35 (2002), 313–34.

Roosevelt, Kermit. *Countercoup: The Struggle for the Control of Iran*. New York: McGraw hill, 1979.

Rubin, Barry. *Paved with Good Intentions: The American Experience in Iran*. New York: oxford university press, 1980.

Ruehsen, Moyara. "operation 'Ajax' Revisited: Iran 1953." *Middle Eastern Studies* 29, No. 3 (July 1993), 467–86.

Sahabi, ezatollah ed., *Mossadeq, Dowlat-e Melli va Kudeta* (Mossadeq, the national Government, and the Coup). Tehran: 2001.

Safai, Ibrahim. *Rahbaran-e Mashrutiyat* (leaders of the Constitution). Teh- ran: 1965.

Safari, Muhammad-Ali. *Qalam va Siyasat* (pen and politics). Tehran: 1992. sami'i, shirin. *Dar Khalvat-e Mossadeq* (Mossadeq in private). Tehran: 1989.

Sampson, Anthony. *The Seven Sisters: The Great Oil Companies and the World They Make*. New York: Viking, 1975.

Sanjabi, Karem. *Omidha va Na Omidiha* (hopes and despairs). london: Jebhe publications, 1989.

Sarrashteh, hassan. *Khaterat-e Man* (My Memoirs). Tehran: 1988. sarshar, homa. *Sha'aban Jafari*. Beverly hills: naab publishers, 2002.

Sassani, Khan-Malek. *Dast-e Panhan-e Siyasat-e Ingles dar Iran* (The hid- den english hand in Iran). Tehran: 1952.

Savory, Roger. "The principle of homeostasis Considered in Relation to po- litical events in Iran," *International Journal of Middle East Studies* 3, No. 3 (July 1972), 282–302.

Seifzadeh, hamid. *Hafez-e Tarekh-e Afshartous Kebud?* (Who Kept the secret of Afshartous?). Tehran: 1994.

Shayegan, Ahmad, ed. *Sayyed Ali Shayegan*. 2 vols. Tehran: 2004.

Shefteh, nasrallah. *Zendeginameh va Mobarezat-e Siyasi-ye Doktor Sayyed Hussein Fatemi* (The life and political struggles of dr. sayyed hussein fatemi). Tehran: 1985.

Skrine, Clarmont. *World War in Iran*. london: Constable, 1962.

Varaqa, Masallah. *Chand-u-Chun Variyzi-ye Dowlat-e Mossadeq* (sketches on the downfall of Mossadeq's Government). Tehran: 2007.

Varjaved, parvez, ed. *Yadnameh-e Doktor Ghulam-Hussein Sadiqi* (Memoirs of dr. Ghulam-hussein sadiqi). Tehran: 1992.

Walden, Jerrold. *International Petroleum Cartel in Iran*. Cambridge: Confed- eration of Iranian students, 1963.

Walters, VerNo.. *Silent Missions*. New York: doubleday, 1978.

Wilber, donald. *Adventures in the Middle East.* princeton: darwin press, 1986.

——. *Regime Change in Iran: Overthrow of Premier Mossadeq of Iran, No- vember 1952–August 1953.* london: Russell press, 2006.

Woodhouse, Christopher. *Something Ventured.* london: Granada, 1982. Wynn, Antony. *Persia in the Great Game.* london: Murray, 2003.

Yergin, daniel. *The Prize: The Epic Quest for Oil, Money, and Power.* New York: simon & schuster, 1991.

Zabih, sepehr. *The Mossadegh Era.* Chicago: lake View press, 1982. Zibayi, Ali. *Kommunism dar Iran* (Communism in Iran). Tehran: 1955. Zonis, Marvin. *Majestic Failure: The Fall of the Shah.* Chicago: university of Chicago press, 1991.

**國家圖書館出版品預行編目 (CIP) 資料**

1953：伊朗關鍵之年，一場被掩蓋的政變／埃文德．亞伯拉罕米安（Ervand Abrahamian）著；何修瑜譯——初版——新北市：臺灣商務印書館股份有限公司，2022.08　面；公分（歷史．世界史）
譯自：The Coup:1953, the CIA, and the Roots of Modern U.S.-Iranian Relations
ISBN　978-957-05-3432-0（平裝）

1. 美國中央情報局 (Central Intelligence Agency, United States)
2. 國際關係　3. 外交史　4. 伊朗

578.361　　111009532

歷史．世界史

# 1953：伊朗關鍵之年，一場被掩蓋的政變

原著書名　The Coup:1953, the CIA, and the Roots of Modern U.S.-Iranian Relations
作　　者　埃文德．亞伯拉罕米安（Ervand Abrahamian）
譯　　者　何修瑜
審 校 者　陳立樵
發 行 人　王春申
選書顧問　林桶法、陳建守
總 編 輯　張曉蕊
責任編輯　洪偉傑
封面設計　盧卡斯工作室
內文排版　菩薩蠻電腦科技有限公司
營 業 部　王建棠、張家舜、謝宜華
出版發行　臺灣商務印書館股份有限公司
23141 新北市新店區民權路 108-3 號 5 樓（同門市地址）
電話：（02）8667-3712　傳真：（02）8667-3709
讀者服務專線：0800-056193　郵撥：0000165-1
E-mail：ecptw@cptw.com.tw　網路書店網址：www.cptw.com.tw
Facebook：facebook.com.tw/ecptw



局版北市業字第 993 號
2022 年 8 月初版 1 刷
印刷　鴻霖印刷傳媒股份有限公司
定價　新台幣 480 元

法律顧問　何一芃律師事務所